农业部发展计划司(全国农业资源区划办公室)2009年农业资源区划研究项目
中国农业科学院农业经济与发展研究所中央级公益性科研院所基本科研业务费专项资金项目

中国木薯产业发展研究

詹 玲 李宁辉 冯 献 著

中国农业出版社

序

作为一名从事农业经济学研究的科研工作者，我时常思考穷人的问题，尤其是山区农民增收的问题。但我们的工作中心往往放在大田作物，尤其是粮食作物的产业发展和政策研究上，对热带作物，尤其是热带经济作物的研究较少。首次听到“木薯”这一词汇，是在FAO文献中翻阅到的。后来在《农业生物质能产业发展规划（2007—2015年）》中对木薯有了初步的了解。在生物质能产业发展较快的今天，我对木薯的认识逐渐深入，并申请了相关的课题研究。

木薯，世界三大薯类作物（木薯、红薯、马铃薯）之一，被誉为“淀粉之王”，“地下粮仓”，是世界重要的淀粉原料、酒精原料来源，是非洲地区重要的食物来源，同时也是大部分热带地区的重要养殖饲料，是我国重要的淀粉和酒精原料。曾几何时，我也与许多人的想法一样，即认为木薯是贫穷的象征，其经济价值并不显现。虽然在国际上，木薯的地位已逐步得到认可，但是我们仍没能把木薯看作一种重要的作物，仍没能将其与农民增收挂钩，尤其是认为其在热作、亚热作地区的山区难以发挥作用。2006年广西中粮非粮生物质能源有限公司利用木薯生产燃料乙醇这一举动，使我不禁与曾经的多数人观点“木薯＝贫穷”联系起来，使我开始研究与生物质能相关的能源作物的经济效益和产业发展动态，试图挖掘木薯在贫困的广西、广东、海南、云南等山区的重要意义。

近年来，随着人口的增长和经济的发展，粮食、能源问题成为一国重要的战略问题。我国人口多、耕地少，人均粮食保有量低，人们对粮食的日增增长的需求已成为我国农业发展所需考虑的一大难题。相关统计表明，目前舆论上所抨击的粮食危机。事实上在我国主要表现为粮食价格危机。再深一步分析，理应是潜在的粮食供给能力危机，工业用粮和饲料用粮危机。因此，如何在粮食紧张的局面下寻求相关替代产品以及在粮食过剩情况下度量粮食在工业中的分配成为我国发展粮食经济一个重要环节。木薯，高产、耐旱、耐贫瘠，具有粮食所无法比拟的优势，是我国重要的工业原料和救荒作物。更重要的是，木薯作为热带地区山区的重要作物之一，是热带农业的重要支柱。改革开放 30 多年来，中国木薯品种选育、栽培技术研究与应用取得了很大成效，尤其在近五年来，木薯的综合利用不断得到拓展，产业发展不断成熟，综合生产力不断提高，木薯栽培技术方面的专著在国内已出版，分析也相当透彻，并为本书的完成提供了很大的启发。然而，在木薯产业发展研究的专著上，尤其是对产业全景的系统分析和预测，尤其涉及多学科、多角度的专著在国内仍没有，有必要去形成这么一本专著，让读者对木薯产业有一个清晰的、较系统的认识。

《中国木薯产业发展研究》一书，共 8 章内容。本书涉及的学科较多，专业交叉性较大，不仅涉及经济学，还涉及管理学、农学和生物学等多学科，是一本从多角度、多方位考虑作物产业发展的著作。本书开篇首先阐述了木薯的总体概况，阐述了本书的研究对象的自然属性和社会属性，包括木薯的起源、分布、病虫草害、品种格局和主要用途等，让读者首先有个感性的认识。接着，展开一系列关于木薯产业的宏观环境和政策分析、经济社会调查，并对国内外木薯产业发展及其趋势进行了动态分析，对中国木薯产业的效益进行了详细的描述，对木薯供需环境及其产业发展潜力进行了分析预测，得出了中国木薯产业发展趋势。通过微观农户和企业的调查，分析了中国木薯产业化发展模式的成效及发展方向，并模拟和核算出了主产区木薯种植的经济效益和农户收入影响因素。最后，结合国内木薯资源的内部和外部发展环境，分析了我国中长期木薯产业发展战略，制定了木薯产业发展的指导思想、基本原则以及重点发展项目，提出近期中国木薯产业发展的政策性建议。本研究对我国如何发展木薯产业的一次有益探索。

本书的目的主要在于启发人们以新的目光看待木薯产业，以新的视角认识木薯在热带农业中的重要作用，以新的理念发展热带农业。本书的出版和发行，为读者提供了比较系统的木薯产业发展研究，不但可以为制定中国木薯产业发展规划提供理论支撑，对木薯主产区农业增产、农民增收、农村发展发挥作用，而且丰富了中国木薯产业发展理论、产业政策支撑体系、木薯供需经济理论和产业潜力预测评估，对中国木薯全景产业的研究和发展将产生积极影响。

詹　玲

2010 年 12 月

目　　录

绪　论

木薯（Cassava）是热带作物，原产于南美亚马逊河流域，与马铃薯、甘薯并列为世界三大薯类作物。木薯适应性强，粗生易种，病虫害少，耐贫瘠干旱，高产优质。木薯用途广泛，综合效益高，开发前景好，已经成为与国民经济以及人们生活息息相关的重要资源。在非洲，木薯是一种重要的粮食作物，约6亿人以木薯为主要粮食；木薯作为重要的工作原料，能加工出木薯淀粉、变性淀粉、木薯酒精、山梨醇等2 000多种产品，广泛应用于食品、饲料、医药、造纸、纺织、制酒等行业。特别是以木薯为原料制成的燃料乙醇，被称为环保型的绿色汽油，是经济可行的生物质能源。木薯是我国主要热带作物之一，主要分布在广西、广东、海南、云南等南方省区。大力发展木薯产业，对保障国家粮食安全、缓解能源供求矛盾、促进农民收入提高、保护生态环境具有十分重要的意义。

一、发展木薯产业有利于保障国家粮食安全

近年来，国际粮价一直呈上涨趋势。联合国环境规划署在2009年2月17日公布的《环境在防止未来粮食危机中的角色》报告中提出，“今后几十年，全球粮价可能将上涨30%～50%，这将严重威胁着处于极端贫困的人民”。据Senauer，Sur（2001）估计，到2050年，粮价与基线相比，若上涨20%，将导致世界营养不足人口数量增加到4.4亿。我国是重要的粮食生产国，一直致力于国际消除贫困、饥饿的发展目标。我国耕地资源有限，人均粮食占有量不足400千克，粮食供需紧平衡。随着

我国消费结构的升级，畜产品消费的增加已使得饲料用粮十分紧张。同时，第一代生物燃料对粮食的大量需求，更进一步加剧了我国粮食价格危机，威胁着贫困人民的生活。木薯作为重要的淀粉作物，生产成本较低，价格比较稳定。因此，在工业原料和饲料生产中，木薯是玉米、陈化粮、甘蔗等粮食作物和糖料作物的重要替代作物。在未来，若能合理利用荒山、荒坡、荒地、盐碱地等土地资源，发展包括木薯在内的非粮能源作物，不仅可以节约土地资源用于粮食生产，解决短期粮食价格危机问题，同时还可扩大工业原料产量，增加企业产能。

二、发展木薯产业有利于缓解能源供求矛盾

随着全球经济的日益增长，能源需求不断提高，世界大部分国家能源供应不足，国际燃油价格的不断攀升，能源短缺已成为现代社会面临的重大问题。能源的多元化发展、车用汽油的替代成为21世纪全球化经济的一个重要发展目标，很多国家确立了发展生物能源的能源战略，这为燃料乙醇行业获得了良好的发展机遇。

燃料乙醇（Fuel Ethanol），也被称为生物乙醇（Bioethanol），是较为成熟、发展最快的一种生物能源，也是目前世界上生产规模最大的生物能源。按一定比例将乙醇掺入汽油作为汽车燃料，不但可以替代部分汽油，而且排放的尾气更清洁，可以减少对环境的污染。就一般情况而言，汽油引擎无需改进便可以燃用15%以下比例的乙醇汽油，但不同国家的强行指标不一样，如巴西要求20%的混合比例，而在美国汽油引擎经过改进后便可以正常燃用任何比例的乙醇汽油。

世界燃料乙醇自20世纪70年代末开始发展，近年来发展迅速。据统计，2000年，全球燃料乙醇年产量为1 392.82万吨，到2008年增长了3.07倍，为5 671.04万吨，年均增长19.18%。在我国，近年来随着经济社会的快速增长，煤电油能

源的需求量明显增加，价格不断上涨，生物质能源发展迅速，是继巴西和美国之后的第三大燃料乙醇生产国，其中 2008 年我国燃料乙醇产量达到 151.22 万吨，占全球燃料乙醇产量的 2.67%。然而，我国能源供给紧张局面在短期内不能立刻扭转，外贸依存度仍然较高，需通过开发可再生能源，改善我国能源消费结构，缓解能源紧张问题。我国农业生物质能源资源丰富，潜力巨大，前景广阔。主要包括农作物秸秆、禽畜粪便、农产品加工副产品和能源作物。而且我国有大量不适宜粮食生产但可种植高抗逆性能源作物的荒山、荒坡和盐碱地、红壤土地、沼泽地等边际性土地，有一部分条件较好的荒地经过改良，可以种植甘蔗、甜高粱、木薯等能源作物。大力发展木薯产业，是缓解能源紧缺的有效办法和重要途径。针对世界性的石化能源短缺问题及木薯产业的特殊性，目前国家已将木薯列入“十一五”规划中重点发展的作物。根据“十一五”规划的要求，我国利用 5 年时间，逐步改变燃料结构，在汽油中添加 10%燃料乙醇，则每年可节约汽油燃料 1 000 万吨以上，同时减少 30%的二氧化碳排放量。

三、发展木薯产业有利于促进农民增收

党的十六届五中全会提出了建设社会主义新农村的重大历史任务，明确了“生产发展、生活宽裕、乡风文明、村容整洁、管理民主”的总体要求。新农村建设的首要任务和主要途径是发展生产，大力推进现代农业建设。在推进新农村建设中，要明确主攻方向，扎实推进主导产业强村，以促进农民持续增收，让农民真正受益。

木薯具有良好的综合利用价值，用途广泛，产业链长，经济效益较高，具有较强的竞争优势，能够有效促进农民增收。通过多年攻关和项目实施，中国木薯品种选育、栽培技术和加工技术取得了重要进展，木薯产业的经济和社会效益显著提高。木薯产

业的发展所带来的服务业、运输业等相关产业的发展，将为产区农民开辟了新的就业渠道，解决部分农民就业难问题，可有效地转移农村富余劳动力。如广西中粮生物质能有限公司的成立，解决了800人的就业，2 800万工资收入转化为消费，提高了就业人员收入水平，为提高亚热带、热带地区，尤其是山区农民提供了新的渠道。2009年，全国木薯主产区广西木薯种植面积28.67万公顷，木薯产业总产值近60亿元，带动农户增收近20亿元。其中广西最大的木薯生产区——武鸣县共有18万户木薯种植户和33家木薯加工企业，全县年生产鲜木薯83万吨，种植业产值达3.5亿元，占全县农业产值的12.1%，农民种植一亩木薯可获800～1 000元的收入。该县通过实行富民强县专项，仅仅通过当地的安宁公司就带动了农民发展木薯高效种植6 600多公顷，基地良种覆盖率达99%以上，带动农民增收1.05亿元①。

四、发展木薯产业有利于保护生态环境

改革开放以来，我国工业经济的快速增长是以消耗资源为代价的。据统计，1978—2008年间我国化石能源燃烧排放的CO_2年均增长速度达到5.32%。在未来20年，我国工业化进程还将继续加快，CO_2累计排放量将大幅上涨，据美国能源情报署（EIA）预测，2006—2030年我国CO_2排放年均增长2.8%。工业化进程中对化石燃料消费的增加，促使碳排放量的上升，加上企业废水处理过程中的二氧化硫、二氧化碳等的排放、种植过程中化肥使用的增加，使得环境气候问题日益凸显，对建设“两型社会”造成重大的威胁。我国人均能源资源保有量低，以煤为主的能源结构难以改变，同时能源供需矛盾的日益突出，更加剧了环境气候问题。通过发展以木薯、甘蔗等为原料的非化石燃料乙

① http：//www.starch308.com/Info/IndustryInfo/IndustrialNews/130442.htm

醇，对减少碳排放量有着重要的作用。然而，目前我国一些木薯加工企业在废水处理上仍存在较大问题，循环经济发展模式尚未成熟。通过研究中国木薯产业，从加工企业出发，研究木薯产品的加工链，木薯综合利用情况以及企业循环经济发展模式（如广西金源化工有限公司、广东鹤山淀粉厂），可缓解木薯加工副产品污染环境的大难题，同时可以带动木薯综合利用产业群的发展。

目前全世界有100多个国家种植木薯，近20年来平均每年收获面积为1 688.6万公顷，并以1.23%年均增长率增长，其中2009年收获面积达到1 905.84万公顷。在非洲，约6亿人以木薯为主要粮食。木薯是我国主要热带作物之一，主要分布在广西、广东、海南、福建、云南等南方地区。20世纪90年代以来，随着淀粉产业和酒精工业的不断壮大，尤其是21世纪生物燃料产业的兴起，因木薯具有玉米、甘蔗等淀粉作物或糖料作物所无法比拟的优势，成为我国农业生物质产业以及淀粉产业的重要原料，我国木薯产业得到快速发展。目前我国科研工作者已在木薯育种、品种筛选、栽培技术以及产业发展方面的研究取得了突破性进展，为我国制定木薯产业发展规划和政策建议提供了重要的理论依据。

木薯综合用途广、产业链长、整体效益明显。在未来，若能合理利用荒山、荒坡、荒地、盐碱地等土地资源，发展木薯产业，不仅可以节约土地资源用于粮食生产，解决短期粮食价格危机问题，同时还可扩大工业原料产量，增加企业生产能力，对保障国家粮食安全、缓解能源供求矛盾、促进农民收入提高、保护生态环境具有十分重要的意义。通过本研究发现，木薯产业发展对农户收入影响是正向的，在同样的地理条件下，农户扩大木薯种植面积可以提高农户家庭纯收入，尤其是采用间套种的栽培技术，可以提高土地利用效率，集约化经营使得土地产出增加，农户收入提升。为此，充分利用可利用边际土地，将有助于热作、亚热作地区农业的发展。同时，通过选择高效、合理的木薯产业化发展模式，可减少产业链的价值损耗，提高木薯产业附加值。

中国木薯产业发展潜力大，效益明显。但是今后一段时间内中国木薯产业竞争劣势仍难以扭转，预测 2011—2015 年，中国木薯的产量将年均增长 1.0％，但需求量将年均增长将达到 1.5％左右，缺口仍有加大的趋势。因此，当前，应集成现有成熟技术，构建规范化生产技术体系，同时，要实施木薯科技攻坚计划，稳步提高产业竞争力。今后发展木薯产业，应审时度势，认清产业发展的外部环境和内部资源条件，根据我国资源条件和产业基础，结合农业生物质能产业发展规划和“关于促进我国热带作物产业发展意见”，依托广西木薯产业发展规划，加快制定中国木薯产业发展发展规划。应改变观念，树立发展木薯产业的新思维，通过有效评估当前木薯产业发展的宏观环境和微观发展，通过政府的正确引导，继续加大产业扶持力度，构建木薯产业政策体系。同时，重点加强木薯原料生产基地的建设，围绕木薯淀粉、木薯酒精两大产业链，依托木薯龙头加工企业，充分利用各种国内外交易发展机会，大力推进木薯产业化经营，创新木薯产业区域合作机制，提高木薯产业竞争水平。

该书主要由五部分共八章组成。第一部分是绪论，介绍研究的背景和基本结论；第二部分是木薯的基本情况介绍，由第一、二、三章组成，介绍木薯的概况、世界以及中国木薯产业发展现状；第三部分是中国木薯产业发展的潜力和效益，由第四、五章组成，重点从木薯不同产业进行效益评价，结合资源禀赋和供需环境，从资源、技术以及产业三方面阐述其发展潜力；第四部分是中国木薯产业发展的实证分析，由第六、七章构成，结合木薯主产区实证调研数据，利用计量模型分析中国木薯产业对农户的影响，运用机制流程图分析不同木薯产业化发展模式的效益；第五部分为对策建议，由第八章组成，运用 SWOT 分析中国木薯产业发展的内部资源和外部环境，制定了今后中国木薯产业发展的指导思想、基本原则、总体思路和发展目标，提出了促进中国木薯产业发展的政策建议。

第一章　木薯概况

木薯，学名 *Manihot esculenta Crantz*（英文名为 Cassava），属大戟（jǐ）科植物，起源于热带南美洲，是世界三大薯类作物之一（马铃薯、木薯、红薯），历经 300 年的传播，已遍布世界热带亚热带国家和地区，目前有 100 多个国家种植，主要分布在巴西、墨西哥、尼日利亚、玻利维亚、泰国、哥伦比亚、印度尼西亚等国。在非洲地区，木薯种植面积占世界的 60%以上，其中尼日利亚为世界最大的木薯生产国，其收获面积占世界木薯总收获面积的 20%以上。目前，在中国已形成了四大木薯优势种植区域，其中多分布于广西地区。木薯作为一种重要的淀粉作物，发展潜力巨大，发展前景看好，已成为淀粉加工、酒精（包括燃料乙醇）加工、化工、医药等产业的重要原料。

第一节　木薯的起源分类

木薯起源于热带南美洲，已有 4000 多年的利用历史。木薯的品种很多，它的块根是世界热带低海拔地区的主要粮食。

一、木薯的起源分类

（一）木薯的起源

关于木薯的起源问题，以往学术界并没有统一的认识。Pohl（1827）认为，木薯起源于巴西；Allem（2000），Olsen（1998），Schaal（1999）认为，木薯起源于巴西的戈亚斯洲（Goiás）、马托格罗索州（Mato Grosso）和朗多尼亚

(Rondônia)；Patiño（1964），Mueller（1874）认为，自发现新大陆以来，木薯就已经普遍种植于新热带美洲地区；Cook（1925）、Lanning（1967）认为木薯起源于秘鲁；而 Gibbons（1990）、Schwerin（1970）则认为木薯是在亚马逊发现的……不管其起源于哪里，属于什么科类作物，目前学术界普遍接受的是：木薯（*Manihot esculenta Crantz*），英文名为 Cassava，亦称木番薯、树薯，大戟科木薯属植物，起源于热带美洲，原产于南美亚马逊河流域，在 16—17 世纪由葡萄牙人广泛地传播于非洲、亚洲和加勒比的热带和亚热带地区，目前已传播到南、北纬 30 度以内的热带和亚热带地区，是世界三大薯类作物之一。人类利用木薯已有 4 000 多年历史，是世界 6 亿以上人口赖以生存的食粮，是重要的淀粉来源。

（二）木薯分类

木薯属是双子叶植物大戟科（dictyledon family Euphorbiaceae）灌木状多年生作物，各地叫法不一（*mandioca*，*yuca*，*tapioca*，*manioc*），木薯属大约有 100 种，商业上栽培的木薯一般称之为 *Manihot esculenta Crantz*①。木薯茎直立，木质，高 2～5 米，单叶互生掌状深裂，纸质，披针形。单性花，圆锥花序，顶生，雌雄同序。雌花着生于花序基部，浅黄色或带紫红色，柱头三裂，子房三室，绿色。雄花着生于花序上部，吊钟状，植后 3～5 个月开始开花，同序的花，雌花先开，雄花后开，相距 7～10 天。蒴果，矩圆形，种子褐色，根有细根、粗根和块根。薯块根呈圆锥形、圆柱形或纺锤形，肉质，富含淀粉。木薯的各部位均含氰苷，有毒，鲜薯的肉质部分须经水泡、干燥等去毒加工处理后才可食用。由于鲜薯易腐烂变质，一般在收获后尽

① A. A. C. Alves. Cassava Botany and Physiology ［A］. R. J. Hillocks, J. M. Thresh, A. C. Bellotti. Cassava: Biology, Production and Utilization ［C］. London, UK: Biddles Ltd., 2001: 67～90

快加工成淀粉、干片、干薯粒等。木薯的分类标准各不相同，主要有以下几种：

1. 按不同地区起源，其亲缘种木薯不一样，见表1-1。

表1-1 木薯种类的地域分布

种类	地域
卡塔果木薯（*M. carthaginensis*）	加勒比海沿岸各国
瓜兰木薯（*M. gwilanensis*）和七叶木薯（*M. aesculifolia*）	墨西哥；中美洲（巴西、巴拉圭、乌拉圭、阿根廷）
特威德木薯（*M. Tweediana*）或扇叶木薯（*M. flabellifolia*）	巴西及南部各州、巴拉圭、扁拉圭和阿根廷北部
掌状木薯（*M. palmata*）	南美潮湿地区
岩生木薯（*M. Saxicola*）	南美东北部英属圭亚那、苏里南和委内瑞拉的较潮湿地区

注：掌状木薯、七叶木薯和瓜兰木薯的花序粗壮而多分枝，木薯的花序瘦弱得多，而且分枝较少。掌状木薯的叶子比木薯的更为深裂，形成几乎是掌状的复叶。七叶木薯和瓜兰木薯的裂片更显著地呈提琴形和戟形。岩生木薯的叶片较小，正中裂片平均长5～8厘米，营养叶和花序叶都是较为均匀的三裂。在苏里南和印尼，曾用岩生木薯和木薯进行杂交试验，子代和后代产生少量的种子。尽管需要选择木薯无性系作亲本，但种间杂交的障碍不大。

资料来源：Rogers，D. J. and Fleming，H. S. Monograph of Manihot esculenta Crantz [J] . Economic Botany，1973，(27)：1～114.

2. 根据木薯块根氢氰酸含量，可把木薯分为甜木薯和苦木薯。

许多木薯品种仅根部的皮层含有氰（CN -），至于可以作为食料的肉质部则没有（一般而言，氢氰酸含量小于5毫克/100克），这些品种一般称为甜木薯。甜木薯的块根肉质部分，可用来食用，食用方法类似马铃薯。还有些品种，皮层和肉质部所含的氰差不多相等，大部分含量大于5毫克/100克，有的甚至高达0.2%，这种品种成为苦木薯，一般用来生产木薯粉。由于氢氰酸含量随环境而变化，故甜品种类型并不绝对，栽培时可能会变成苦木薯。

3. 若根据木薯叶片形态可将其划分为细叶型和宽阔叶型，以中间裂片宽长比为标准，中间裂片宽长比 1∶5 以上者，属细叶型品种，1∶5 以下者属宽阔叶型品种。

4. 根据植物性状，可将木薯分为青茎种和红茎种，其中青茎种的成熟块根的表皮平滑，不易剥落，淡黄褐色或淡红褐色，茎干灰色或银灰色；红茎种的成熟块根表现为表皮粗糙，易剥落，黑褐色，茎干褐色、红色或黄色。

5. 根据木薯的经济利用价值，可区分为栽培种和野生种。其中相应的亲缘种和分类见表 1－2。

表 1－2　木薯亚种

亲缘种	描　述	类别
木薯（*M. esculenta* Crantz）	木薯属（*Manihot ssp.*）木薯	栽培种
M. flabellifolia Pohl	木薯属扇叶木薯	野生种
M. Peruviana Mueller	木薯属 *Peruviana*	野生种

资料来源：Antonio C. Allem. The Origins and Taxonomy of Cassava［A］. R. J. Hillocks，J. M. Thresh，A. C. Bellotti. Cassava：Biology，Production and Utilization［C］. London，UK：Biddles Ltd.，2001：1～16.

二、木薯的病虫草害

木薯是一种基本无虫害的热带作物，在农药及人工方面较其他作物花费少。木薯主要病虫草害有：非洲病毒病、木薯单孢萎蔫病（*Xanthomonas manihotis*）、木薯痂圆孢徒长病（*Sphaceloma manihoticola*）以及木薯单爪螨（*Mononychellus tanajoa*）、绵粉蚧（*Phenacoccus spp.*）、威廉期花蓟马（*Frankliniella williamsi*）、烟草粉虱（*Bemisia tabaci*）等。

目前我国已有的病虫草害对木薯产量影响较小。农业部国家木薯现代产业技术体系建设项目课题通过 2007—2008 年的国内木薯病虫草害普查中，发现中国木薯的主要病虫害有 3 类 7 中，主要害虫、螨有 10 类 34 种，主要杂草有 13 种；其中褐斑病、细菌性枯萎病、炭疽病、木薯朱砂叶螨、天牛、蛴螬、飞机草、假臭草和胜红蓟等病虫草害发生严重。但总的说来，病虫害比较小，用少量农药即可。

第二节 木薯的区域布局

木薯适应性强，粗生，易种，耐贫瘠干旱。木薯生长条件需满足如下条件：①光条件。木薯是短日照热带作物，要阳光充足。②温度条件。8 个月以上无霜期，年平均温度 18℃以上，喜高温，不耐霜雪。③水条件。年降雨量在 600～6 000 毫米均可生长，以年均降雨量在 1 000～2 000 毫米最适宜。④土壤条件。只要不积水，不过分瘦瘠或石砾过多的土地，均适宜栽培。⑤风条件。宜选择避风地段和抗风品种。南纬 30 度至北纬 30 度，海拔 1 500 米以下，年平均温度在 18℃以上，无霜期 8 个月以上，年降雨量 400 毫米以上的广大地区，无论平原、丘陵、山地、沙土、壤土、黏土、荒地、熟地均可种植，特别是新开垦的荒地，种植其他作物产量低，甚至有种无收，而种植木薯则可获得相当的产量，因而被称为“先锋作物”、“开荒作物”。

一、世界木薯的区域布局

木薯广泛栽培于热带和部分亚热带地区，主要分布在巴西、墨西哥、尼日利亚、玻利维亚、泰国、哥伦比亚、印度尼西亚等国。

目前全球有 100 多个国家种植木薯，主要分布于非洲、拉丁美洲以及东南亚国家。据 FAO 统计，2008 年世界木薯收获面积为 1 869.52 万公顷，其中非洲占 64.13%，拉丁美洲和加勒比占

14.36%，亚洲占21.22%，其他收获面积在80万公顷以上的国家有尼日利亚、刚果共和国、巴西、印度尼西亚、泰国、莫桑比克和加纳，分别占世界的20.21%、9.90%、9.84%、6.38%、6.33%、4.55%和4.28%，这些国家总共占世界木薯种植面积的61.49%。

二、中国木薯的栽培历史和优势区域布局

自19世纪20年代至今，中国木薯种植已有近200年的历史。目前，中国木薯种植主要分布在广西、广东、海南、福建、云南、湖南、贵州、四川、重庆、江西、浙江、台湾地区等热带、亚热带以及部分温带地区。现已形成了“琼西—粤西优势区、桂南—桂东—粤中优势区、桂西—滇南优势区以及粤东—闽西南优势区”四大木薯种植优势区域。

（一）中国木薯的栽培历史

木薯自18世纪传入亚洲，19世纪20年代引入我国，首先在广东省高州一带栽培，随后引入海南岛，现已广泛分布于华南地区，以广西、广东和海南栽培最多，福建、云南、江西、四川、贵州、湖南以及台湾等省亦有少量栽培。

广东高州县《县志》（1889年重修本）“有木薯，道光初（道光元年即1820年），来自南洋”的记载。梁光商等人认为，木薯是在1820年前后首先引入我国广东省栽培的，但最早有记载木薯的书是1840年林星章等编写的《新会县志》，该书对木薯的形态、种植、使用等都做了简单记述。在太平天国时代（1851—1863年），木薯已在粤东一带广为栽培，并开始进入了农贸市场，当时出版的专辑《种木薯法》（梁延东，1900），对木薯形态特征、水土保持、种植方法、收获、品种、留头缩根以及加工计划等方面都作了扼要的描述，说明当时对木薯已经有了比较深刻的了解。纵观中国木薯的发展历史，认为“有木薯，道光初，来自南洋”，是可信的。当时华南地区到南洋谋生的人不少，

木薯可能是在这一期间传入我国的。[①]

（二）中国木薯的优势区域

根据木薯的传统种植习惯及发展优势，农业部在《木薯优势区域布局规划（2007—2015年）》中描述了当前中国木薯的四大优势区域布局，即琼西—粤西优势区、桂南—桂东—粤中优势区、桂西—滇南优势区以及粤东—闽西南优势区（见图1-1）。具体为广西的南宁、梧州、钦州、玉林、贵港、崇左、柳州、贺州、百色、河池和北海等市，广东的湛江、阳江、江门、韶关、清远和梅县等市县，海南的白沙县、琼中县、儋州市、澄迈县和屯昌县等市县，云南的红河、文山、思茅、西双版纳、临沧、德宏、保山等地，湖南省的永州市等地以及福建省的三明市、龙岩市一带。

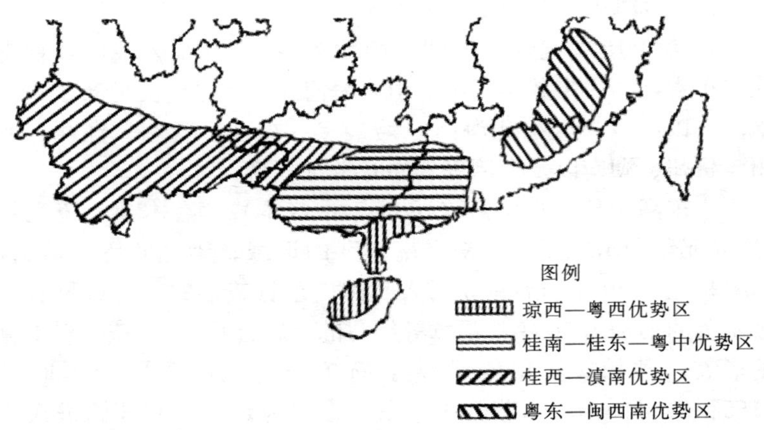

图1-1　中国木薯优势区域分布示意图

① http：//baike.baidu.com/view/63067.htm.

1. 优势区域的自然条件。根据“≥10℃年积温在6 000℃以上，无霜期≥280天，年均降雨量≥1 000毫米，没有严重的台风和干旱等自然灾害”，采用高产木薯新品种和丰产栽培技术的鲜薯单产潜力可达到45吨/公顷以上。中国木薯的优势区域布局的自然条件见于表1-3。

表1-3　中国木薯优势区域自然条件

优势区域	年均温（℃）	≥10℃年积温	无霜期（天）	年均降雨量（毫米）
琼西—粤西	21.5～24.5	7 800～8 800	360～365	1 200～2 000
桂南—桂东—粤中	21.0～23.0	6 800～7 800	350～365	1 200～1 800
桂西—滇南	21.0～22.5	6 500～8 000	300～365	1 000～1 600
粤东—闽西南	19.0～21.5	6 000～7 200	280～350	1 400～1 800

资料来源：黄洁，李开绵，叶剑秋，等．中国木薯优势区域概述［J］．广西农业科学，2008，39（1）：104～108.

2. 优势区域木薯生产情况。通过划分优势区域布局，有利于提高中国木薯产业化水平，有利于提高木薯产业的辐射带动效应，有利于形成区域木薯产业集群带，有利于促成中国木薯生产区域化、种植良种良法化、基地生产标准化和规范化、产销一体化的格局，对产业技术体系的构建有着重要意义。目前中国木薯优势区域木薯收获面积343千公顷，其中桂南—桂东—粤中的收获面积为200千公顷，占58.31%（表1-4）。

表1-4　2005年中国木薯优势区域木薯生产情况

区域	总面积（千公顷）	总产量（万吨）
琼西—粤西	60	110
桂南—桂东—粤中	200	400
桂西—滇南	53	80
粤东—闽西南	30	45

资料来源：黄洁，李开绵，叶剑秋，等．中国木薯优势区域概述［J］．广西农业科学，2008，39（1）：104～108.

三、广西木薯优势区域

广西是我国最大的木薯种植优势区域，每年的木薯种植面积和产量均占全国的 60%以上。广西木薯广泛分布于南宁(23.3%)、钦州（10.26%）、贵港（9.94%）、梧州（9.42%）、玉林（9.17%）、河池（7.33%）、北海（6.15%）、百色(6.03%）和崇左（5.69%）等桂东、桂南、桂西地区，其中南宁、钦州、贵港、梧州、玉林、河池、北海、百色占全区总木薯播种面积的 80%以上。

广西适宜木薯种植的区域较广泛。广西的土地类型十分适合木薯种植，2008 年广西土地面积 23.58 万千米，其中山地（海拔>4 000 米）占 39.7%，丘陵（海拔 200～400 米）占 10.3%，台地（海拔<200 米）。另外，广西气候宜人，雨热相当，降水量丰富。据统计，2008 年，广西年平均气温 20.4℃，年日照时数 1 483 小时，年降水量 1 848 毫米。若按木薯优势区域的自然条件“≥10℃年积温 6 000℃以上，无霜期≥280 天，年均降雨量≥1 000 毫米，没有严重的台风和干旱等自然灾害”，广西除桂林、来宾等桂北或高寒地区外，都十分适宜种植木薯。

若选取“年平均气温、稳定通过 10℃活动积温、日平均气温≥20℃期间的降雨量、年日照时数”等 4 个指标作为木薯种植的气候区划指标因子，根据苏永秀，李政的研究，可将广西划分为四类木薯种植区域，见表 1－5。

表 1－5　广西木薯种植区域布局

区域类别	气候条件	分布区域
最适宜区	年平均气温在 21～23.9℃，日平均气温稳定通过 10℃活动积温 7 500～8 165℃・天，≥20℃期间的降雨量 1 200～2 000 毫米，年日照时数 1 600～2 030 小时。	陆川、博白、浦北、灵山、邕宁、扶绥、崇左、宁明等县区以南的大部分地区（北海、防城港两市中南部除外），以及兴业县、武鸣县和田东、田阳等县的部分地区。

（续）

区域类别	气候条件	分布区域
适宜区	年平均气温 18～23℃，日平均气温稳定通过 10℃ 的活动积温 6 000～8 000℃・天，≥20℃ 期间的降雨量 1 000～2 458 毫米，年日照时数1 300～1 900 小时。	包括梧州、藤县、平南、武宣、象州、鹿寨、柳城、合山、忻城、上林、马山、都安、巴马、百色、田阳、田东、天等、大新、龙舟等县市以南以东，以及最适宜区北界以北的大部分地区。
次适宜区	年平均气温 18.0～20.3℃，稳定通过 10℃活动积温5 300～7 318℃・天，≥20℃期间的降雨量 966～2 325 毫米，年日照时数1 120～1 680小时	适宜区以北的低海拔地区，包括八步、富川、中山、昭平、恭城、阳朔，临桂、永福、鹿寨、融安、融水、罗城、环江、金城江等县区以南及适宜区北界以北的地区。
不适宜区	热量条件最差，每年都有不同程度的冻害发生，海拔较高，热量条件和土地条件难以满足木薯生长发育需要	桂北、桂西高寒山区。

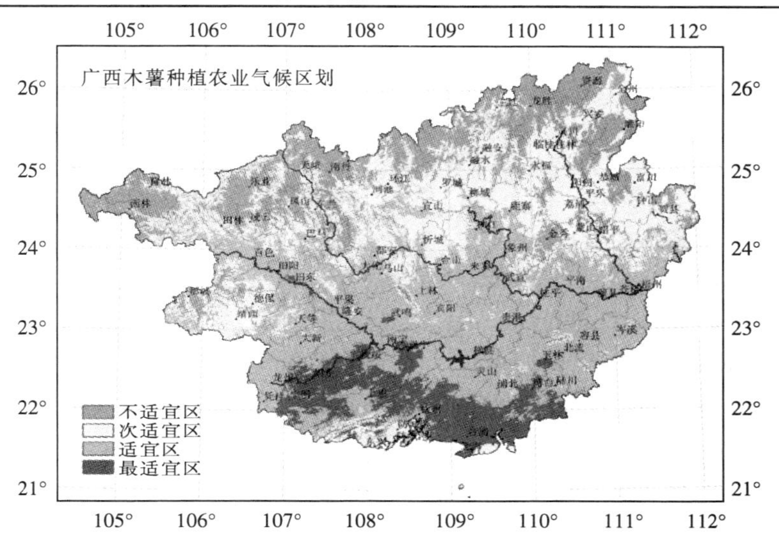

图 1－2　广西木薯种植区域分布

资料来源：苏永秀，李政．基于 GIS 的广西木薯种植细网格气候区划［A］．第 26 届中国气象学会年会农业气象防灾减灾与粮食安全分会场论文集［C］．北京：中国气象出版社，2009：149－154.

第三节　木薯的主要品种和栽培技术

至今为止，世界已收集保存的木薯种质1万多份。木薯耐干旱，耐贫瘠，粗生易长，病虫害少，可间种或套种其他作物，土地产出效益明显。

一、木薯主要品种

近30年来，世界木薯基础研究、育种、生产和加工利用方面的研究进展迅速，取得显著成果。迄今，世界上已收集保存的木薯种质1万多份。

中国木薯的试验研究工作，最早开始于解放前的广东省农林试验场，该场在1914—1919年，曾进行品种收集、评选、宿根、制粉和块根营养成分分析等试验。1940—1944年，李西开、黄瑞纶等人在广西柳州沙唐的广西农事试验场对木薯氢氰酸的分布、含量、清除以及品种观察、栽培技术等进行了集中、专门的研究，并发表了“木薯毒素之研究”的专论。新中国成立后，梁光商等人于1957年在广东开始了木薯的选育种工作，1959年以后华南热带作物科学研究院开始对木薯的种植方法、快速繁殖、轮种间作、种茎贮藏、杂交育种以及北移栽培等进行了广泛的试验研究。在温健教授的主持下，育成和推广了食用良种木薯华南6068（甜品种），同时摸清了我国适宜栽培木薯的地理区域和气候条件，指出我国秦岭淮河一线以南的长江流域地区，年平均气温16℃以上，无霜期8个月以上的地区都可栽培木薯，现以广东、广西、海南栽培最多，台湾、福建、云南次之，湖南、江西、四川、贵州等亦有少量试种①。

① http：//baike. baidu. com/view/63067. htm.

表 1－6　主要栽培品种情况

品种	植株性状	结薯情况	适应性	产量结果	淀粉含量
华南 205	株型较直立，紧凑，长势旺，无分枝，茎秆深褐色，叶细长，叶柄红色	结薯集中，呈掌状平伸，薯呈园锥形，薯皮深褐色，内皮白色，大薯率高	适应性广，不管肥瘦的土地都可以种植，而种在中等肥力以上土壤产量较好，是近年广西和越南种植最多的品种	种植规格 0.8 米×1 米，亩种 830 株左右，一般亩产 2～3 吨	31%左右
华南 5 号	株型开阔，冠幅较大，分枝较多，一般有 3～4 级分枝，水肥条件较好的田块，达 5 级分枝	结薯集中，掌状平伸，结薯多，鼠尾状，大薯率低，薯外皮褐白色，内皮粉红色．在种植较蔬，肥水充足的条件下，单株可达 20～25 千克	耐旱，耐瘦脊，比较适合山坡、施肥水平较低、新开垦的瘦地种植	肥力较低的，种植规格 1.0 米×1.2 米，亩种 550 株左右。肥水条件较好，种植规格 1.2 米×1.2 米，亩种 450 株左右。一般亩产 2 吨左右，高达 3 吨	28～29%
南值 199	长势弱，节间较密，矮秆，叶柄红色下垂，约有 25%的分枝，部分有腋芽长出	结薯集中，浅生，鸡爪状，大小均匀，较适合密植	适宜于中等肥力以上地块种植	0.8 米×0.8 米，亩种 1 000 株左右为宜，一般亩产 2～3 吨，高产的达 4 吨	32%～33%
新选 048	长势旺，高大直立，无分枝，茎秆褐白色，坚硬，节间较密	结薯集中，大小均匀，浅生易收获	较适合于中等肥力以上土壤种植	种植规格以 0.8 米×1 米，亩种 830 株左右为宜，一般亩产 3～4 吨，高达 5 吨	29%～30%
辐选 01	植株高大粗壮，不分枝或顶端分枝，茎、叶均为浓绿色，叶片密集，茎秆坚硬	大薯率较高，薯皮白褐色，内皮淡红白色	适宜于中等肥力以上的田块种植	株行距 0.8 米×1 米、亩种植 830 株左右为宜，亩产 2～3 吨	33%左右

资料来源：广西桂平市农业局。

经过50多年的努力，中国木薯科研工作取得了显著的成绩，尤其是近10年来，取得重大突破。以品种选育与推广为例，在引进国外品系（种）的基础上，先后选育出华南5号、华南6号、华南7号、华南8号、华南9号、GR891、GR911和南植199等新品种（表1-6）。这些新品种在木薯种植区广泛推广应用，产生巨大的经济效益和社会效益，现在我国种植全部是自主创新的品种。2006年，中国科学院上海生命科学研究院利用小分子RNA干扰技术抑制相关淀粉合成基因的表达，得到一系列直链淀粉与支链淀粉含量比例发生变化的木薯新品种。这一木薯新品种将在海南进一步扩大试验，与我国优良传统木薯杂交培育更多改良的木薯新品种，同时研究为工业化应用提供技术平台和新原料。

二、木薯的栽培技术

适应木薯种植的生态条件范围广，耐干旱、耐贫瘠、病虫害少。因此，在传统热带作物种植体系，尤其是小规模种植以及生活领域中占据重要地位。在种植耕作体系上，木薯经常与一些粮食或经济作物进行间（套）种。世代以来，薯农已经习惯于采取间（套）种方法以规避作物失收的风险，在一年不同时期中获得作物产量，提高土地利用效率，从而增加土地产出值。

（一）轮种

木薯植株高大，收获产量高，耗地力强，一般不主张连作。但在良好的栽培条件和管理措施下，连作也能连年高产稳产，但一般不超过三年。与木薯轮作的作物主要有豆科作物如花生和大豆等，禾本科作物如甘蔗和玉米等，还有瓜类等作物。

（二）间套种

木薯间套作是当前提高木薯产量和效益的有效途径。木薯株行距宽，生长前期行间疏空透光，且苗期生长时间较长，适于间套作。良好的间作物对土壤有覆盖与改良作用，可以减少除草成本，有利于水土保持，增加土壤有机质，提高木薯单产，同时能充分利用土地和作物资源，提高复种指数，增加经济效益等诸多好处。特别是种植花生和黄豆等作物，其根瘤菌有固氮作用，可增加土壤氮营养，有利于木薯增产。

间作物的选择应根据对主作物的影响程度，考虑土壤肥力和施肥水平等因素来确定。木薯间套作主要有3种方式：一是以木薯为主体，间种短期矮秆豆科作物。如间种黑豆，每公顷可产30%淀粉含量的鲜薯10吨，600千克蛋白质含量28%的黑豆；从能量价值来看，则可获得18 726千焦/千克的淀粉，可提供的食物能量为56 270千焦耳，168千克蛋白质。二是以多年生木本植物为主体，间种木薯。主要是在橡胶、椰子和果林中间种木薯，在这些林木中间种木薯，一般可间作2～4年，间作时需注意勿使间作物荫蔽木薯；三是木薯套种。如先种西瓜，过1个月后，在瓜行里套种木薯。主要间套种模式效益见于表1-7。

第四节　木薯的主要用途

木薯各部位用途广泛（图1-3），其中木薯块根（本书的主要研究对象）的主要用途是食用、饲料用和工业上开发利用。木薯初级加工品包括木薯原淀粉、木薯酒精、木薯干片、木薯粉等，深加工产品包括变性淀粉、化工产品（酒精等）、淀粉糖三大类2 000多种（表1-8），这些产品已广泛应用于纺织、造纸、医药、食品、建材、铸造、轻工、石油、能源、饲料等行业。随着各种深加工技术的逐渐成熟，木薯已逐渐成为世界公认的综合利用价值极高的经济作物和重要的工业原料，每年世界木薯干片的贸易量达20亿美元。

表 1-7　几种主要的木薯间套种模式效益分析

间套种模式	成本（元/亩）	木薯					间种作物			每亩总产值（元）	亩纯收入（元）	增减
		平均（千克/亩）	收获时期	产值（元）	种茎产值（元）	合计亩产值（元）	平均亩产（千克）	收获时期	产值（元）			
木薯套种西瓜	1 350	2 248	12月中旬	899.2	375.00	1 274.00	西瓜 2 780.1	6月上旬	2 919.1	4 193.1	2 843.1	+3.64倍
木薯间种花生	659	2 175.1	12月中旬	870.04	375.00	1 245.04	花生 196.7	7月上旬	708.1	1 953.14	1 294.14	+1.11倍
木薯间种黄豆	723	2 072.5	12月中旬	829.0	375.00	1 204.0	黄豆 152	6月下旬	684	1 888.0	1 165.0	+90.2%
木薯套种穿心莲	850	2 104.5	12月中旬	841.8	375.00	1 216.8	穿心莲 512.5	9月初	1 025.0	2 241.8	1 391.8	+1.27倍
木薯间种玉米	632	1 215.8	12月中旬	486.32	375.00	861.32	玉米 322.5	7月中旬	490.2	1 351.52	719.5	+17.5%
纯种木薯 CK	395	1 582.1	12月中旬	632.84	375.00	1 007.84	0		0	1 007.84	612.4	

资料来源：广西自治区桂平市农业局。

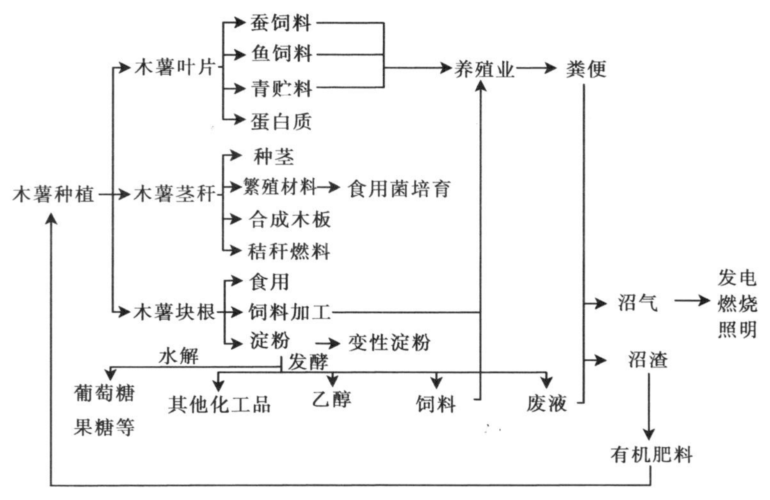

图 1-3　木薯各部位用途

表 1-8　木薯制成品应用领域一览表

序号	加工产品	应用领域	制成品种类	备　注
1	木薯粉	食品	面包等	—
2	木薯粉	家禽畜饲料、渔业生产	粗粉、压缩饲料等	—
3	淀粉	食品、医药、造纸、纺织、石油钻井、建材、饲料等	特定食品、低糖、乳胶等 4000 种以上	淀粉是木薯最基本最重要的加工产品
4	变性淀粉	造纸、纺织、食品、医药、水产饲料、建材、铸造、石油、采矿、煤炭、陶瓷、塑料、日用品、化妆品等 30 个	数百种产品	变性淀粉是淀粉深加工产品群中的重要组成部分，品种最多
5	木薯酒精	医药、制酒、农药、有机化学品、燃料、清洁能源等	—	在酒精的所有农作物原料中，木薯价格最为低廉，成本最低
6	淀粉糖	—	—	为深加工品
7	有机酸	—	—	属深加工品

资料来源：唐明．尼日利亚木薯概况及中尼木薯合作前景调研［OL］．http：//wms.mofcom.gov.cn/aarticle/subject/ncp/subjectgjsq/200610/20061003500375.html.

一、食用

世界上木薯块根全部产量的65%用于人类食物，目前全世界约有8亿人食用木薯，其中，热带湿地低收入农户约5亿人以木薯主要食用作物。非洲科学家成立了一个木薯生物营养促进计划（BioCassava Plus project），寻求强化木薯营养价值的方法。但由于木薯含有氢氰酸，尤其是苦品种氢氰酸含量比较高，必须经去毒后方可食用或饲用，甜品种不用处理煮沸即可食用。

表1-9　木薯的营养成分列表（每100克中含量）

成分名称	含量	成分名称	含量	成分名称	含量
可食部	99	水分（克）	69	能量（千卡）	116
能量（千焦）	485	蛋白质（克）	2.1	脂肪（克）	0.3
碳水化合物（克）	27.8	膳食纤维（克）	1.6	胆固醇（毫克）	0
灰分（克）	0.8	维生素A（毫克）	0	胡萝卜素（毫克）	0
视黄醇（毫克）	0	硫胺素（微克）	0.21	核黄素（毫克）	0.09
尼克酸（毫克）	1.2	维生素C（毫克）	35	维生素E（T）（毫克）	0
a-E	0	(β-γ)-E	0	δ-E	0
钙（毫克）	88	磷（毫克）	50	钾（毫克）	764
钠（毫克）	8	镁（毫克）	66	铁（毫克）	2.5
锌（毫克）	0	硒（微克）	0	铜（毫克）	0
锰（毫克）	0	碘（毫克）	0		

二、饲料

木薯的块根淀粉含量很高，嫩茎叶含有丰富的蛋白质和维生素。木薯的嫩枝叶与优质的牧草相比也毫不逊色。一般来说种植木薯的目的是收获鲜薯，收获鲜薯后，也可以对木薯的地上有用部分（顶端约占全株 1/3 高部分的嫩枝叶）收集利用，产量相当于块根重量的 10%～20%。如果专门生产嫩枝叶，采用密集栽培的方式（种植 112 000 株/公顷以上），每隔 2～3 个月收割 1 次（顶端约占全株 1/3 高部分的嫩枝叶）在肥水管理良好的土地，每次可获得 40 吨/公顷以上的青饲料，经过青贮或直接投喂，可用于养鱼，蚕或禽畜等动物。由于木薯在我国很少病虫害，在生产过程中几乎不需要施农药。因此，以木薯的嫩枝叶和块根搭配为饲料，再辅以其他添加剂，喂养动物，可以生产肉、蛋等有机食品。木薯的这一"古老"利用方式，可能因为现代人追求食品安全的观念而重新焕发生机，并形成一个不小的产业。

三、工业原料

工业上，木薯主要用于淀粉加工、酒精加工等。

（一）木薯原淀粉

淀粉的种类有小麦淀粉、玉米淀粉、马铃薯淀粉、木薯淀粉和红薯淀粉等。在可再生资源中，淀粉的产量仅次于纤维素，是与人们生活息息相关的重要资源。鲜木薯块根的干物质含量为 35%～40%，其中 75%～80%为淀粉。

木薯块根可用来生产淀粉和变性淀粉。一般鲜木薯块根的淀粉含量 25%～35%左右，4 吨鲜木薯可生产 1 吨木薯原淀粉。木薯淀粉是木薯最基本、最重要的加工产品，不仅大量用于食品加工业，还广泛应用于冶金、矿业、建筑、纺织、化妆品、牙膏和造纸行业。

（二）木薯燃料乙醇

随着生物燃料产业的发展，更多国家倾向于将木薯看作能源作物，发展木薯燃料乙醇产业。据统计，1 吨淀粉含量 30%的木薯块根能生产 280 升（约 222 千克）的 96%纯度的乙醇。据

FAO 预测，2009 年中国木薯燃料乙醇产量将达到 500 万吨。泰国原计划 2008 年投产于一家日生产能力 0.5 万升的木薯乙醇企业，因成本的整体上升搁浅，但 2009 年已开始投产，为满足 10%的燃料替代计划，泰国要求生产 200 万升的木薯乙醇，这大大促进了木薯产业的发展。印度尼西亚也制订了 5%的木薯乙醇混合汽油强制性计划。随着竞争原料、糖和糖蜜价格的上涨，许多国家开始使用木薯作为乙醇生产的主要原料，以缓解原料价格上涨的压力。

（三）木薯深加工品

木薯深加工产品主要有三大类：一是变性淀粉。变性淀粉是食品、纺织、造纸、医学等众多现代工业的原料，它有助于改进这些工业加工过程的性能，提高这些工业产品的质量，降低环境污染，这对于解决农产品的销路、提高农产品附加值很有帮助。以木薯为例，目前其原淀粉价格为 2 300 元/吨，平均 1.1 吨原淀粉可加工成 1.0 吨变性淀粉，平均售价为 3 500 元，除去加工成本上后，利润仍然相当可观。目前世界上变性淀粉年产量近 600 万吨，主要集中在欧美等西方发达国家，亚洲的日本、泰国和中国也是变性淀粉的主产国。按人均计算，世界人均变性淀粉消费量在 0.95 千克左右，美国人均消费量在 10 千克左右，我国年产变性淀粉约 45 万吨，但人均消费量仅仅 0.35 千克，远低于世界平均水平，由此可见，我国发展变性淀粉还有很大的空间。二是化工产品，用木薯淀粉生产的有机化工产品主要有酒精、聚乙烯、醋酸、环氧乙烷、山梨醇、乙醇胺、柠檬酸等，是生产橡胶、农药、油脂、包装品、化妆品、军用品的重要原料，特别是酒精已成为汽油中的添加燃料，市场潜力相当可观；目前制造酒精的主要原料有甘蔗、甜高粱、甘薯、甜菜、木薯、玉米、早籼稻、小麦等。在各种制造酒精的原料中，以木薯制造酒精最具潜力。对于谷类作物和块根类作物来说，木薯是生产碳水化合物最高的作物，被认为是制备酒精的最理想的原料。因此，现阶段木薯是发展潜力巨大的能源植物，是生物质能产业发展的重要原料之一。三是淀粉糖，木薯淀粉可生产葡萄糖、果糖、麦芽糖、低聚糖、海藻糖等数十种不同甜度的糖，作为新兴的保健食品，已成为国际糖果市场上的新宠。

四、其他

木薯梗是木薯加工业的主要副产品，利用木薯梗培育木耳可以把木薯梗变废为宝，达到节支增收的目标。而且木薯茎栽培木耳时间短，见效快，效益高，具有广阔的发展前景。2009 年，广西桂平市在蒙圩镇、西山镇、石咀镇、麻垌等乡镇大力推广木薯梗栽培木耳技术。该市蒙圩镇新合村，全村有 40 户利用桑枝、木薯梗栽培木耳，栽培面积 1 260 平方米，总增收达 14.112 万元，人均增收 705.6 元。

第二章　世界木薯产业发展现状及趋势分析

木薯是非洲东部、中部和南部的重要粮食作物，是热带地区继水稻和玉米之后的重要热量来源。目前世界有100多个国家种植木薯，尼日利亚木薯的产量和播种面积均居世界第一。世界木薯主要用于食用、饲料、淀粉加工和酒精加工，在非洲大部分地区主要用于食用和饲料加工，木薯加工业的发展带动了木薯原材料需求的大幅增加，在很大程度上促进了木薯产业的发展。

第一节　世界木薯生产变化特点

2007年下半年开始的高粮价已使得许多国家积极寻求替代高价、生产不稳定的作物。一直以来，木薯是世界重要的热带作物，是非洲、拉丁美洲以及亚洲等热带、亚热带区域人们重要的粮食热量来源，作为“危机作物（crisis crop)”，当出现粮食短缺问题，或谷物价格高位运行时，木薯可以作为是一种应急、救荒的作物，对一国特别是非洲贫困地区的粮食安全有着重要意义。目前全世界有100多个国家种植木薯，2009年，FAO构建了木薯生产体系，形成了东非中部和南非病虫害（CaCESA，“Cassava diseases in central，eastern and southern Africa）框架。据FAO统计，近20年来，随着国际对木薯产业的支持和能源产业、淀粉产业等加工业对木薯需求的刺激，世界木薯的收获面积、单产及总产都不断提高（见图2－1）。

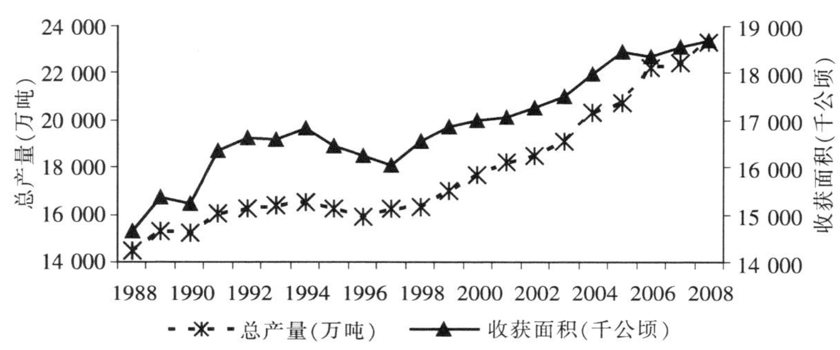

图 2-1　1988—2008 年世界木薯总产量和收获面积

数据来源：FAOSTAT.

一、世界木薯总产量变化特点

由图 2-1 可知，除 1990 年产量有所下降外，1988—1994 年全球木薯产量稳定上升；但 1995—1996 年全球木薯产量开始下降，尤其是到 1996 年达到最低谷，产量仅为 15 874.83 万吨，为此，FAO 于 1996 年召开了全球木薯战略会议；1996—2004 年木薯产量快速增长，2004 年产量达到 19 152.4 万吨，比 1996 年增长了 29.18%，年均增长 3.25%；2005 年产量与 2004 年持平，但 2005—2008 产量持续快速增长，到 2008 年，全球木薯产量达到 23 295.02 万吨，比 2005 年增长了 12.29%，年均增长 3.94%；其中非洲地区总产量为 11 804.92 万吨，占世界木薯产量的 50.68%；亚洲木薯总产量为 7 875.44 万吨，占世界木薯总产量的 33.81%；拉丁美洲总产量为 3 702.4 万吨，占世界木薯总产量的 15.89%。尼日利亚是世界木薯产量最高的国家，2008 年产量为 4 458.20 万吨，占世界木薯总产量的 19.14%。亚洲木薯产量中有 82.62%来自东南亚地区，泰国为 2 756.56 万吨，占世界总产量的 11.83%，位于世界第二。巴西为 2 587.79 万吨，约占世界总产量 11.11%，位于世界第三。据 FAO 统计，2009

年世界木薯总产量 24 098.95 万吨，比 2008 年增长 3.45%。

从 1961—2008 年世界木薯主产国的生产来看，其总产量均在增长，但泰国、越南木薯总产增长速度明显，年均增长率分别为 6.07%和 4.95%；加纳、安哥拉和尼日利亚增长率分别为 4.83%、4.25%和 3.90%；而巴西和印度尼西亚只有 0.77%和 1.41%。巴西和印度尼西亚木薯生产在世界的比例下降。

1987 年以前，尼日利亚木薯产量占世界总产量的比例一直维持在 10%左右，排在世界第四名水平。随后占世界木薯总产量比例一直持续增长，到 1991 年所占比例为 16.18%，超过巴西成为世界最大的木薯生产国，其后一直位居世界第一的水平。

泰国木薯产量占世界木薯总产量的比例从 1961 年的 2.42%提高到 1974 年的 5.98%。1988 年，这一比例超过了巴西等国，达到 15.4%，使其成为该时期世界上木薯产量最大的国家。然而，1990 年开始，其总产量占世界的比例有所下降，基本维持在 11%左右，位居世界第三、第四的水平。

20 世纪 90 年代以前，巴西一直是世界木薯最大的生产国，但其份额却逐年下降。1961 年以来巴西木薯总产量占世界木薯总产量的比例从 1961 年的 25.34%减少到 1984 年的 16.11%，虽然在随后的两年其份额有所提高，但到 1988 年下降到 14.92%，跌为世界第二。随后每年均在波动中下滑，一直到 2007 年，跌到世界第三。

1972 年以前，印度尼西亚木薯产量占世界木薯总产量的比例一直持续下降，由 1961 年的 15.70%下降到 1972 年的 10.26%，被刚果共和国超过，从世界第二跌为世界第三。其后所占比例一直维持在 10%左右。刚果共和国在 1994 年以后其所占比例一直持续下降，由 1994 年的 11.58%下降到 2008 年的 6.45%。2008 年世界木薯主产国排名见表 2-1。

表 2-1　2008 年世界木薯主产国产量及排名

排名	国家	总产量（万吨）	占全球木薯总产量的比例（%）
1	尼日利亚	4 458.20	19.14
2	泰国	2 756.56	11.83
3	巴西	2 587.79	11.11
4	印度尼西亚	2 159.31	9.27
5	刚果共和国	1 501.94	6.45
6	加纳	965.00	4.14
7	越南	939.58	4.03
8	印度	905.39	3.89
9	安哥拉	884.00	3.79
10	坦桑尼亚	660.00	2.83

数据来源：FAOSTAT.

二、世界木薯单产变化特点

从单产来看，1998 年以前，世界木薯单产一直在 10 吨/公顷以下的低产水平。到 1999 年，木薯单产增加到 10.09 吨/公顷，比 1998 年增加 2.42%；1999—2004 年期间单产增加速度加快，其中 2004 年达到 11.29 吨/公顷，比 1998 年增加 14.58%，年均 2.29%；2005—2008 年单产在波动中上升，2005 年有所下降，为 11.21 吨/公顷，到 2008 年达到 12.46 吨/公顷（图 2-2）。其中，东南亚平均单产为 19.12 吨/公顷，比世界高出 59.30%；非洲虽然总产量最大，但平均单产只有 9.85 吨/公顷。世界鲜薯单产最高的国家为印度，达到 33.55 吨/公顷，是世界平均水平的 2.69 倍；其次为苏里南，达到

25.17 吨/公顷；库克群岛位居第三，鲜薯平均单产为 25 吨/公顷；泰国为 23.29 吨/公顷，排世界第五；中国为 16.24 吨/公顷，排世界 15 位。

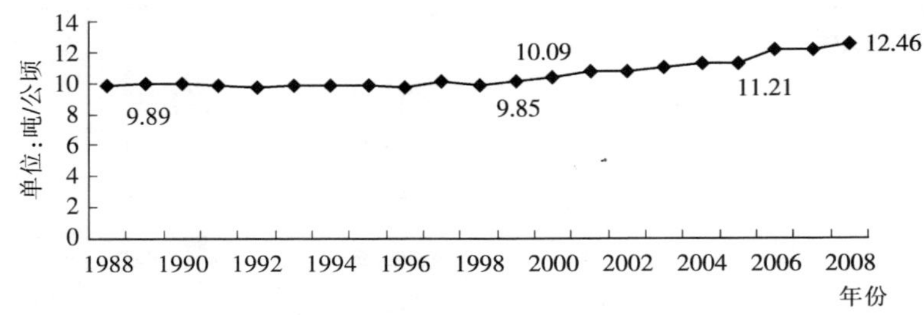

图 2-2　1988—2008 世界木薯单产变化情况

数据来源：FAOSTAT.

三、世界木薯收获面积变化特点

从总体上看，世界木薯种植面积逐年增长。按木薯生长习惯，木薯广泛种植于热带和部分亚热带地区。非洲地区资源丰富，十分适宜木薯的种植。1988 年世界木薯收获面积为 1 465.22万公顷，但到 1990 年收获面积有所下降，1991—1994 年在波动中上升，1995 年又开始下滑，到 1997 年下降为 1 604.83万公顷，1994—1997 年间年均下降 1.55%；1997—2003 年开始增长，其中 2003 年收获面积为 1 750.89 万公顷，年均增长率达 1.46%；到 2004 年快速增长，一直持续到 2008 年，其中 2003—2005 年，年均增长速度为 2.62%，2005—2008 年，收获面积稳中有增，到 2008 年世界木薯收获面积增长到 1 869.52万公顷，其中尼日利亚为 377.8 万公顷，占世界木薯总收获面积的 20.21%，位于世界第一，2008 年世界木薯收获面积排在世界前十位的国家见表 2-2。

表 2-2 2008 年世界木薯主产国收获面积及排名

排名	国家	收获面积(1 000 公顷)	占世界木薯总收获面积的比例（%）
1	尼日利亚	3 778.00	20.21
2	刚果	1 851.05	9.90
3	巴西	1 839.28	9.84
4	印度尼西亚	1 193.32	6.38
5	泰国	1 183.54	6.33
6	莫桑比克	850.00	4.55
7	加纳	800.00	4.28
8	安哥拉	760.00	4.07
9	坦桑尼亚	675.00	3.61
10	越南	555.70	2.97

数据来源：FAOSTAT.

四、世界木薯生产发展的前景展望

近 20 年来，世界木薯生产已得到了较快的发展，单产水平由 20 世纪 90 年代初期的不到 10 吨/公顷提高到 2008 年的 12.46 吨/公顷，在木薯病虫害、栽培技术方面的研究力度的不断加大，木薯种植业发展成效显著。然而，当前世界木薯生产方面的发展还不平衡，非洲地区种植技术较为落后，世界总体发展水平有待提高。2008 年非洲地区的收获面积占世界的 65%，而单产水平只有 9.85 吨/公顷，相当于 20 世纪 90 年代初的世界单产水平。非洲地区农户对科技种植方法了解的缺乏，导致非洲地区木薯良种化程度较低，科学种植方法推广力度较差，木薯单产低。种植技术水平的滞后以及政策引导的不规范，不仅制约了加工业的发展，同时还威胁到当地的粮食安全，对非洲贫困地区饥饿问题、农业发展问题有着一定的影响。但随着科学研究技术的日臻完善，国际三大区域木薯市场（西非、东南亚、巴西）的区域化发展逐渐成熟，各国对木薯产业政策支持力度的日益加大，世界木薯生产前景将十分广阔。

（一）木薯总产量将不断提高，木薯种植水平将进一步发展

根据 FAO 1961—2009 年世界木薯总产量数据，我们运用 ADF 检验得知，1961—2009 年世界木薯总产量序列一阶差分平稳，为一阶单整序列，序列的自相关系数在 2 阶截尾，偏自相关系数在 2 阶截尾，则取模型的阶数 $p=2$，$q=2$，建立 ARIMA（2，1，2）模型，对 2010—2020 年世界木薯总产量进行预测（表 2-3）。预测结果显示，2010 年世界木薯总产量将达到 24 416.92万吨，将比 2008 年增长 4.82%，2010—2020 年世界木薯收获面积将以 1.02% 的速度增长，到 2020 年将达到 28 215.03万吨。

表 2-3　2010—2020 年世界木薯总产量预测

年份	总产量（万吨）
2010	24 416.92
2011	24 980.67
2012	25 452.53
2013	25 781.98
2014	26 078.53
2015	26 415.64
2016	26 785.59
2017	27 155.41
2018	27 512.14
2019	27 862.53
2020	28 215.03

（二）木薯价格的低位运行促使加工业对木薯需求的增加，木薯收获面积将进一步提高

一直以来，木薯价格均在低位运行。但是随着木薯需求的不断增加，木薯价格将有所提高。据 FAO 统计，1990 年木薯干片

泰国 FOB 价格为 143.42 美元/吨，虽然到 2008 年提高到 171 美元/吨，但到 2009 年开始回落，为 131.4 美元/吨，远低于玉米、蔗糖等工业原料价格。虽然低价格使得泰国、巴西等一些国家减少了木薯种植面积（据泰国近期一项调查研究表明，到 2010 年泰国木薯种植面积将减少 7%），但是，面对粮食需求的日益紧张，加上能源产业对木薯需求的增加，饲料加工以及其他工业部门对木薯需求的增加，三大木薯区域市场投资的扩大，木薯收获面积将进一步提高。

根据 FAO 1961—2009 年世界木薯收获面积数据，运用 ADF 检验得知，1961—2009 年世界木薯收获面积序列一阶差分平稳，为一阶单整序列，序列的自相关系数在 3 阶截尾，偏相关系数在 3 阶截尾，则取模型的阶 $p=3$，$q=3$，建立 ARIMA（3，1，3）模型，对 2010—2020 年世界木薯总产量进行预测（预测结果见表 2-4）。预测结果显示，2010 年世界木薯收获面积将达到 19 344.67 千公顷，将比 2008 年增长 1.50%，2010—2020 年世界木薯收获面积将以 0.99%增长，到 2020 年将达到 21 346.17 千公顷。

表 2-4　2010—2020 年世界木薯收获面积预测

年份	收获面积（千公顷）
2010	19 344.67
2011	19 690.99
2012	19 852.16
2013	19 932.32
2014	20 116.99
2015	20 386.04
2016	20 601.04
2017	20 746.11
2018	20 910.46
2019	21 128.77
2020	21 346.17

（三）木薯仍将是非洲地区的主要口粮

据联合国统计，非洲人口在过去的30年中平均每年增加3 000万人口，预计2010—2015年人口增长率将达到2.20%。人口的增长使得非洲地区粮食需求日益增长，这带来了非洲口粮的刚性消费，粮食危机存在很大隐患。尤其在撒哈拉以南的非洲地区，粮食形势严峻。如2009年尼日尔、乍得以及尼日利亚北部地区的降雨量减少，使得粮食减产，再加上人口的日益膨胀，这很可能会增加贫困、饥饿人口。据FAO统计，2009年尼日尔将有270万人口需要食物援助，50万人口将面临粮食不安全的紧张形势。据FAO预测，2009年非洲谷物总产量达到1.51亿吨，仅占世界的6.73%。其中，2010年非洲低收入国家将缺粮4 607.29万吨，其中西非和中非地区的低收入国家将缺粮1 300万吨。非洲地区木薯种植面积广、总产量高，加上国际粮食价格的高位运行（2010年第一季度国际红小麦价格平均为209美元/吨，黄玉米平均为163美元/吨，高粱平均为172美元/吨），在一段时期内，为解决人口增长对口粮需求的问题，木薯还将是非洲地区国家的重要口粮，并对解决该地区的粮食需求有着重要的作用。

（四）尼日利亚木薯总产量将得到增长，泰国、越南木薯生产国际地位将稳步提高，巴西木薯国际地位将持续下降

近50年来，尤其近25年来，尼日利亚木薯总产量增长速度明显，1983—2008年尼日利亚木薯总产量年均增长6.18%。预计未来十年，尼日利亚木薯种植技术将不断提高，木薯单产水平仍有很大的提升潜力，木薯总产量将得到大幅提高；预计2010—2020年尼日利亚木薯总产量年均增长率将达到4.3%左右，到2020年尼日利亚木薯总产量将突破7 000万吨，预计达到7 300万吨左右。预计2010—2020年泰国、越南木薯总产量增长率将分别达到2.3%和6.5%左右，其产量占世界总产量比例将提高到15%和5%左右；由于甘蔗燃料乙醇的兴起，巴西将把更

多的投入用于与木薯竞争的甘蔗产业，其木薯总产量占世界总产量的地位将持续下降，预计 2010—2020 年巴西木薯总产量占世界地位平均为 7%左右。

第二节 世界木薯加工利用状况

20 世纪 90 年代以来，由于饲料工业和淀粉工业的迅速发展，国际市场对木薯的需求逐年增长。随着科技水平的不断提高，木薯生产、加工开始由满足口粮这一单一行业模式逐渐转变为规范化、集约化综合加工利用模式。木薯不但可以为工业提供原料，加工 2 000 多种产品，还可以通过深加工来拉动相关产业的发展，是一个庞大的、涉及面广的新兴产业①。木薯的用途很广，利用空间也很大。据有关专家预测（表 2-5），在 1993—2020 年，世界的木薯利用将以每年 1.68%的速度增长，到 2020 年世界木薯需求量将达到 2.71 亿吨，可见木薯产品在国际市场上具有巨大的发展空间。

表 2-5 2020 年世界木薯生产与规划

国家	1993—2020 年利用增长率（%/年）			2020 年的利用量（百万吨）	2020 年的生产量（百万吨）
	食物	饲料	总计		
中国	−1.27	2.08	1.19	3.9	4.2
印度	1.00	0.00	1.00	7.6	7.8
其他东亚国	−0.95	1.09	0.63	3.5	0.0
其他南亚国	1.00	0.00	0.83	0.6	0.6
东南亚	1.4	0.13	1.25	27.0	51.1
拉丁美洲	0.26	1.26	0.78	39.3	40.5

① 张振文，李开绵，黄洁，等．中国木薯产业发展形势与策略——广西武鸣县木薯产业发展启示．广西农业科学，2006，37（6）：743-747.

（续）

国　家	1993—2020 年利用增长率（%/年）			2020 年的利用量（百万吨）	2020 年的生产量（百万吨）
	食物	饲料	总计		
亚撒哈拉非洲	2.51	0.29	2.47	166.0	166.0
发展中国家	2.01	1.18	1.88	248.8	271.1
发达国家	0.03	0.01	0.02	22.7	0.4
世界	2.01	0.59	1.68	271.6	271.6

资料来源：International Center for Tropical Agriculture. *A review of cassava in Asia with country case studies on Thailand and Viet Nam. Proceedings of the validation forum on the global cassava development strategy*. Rome，2000：. 26 - 28.

一、食物利用

在食物利用方面，许多非洲弱小国家将木薯作为满足膳食纤维的需要。在发展中国家，有将近 10 亿人口的主食依赖木薯块根，木薯块根满足了这些人每天所需热量的 1/3。尤其在撒哈拉以南的非洲地区，木薯（主要是鲜薯和木薯面粉）消费需求在不断增长，有 70 万人的粮食依赖木薯。然而这些地区的木薯产量只能勉强应对人口的增长，对食物获取能力的变化不大。因此，这些地区通过进口木薯面粉，推动了国际对木薯食品消费的扩张。巴西规定将 10%的木薯面粉与小麦粉混合使用，并将 50%的木薯用于这种面粉的混合生产。虽然一些西非的木薯主产国也提倡这种做法，尤其是尼日利亚，但由于木薯面粉比较有限，许多国家对此提出了质疑。

二、木薯燃料乙醇加工

随着生物燃料产业的发展，更多国家倾向于使用木薯能源作物，发展木薯燃料乙醇产业。据统计，1 吨淀粉含量 30%的木薯块根能生产 280 升（约 222 千克）的 96%纯度的乙醇。目前木薯燃料乙醇的生产主要集中于亚洲地区，其中中国、泰国居多。据 FAO 预测，2009 年中国木薯燃料乙醇产量将达到 500 万吨。

三、木薯淀粉加工

木薯淀粉是木薯最基本、最重要的加工产品，不仅大量用于食品加工业，还广泛应用于冶金、矿业、建筑、纺织、化妆品、牙膏和造纸行业。特别是近年来，随着变性淀粉加工技术的逐渐成熟，木薯淀粉在淀粉行业中的地位越来越重要，国际淀粉生产企业也不断扩大投资增建木薯淀粉加工厂。据国际淀粉研究所统计，1980—1997 年全球淀粉从 1 600 万吨增加到 3 500 万吨，保持着年均 4.7%的增长率。木薯是仅次于玉米、小麦和马铃薯的淀粉原料来源，近几年来每年全球利用谷物、根块茎作物等生产的淀粉大约为 6 000 万吨，其中玉米淀粉占 80%以上，木薯淀粉只占 10%。随着木薯产量的增加，FAO 认为，木薯淀粉较其他淀粉的黏性大且淀粉提取比较稳定，因此许多发展中国家可以利用木薯的低成本优势转化为高附加值的淀粉，真正体现其淀粉作物的属性。大部分木薯淀粉企业集聚在亚洲地区，其中泰国是世界木薯淀粉产量最高以及技术最成熟的国家，并且目前产业化发展模式不断成熟，产业发展力度高。据 FAO 统计，泰国目前 60%左右的木薯根块用于生产木薯淀粉。据中国淀粉协会统计，2008—2009 年榨季，泰国木薯淀粉产量为 450 万吨，越南为 50 万吨。

四、木薯动物饲料加工

国际上将木薯干片作为动物饲料，大部分见于拉丁美洲和加勒比地区的巴西和哥伦比亚、非洲地区的尼日利亚、亚洲的中国和韩国。2009 年，巴西和哥伦比亚地区使用木薯饲料的量与 2008 年持平，亚洲地区饲料产业对木薯的需求有所下降，而在欧洲地区基本不使用木薯作动物饲料。

五、世界木薯加工利用的前景展望

（一）加工技术、设备仍需更新，综合利用有待拓展

木薯用途广泛，产业链长，综合效益高，开发前景好。然而，当前世界木薯加工企业规模仍较小，除泰国、印度等亚洲国家以及荷兰、丹麦、德国等西欧部分发达国家在淀粉生产技术上较为先进（如荷兰的 Hovex 和丹麦的 ISI 代表了世界木薯淀粉设备的先进技术，达到了技术集中化），其他国家，尤其是非洲地区国家的加工设备和生产技术仍十分落后，以木薯粉等初级加工品为主要加工品的产业仍占主导，在淀粉、变性淀粉、山梨醇、燃料乙醇等附加值高的产品开发上还处于探索发展阶段，相关技术仍不成熟，这导致产业链较短、综合效益较低。此外，木薯加工企业在废水处理上仍存在较大问题，木薯加工业的污染治理力度急需加强。

（二）木薯加工技术将不断成熟，木薯能源产业和淀粉产业将得到较快发展

由于国际饲料用粮价格上涨，近期泰国、越南以及一些亚洲国家将更多地利用木薯生产饲料。随着欧洲发达国家淀粉加工设备的推广和利用，淀粉三大区域市场的日趋成熟，木薯淀粉将得到较快发展，尤其在变性淀粉加工方面，将得到淀粉主产国的重视和政策倾斜。对于能源产业，木薯生产燃料乙醇的技术已不断成熟，在亚洲地区的木薯生物燃料产业近期将得到快速发展，尤其是中国，木薯生产燃料乙醇的生产加工规模将逐步扩大，木薯生产燃料乙醇产业发展将不断深化。

第三节　世界木薯贸易特点及趋势分析

木薯需求的增长使得各国木薯贸易逐步扩大，跨境贸易和区域间贸易逐渐增加。根据联合国贸易数据库资料，2008 年世界

木薯（或干）进出口贸易总量为825.67万吨，贸易总额达到17.05亿美元。在经历了2008年贸易量与2007年相比减少15%的低迷时期后，2009年，世界木薯贸易开始复苏，跨境交易和区域间贸易逐渐增加，预计2009年世界木薯产品贸易将增长32%，将达到1 250万吨（折干）。

一、世界木薯进出口概况

据FAO统计，在20世纪90年代世界木薯进出口贸易中，约75%是木薯干，只有25%是木薯淀粉。但进入21世纪后，木薯淀粉在木薯及其制成品中的贸易总额地位越来越明显，所占比例也越来越高，约占木薯和木薯淀粉贸易总额的35%左右。

（一）20世纪80年代前世界木薯贸易总量和贸易额持续增长，之后波动中下降，近10年贸易量和贸易额在波动中上升

1961年，世界木薯贸易总量为19.81万吨，贸易总额为0.11亿美元。到1982年，贸易总量增加到2 077.03万吨，贸易额增加到24.74亿美元，年均增长率分别为24.80%和29.39%。20世纪80年代中期到90年代初期，木薯贸易波动不定，1989年达到木薯贸易总量近50年来最高值，为2 113.58万吨。1992年开始，由于欧盟共同体政策（CAP）中关于农田和农作物的补贴政策以及高额的运输费用（如1995年的运费使得木薯价格提高了17～18美元/吨）导致木薯出口价格上升（木薯主要出口国供给的减少以及出口国国内高昂的木薯价格），抑制了木薯产品的贸易，木薯干片贸易受挫，贸易总量由1992年的1 862.60万吨持续下降到2002年734.05万吨。随着木薯生产国农业生产政策不断调整（如尼日利亚增加木薯土地供给、泰国调整出口政策等），世界木薯贸易得到恢复。在贸易额上，随着木薯生产的提高，木薯干片的贸易总额在波动中下降。1990年，木薯干片的贸易总额为25.86亿美元，其中木薯进口额为15.31亿美元，占木薯干片贸易总额的59.23%；出口额为10.54亿美元，占木

薯干片贸易总额的40.77%。2002年降到最低点，为6.13亿美元；随着近年来淀粉加工企业，燃料乙醇产业等对木薯干片需求的增长，木薯干片的贸易得到提高，2008年达到17.05亿美元，比2002年增长1.78倍，其中2002—2008年年均增长18.59%。1961—2008年，木薯干片贸易总量增加了40.68倍，年均增长8%，同期贸易总额增长了153.33倍，年均增长10.68%。

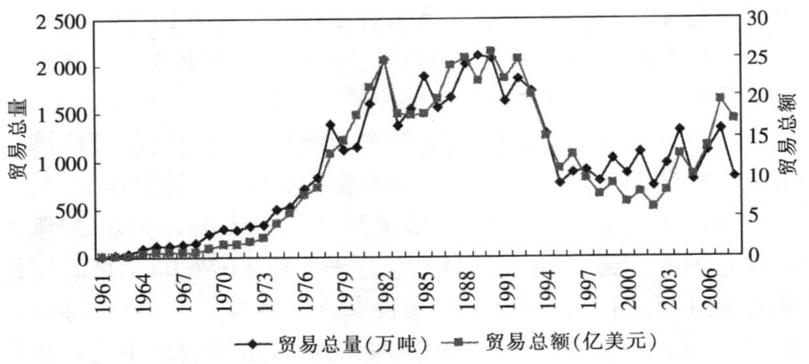

图2-3 1961—2008年世界木薯干片贸易总量及贸易总额

数据来源：FAOSTAT.

从流向来看，木薯干片的进口量和出口量变化趋势基本一致，在1990—1995年急剧下降，1995年以后波动中有所上升(见图2-4)。

1990年木薯干片出口量为949.76万吨，进口量为1 141.01万吨；到1995年，木薯干片出口量为415.11万吨，进口量为340.64万吨，分别比1990年下降70.15%，56.29%；2007年进、出口量分别为678.34万吨和649.73万吨，分别比1995年提高99.14%和56.52%；2008年由于金融危机，世界木薯干片的进出口量分别为400.89万吨和415.02万吨。

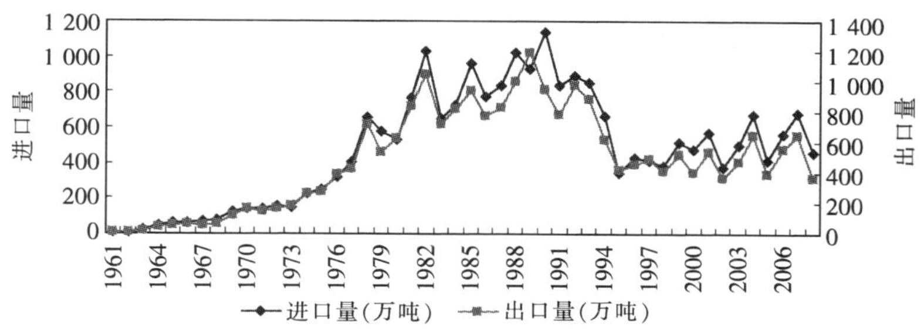

图 2-4　1990—2008 年世界木薯干片进出口量变动情况

数据来源：FAOSTAT.

(二) 木薯淀粉贸易量一直呈上升趋势，进口量略大于出口量

从图 2-5 可以看出，木薯淀粉的贸易总量持续上升。1990 年，木薯淀粉的贸易量只有 68.67 万吨，到 1997 年增长到 151.32 万吨，比 1990 年增长 1.20 倍，年均贸易量增长 11.95%；1998 有所下降，为 124.25 万吨，比 1990 年下降 17.89%；1999—2000 年贸易量得到提高，其中 2000 年达到 202.17 万吨，比 1998 年增加 62.71%，1998—2000 年均增长 27.56%；2001 年稍微下降，为 180.07 万吨，但之后一直持续上涨，到 2006 年达 383.69 万吨，2001—2006 年，年均增长 16.33%；到 2008 年，由于金融风暴和企业生产情况，木薯淀粉贸易受挫，贸易总量为 288.69 万吨，但由于企业成本较高，木薯淀粉价格较高，贸易总额为 11.01 亿美元。

从流向来看，木薯淀粉进口量略大于出口量，并且差额随着时间改变有所扩大。1990 年，世界木薯淀粉进口量为 41.32 万吨，出口量为 27.36 万吨，差额为 13.98 万吨；到 1995 年，世界木薯淀粉进口量达到 73.44 万吨，出口量为 52.52 万吨，差额提高到 20.92 万吨；1997 年进出口量相当，大约为 75 万～76 万

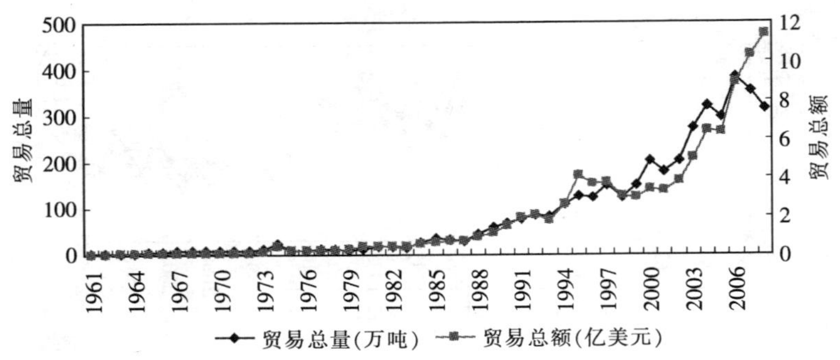

图 2-5　1961—2008 年世界木薯淀粉贸易情况

数据来源：FAOSTAT.

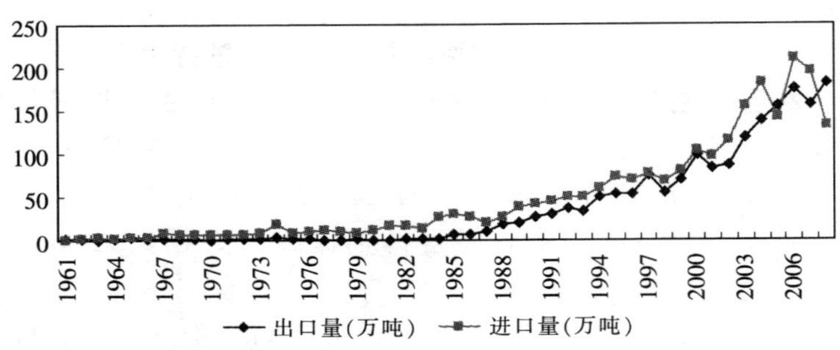

图 2-6　1961—2008 年世界木薯淀粉进出口量

数据来源：FAOSTAT.

吨；到 2000 年，进口量增加到 103.84 万吨，出口量为 98.33 万吨；到 2002 年，进出口量差额扩大到 28.05 万吨，并且差额一直扩大，到 2004 年差额达到 44 万吨；17 年来，只有 2005 年出口量大于进口量，其中出口量为 155.57 万吨，而进口量仅有 141.48 万吨；到 2006 年，进出口量达到历史最高峰，分别为 209.50 万吨和 174.19 万吨；2008 年两者均有所下降，分别为 153.36 万吨和 133.33 万吨。

二、木薯干片主要进出口国

世界木薯（鲜或干）主要进口国集中在亚洲和西欧国家，排名前五位的国家分别是中国、韩国、荷兰、西班牙和比利时。2008 年中国木薯进口量达 197.63 万吨，占世界木薯进口总量 42.96%；韩国是亚洲第二的木薯进口国，也是世界第二大木薯进口国，近年来进口逐渐增长，2008 年进口量为 89.97 万吨，占世界木薯进口总量的 19.56%。荷兰、西班牙和比利时是西欧主要的木薯进口国，2008 年这三个国家木薯进口总量占世界木薯进口总量的 26.47%（表 2－6）。

表 2－6　2008 年世界木薯主要进出口国家贸易量和排名

进口排名	国家	进口量（万吨）	占世界比例（%）	出口排名	国家	出口量（万吨）	占世界比例（%）
1	中国	197.63	42.96	1	泰国	288.28	78.86
2	韩国	89.97	19.56	2	荷兰	25.41	6.95
3	荷兰	69.76	15.17	3	越南	21.86	5.98
4	西班牙	28.06	6.10	4	印度尼西亚	12.97	3.55
5	比利时	23.91	5.20	5	哥斯达黎加	7.62	2.09
6	法国	9.35	2.03	6	比利时	3.32	0.91
7	泰国	8.53	1.85	7	乌干达	2.23	0.61
8	德国	7.32	1.59	8	尼加拉瓜	0.91	0.25
9	美国	5.95	1.29	9	厄瓜多尔	0.66	0.18
10	日本	3.68	0.80	10	墨西哥	0.61	0.17
11	葡萄牙	2.84	0.62	11	尼加拉瓜	0.44	0.12
12	越南	2.68	0.58	12	斯里兰卡	0.26	0.07
13	土耳其	2.50	0.54	13	巴拉圭	0.23	0.06
14	意大利	2.17	0.47	14	菲律宾	0.11	0.03
15	英国	2.00	0.44	15	哥伦比亚	0.10	0.03
世界		459.98	100	世界		365.56	100

数据来源：联合国贸易数据库。

泰国是世界最大的木薯出口国，2008 年出口量 288.28 万吨，占世界木薯出口总量 3/4 以上。荷兰是西欧木薯干片出口最多的国家，最近几年出口增长较快，2008 年木薯出口量为 25.41 万吨，居世界第二位。越南是亚洲第二大木薯出口国，2008 年木薯出口量占世界木薯出口总量的 5.98％，居世界第三位，印度尼西亚次之。哥斯达黎加是中美洲的主要木薯出口国，2008 年木薯出口量居世界第五位。

三、木薯淀粉主要进出口国

世界木薯淀粉进出口国家（或地区）主要分布在亚洲和西欧国家。中国是最大的木薯淀粉进口国。2008 年中国木薯淀粉进口量为 46.29 万吨，占世界木薯淀粉总进口量的 35.18％，其次为印度尼西亚。世界木薯淀粉进口国排在前五名的有中国、印度尼西亚、马来西亚、日本和菲律宾，几乎集中在东盟“10＋3”国家。泰国是世界最大的木薯淀粉出口国，越南次之。2008 年两国木薯淀粉出口总量占世界木薯淀粉出口总量的 90％以上，分别为 121.68 万吨和 47.28 万吨，分别占世界木薯淀粉出口量的 66.70％和 26％。排在前五名的出口国家（或地区）还有印度尼西亚、中国香港以及巴拉圭。

表 2－7　2008 年世界木薯淀粉主要进出口国家（或地区）贸易量排名

进口排名	国家（或地区）	进口量（万吨）	占世界比例（％）	出口排名	国家（或地区）	出口量（万吨）	占世界比例（％）
1	中国	46.29	35.18	1	泰国	121.68	66.70
2	印度尼西亚	15.81	12.01	2	越南	47.28	26.00
3	日本	15.03	11.42	3	印度尼西亚	3.70	2.03
4	马来西亚	12.12	9.21	4	中国香港	3.07	1.69
5	菲律宾	7.28	5.53	5	巴拉圭	1.74	0.96

（续）

进口排名	国家（或地区）	进口量（万吨）	占世界比例（%）	出口排名	国家（或地区）	出口量（万吨）	占世界比例（%）
6	新加坡	4.52	3.43	6	荷兰	1.12	0.62
7	美国	3.47	2.63	7	柬埔寨	1.03	0.57
8	中国香港	3.22	2.45	8	巴西	0.93	0.51
9	俄罗斯	3.11	2.36	9	美国	0.21	0.12
10	南非	2.50	1.90	10	印度	0.18	0.10
11	韩国	2.05	1.56	11	德国	0.18	0.10
12	加拿大	1.59	1.21	12	比利时	0.17	0.09
13	澳大利亚	1.21	0.92	13	厄瓜多尔	0.16	0.09
14	新西兰	1.02	0.77	14	乌干达	0.12	0.07
15	巴西	0.99	0.67	15	新加坡	0.10	0.05
世界		131.61	100	世界		181.89	100

数据来源：联合国贸易数据库数据。

四、世界木薯贸易的前景展望

（一）世界木薯贸易总量将得到提高，区域间贸易将进一步加强

根据世界木薯贸易的主要特点，世界木薯贸易总量总体呈上升趋势。经过2008年的金融风暴，随着国际对木薯干片需求的增加，世界木薯贸易量得到回升，根据联合国贸易数据库，2009年世界木薯总贸易量为1 178.02万吨，增长44.35%。同时，随着国际三大木薯市场区域（西非、东南亚、巴西）的不断成熟，尤其是泰国木薯市场的日臻完善，东盟自由贸易区的放开，区域间贸易以及跨区域贸易将得到快速提高。

（二）泰国木薯出口量将继续增长，中国木薯进口量仍然较大

泰国木薯生产的提高进一步促进木薯出口增长。近期泰国木

薯出口对象仍以亚洲为主，尤其中国—东盟自由贸易区（CAFTA）的建成，中国仍将是泰国的最大木薯出口对象国，并且出口量将得到提高。西欧由于木薯生产十分有限，主要以进口为主，荷兰仍将是西欧国家最大的木薯进口国，并且其贸易格局将多元化发展，但由于其木薯淀粉生产技术设备的更新、成熟，木薯淀粉的出口仍较大。同时，随着世界玉米用于燃料乙醇生产方面的增加，木薯淀粉将成为玉米淀粉的主要替代品，美国、西欧等国家对木薯的需求将增长，这进一步促进木薯主产国的对外贸易。就中国而言，随着木薯生物燃料技术的不断成熟和淀粉产业规模的日益扩大，对木薯的需求将不断增长，未来将围绕东盟国家进一步扩大其木薯的进口。

第三章　中国木薯产业发展现状

木薯是中国热区重要的工业原料、饲料和救荒作物。目前，中国木薯产业发展已逐步从初级阶段向快速发展阶段转变，生产规模逐步扩大，种植技术不断提高，加工业原料需求旺盛。近年来，国家对木薯产业的支持力度不断加大，尤其在国家木薯现代产业技术体系启动以及木薯产业技术创新战略联盟的建成后，中国木薯的育种、栽培、基因组等技术方面的研究不断深入，这对木薯产业发展有着重要的推动作用。

第一节　中国木薯生产变动趋势

目前，木薯产业已被中国列为国家现代农业产业体系建设项目之一。现阶段中国木薯种植面积为 434.67 千公顷，单产 16.81 吨/公顷，鲜薯总产量为 730 多万吨左右，总产值 27 亿元以上，木薯已成为我国第五大热作产业。

一、中国木薯总产量变化特点

20 世纪 60 年代以来，中国木薯总产增长了 3.74 倍，年均增长 2.85%。1961—1984 年中国木薯总产得到快速增长，其中 1961 年为 116.56 万吨，到 1983 年增长到 388.02 万吨，年均增长 5.62%；1984 年，由于种植面积减少，总产量出现下降趋势，其中 1984 年为 386.78 万吨，比 1983 年下降了 0.32%，到 1990 年达到最低，为 321.56 万吨，1984—1990 年年均总产量减少 1.82%；1991 年得到恢复，为 336.05 万吨；此后，木薯总产量持续增长，到2008年达到436.16万吨，比1991年增长了1.32倍（见图3-1）。总的来看，中国木薯总产量持续增长，但在世界的地位仍然比较低。2008年全球木薯总产量为23 295.02万吨，中国木薯总产量只占全球的1.87%，居世界15位，与东南亚国家相比，中国木薯生产还存在一定的距离。

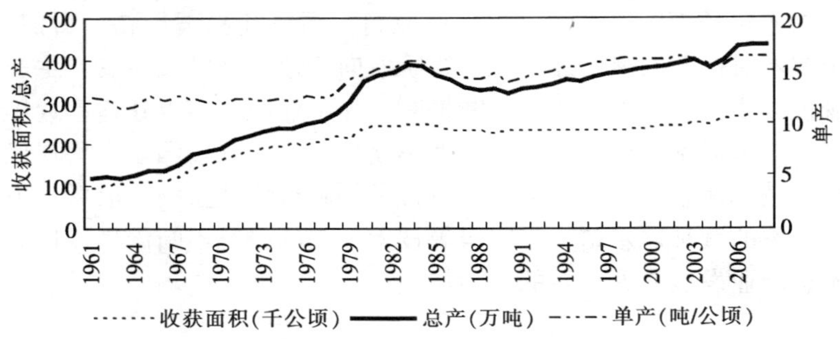

图3-1　1961—2008年中国木薯收获面积、单产及总产情况

数据来源：FAOSTAT.

二、中国木薯单产变化特点

20世纪60年代初到70年代后期，中国木薯品种主要以“南洋红”为重，木薯单产一直保持在较低水平发展。据FAO统计，1961—1978年中国鲜薯平均单产只有12.25吨/公顷；1978—1983年，由于中国木薯科研力度的加大以及木薯品种选育筛选工作的推广，木薯单产增长速度加快，1983年达到15.81吨/公顷，年均增长率达到4.49%；随着农业产业结构的不断调整和农业劳动力外出务工人数的大量增加，20世纪80年代后半期木薯单产持续下跌，1987年下降到14.34吨/公顷，1990年降到近20年最低，为13.91吨/公顷；“九五”、“十五”期间，木薯单产水平提高较快，1991年达到14.34吨/公顷，1995年达到

15.23 吨/公顷，1991—1995 年间年均增长率达 1.82%，1998 年达到“十五”时期单产最高值，为 16.07 吨/公顷；2001 年以后，由于华南 124、华南 205、南植 199、GR891 等良种的推广，木薯主产区育种、栽培、田间管理技术等科研力度的加大，以及“产学研”合作机制的实施，中国鲜木薯单产得到较快发展，在种植模式以及品种引进上都不断地向世界木薯生产大国靠拢。2002 年中国木薯单产达到最高值，为 16.27 吨/公顷。2005 年由于中国华南南部遭受干旱，尤其是海南、广东西南部和广西东南部遭受了 2004 年秋冬春 3 季连旱，木薯单产有所下降。但在深耕垄作、“三避”技术等科学种植方法推广后，2006 年单产提高到 16.24 吨/公顷，这种单产水平一直持续到 2008 年。从总体上看，中国的单产远高于世界平均水平，2008 年世界鲜薯平均单产只有 12.46 吨/公顷，而中国的单产比世界高出 30.33%。

三、中国木薯收获面积变化特点

长期以来，中国木薯播种面积较小，主要在广西、广东、海南、云南和福建等地区种植，其中广西的种植面积占全国木薯种植面积的 60%左右，两广地区约占 90%。据 FAO 统计，1961—1980 年，中国木薯收获面积逐年增长，收获面积扩大了 1.54 倍，年均增长 10.89%，其中 1980 年达到 238.38 千公顷；1980—1985 年一直维持在 243 千公顷左右；1986—2000 年在低迷中徘徊，其中 1986 年收获面积减少到为 233.44 千公顷，比 1985 年减少了 4.31%，1989 年减少到该阶段最低，为 226.38 千公顷，到 2000 年为 239.25 千公顷；2001 年收获面积得到恢复并持续增加，其中 2001 年为 241.22 千公顷，到 2008 年达到 268.58 千公顷，2001—2008 年年均增长 1.46%。1961—2008 年的，中国木薯收获面积增长了 1.86 倍，年均增长 2.26%(图 3－1)。从总量来看，近 10 年来，中国的收获面积是在波动中持续增加，但是其所占全球总收获面积的比例并没有增加，基本上维持在1.4%左右，位于全球的17位（表3-1）。

表3-1　1998—2009中国木薯收获面积和产量占世界的比例情况

年份	收获面积（1 000公顷）			产量（万吨）		
	世界	中国	所占比例（%）	世界	中国	所占比例（%）
1998	16 546.87	230.87	1.40	16 474.51	371.06	2.25
1999	16 850.88	236.51	1.40	17 178.86	377.81	2.20
2000	17 010.03	239.27	1.41	17 847.15	382.22	2.14
2001	16 969.15	241.22	1.42	18 522.63	387.30	2.09
2002	17 303.88	241.20	1.39	18 695.31	392.48	2.10
2003	17 508.91	250.70	1.43	19 283.59	401.52	2.08
2004	18 015.82	245.77	1.36	20 507.85	381.57	1.86
2005	18 438.29	260.80	1.41	20 743.65	401.73	1.94
2006	18 439.93	265.80	1.44	22 255.87	431.80	1.94
2007	18 664.66	268.85	1.44	22 813.81	437.00	1.92
2008	18 695.16	268.58	1.44	23 295.02	436.16	1.87
2009	19 058.38	270.58	1.42	24 098.95	451.16	1.87

数据来源：FAOSTAT.

第二节　中国木薯加工利用状况

中国木薯主要用于淀粉加工和酒精加工。据FAO统计，1990年中国木薯年人均消费量为1千克，2003年并没有发生变化，同样为1千克，但是用于食物、饲料生产及工业加工的木薯有所增加。1990年中国用于食用的木薯为12.04万吨，2003年为15.93万吨，增加了32.83%；1990年我国用于饲料生产的木薯为3.24万吨，到2003年增加到3.90万吨，增长了20.41%；1990年我国用于加工的木薯只有15.86万吨，而2003年增长到

18.01 万吨，增长了 13.61%。2003 年中国木薯有 46%用于加工，表明木薯在加工业中的重要地位。据广西淀粉协会统计，2006 年后的中国木薯的供需缺口有 100 万吨左右，这就造成部分木薯加工企业的原料短缺和进口成本的加大。据不完全统计，中国木薯加工企业有 200 多家，生产变性淀粉的厂家约有 150 家。绝大部分厂家生产规模在 5 000 吨以下，万吨级以上的厂家只有 6～8 家，3 万～5 万吨级以上约 3 家，广西明阳生化公司以年生产 10 万吨的生产能力仍占据首位。其中，广西用木薯加工淀粉也已有 100 多年的历史，是我国最大的木薯加工基地。现有木薯加工企业 50 多个，主要分布在南宁、北海、崇左、钦州等地，年产木薯淀粉 40 万～50 万吨，占全国木薯淀粉产量的 70%。此外，广西还有木薯酒精加工企业 20 多家，年产量达 7 万吨以上①。

一、木薯淀粉加工

中国木薯淀粉加工业始于 20 世纪 50 年代。20 世纪 80 年代后期以后，由于市场需求大幅度增长，木薯淀粉工业迅速发展，企业数量增加，规模扩大，产量提高，而且采用三段清洗、二次碎解、逆流洗涤、二次离心分离、一级负压脉冲气流干燥等先进工艺，选用压力曲筛、立式离心筛、碟式分离机、刮刀离心机、一级负压烘干机、导热油加热炉等先进设备，生产技术水平不断提高②。至 2004 年，全国有木薯淀粉厂 150 多家，日生产能力达到 1.2 万吨，木薯淀粉年产量近 50 万吨。1 吨淀粉耗木薯 3.9 吨左右，耗水 15 立方米，耗电 150 千瓦时左右，耗标准煤0.1～0.12 吨。中国木薯变性淀粉工业于 20 世纪 80 年代后期开始起

① 中国淀粉工业协会木薯淀粉专业协会 . http：//www. cncassava. com/news _ view. asp? id＝5177.

② http：//www. cncassava. com/life _ view. asp? id＝85.

步，目前中国木薯变性淀粉年产量已达30万吨，主要用于造纸、纺织、食品、饲料、建材等工业部门。

据中国农产品加工业年鉴统计，2000—2008年我国淀粉产量得到较快提高，由2000年的502.15万吨增长到2008年的1 818.37万吨，年均增长17.45%；其中木薯淀粉由2000年的33.62万吨提高到2008年的89.54万吨，年均增长13.03%；玉米淀粉由2000年的455.88万吨提高到2008年的1 685.23万吨，年均增长17.75%（图3-2）。我国淀粉加工主要由玉米和木薯为原料，大体上维持在玉米淀粉占淀粉总量的92%，而木薯淀粉只占5%左右，并且中国木薯淀粉产量占淀粉总产量比例呈下降趋势，由2000年的6.7%下降到2008年的4.92%。

中国的木薯淀粉主要用来加工粉丝和变性淀粉，年需求量在120万吨以上，目前中国的木薯淀粉产量仅89.54万吨，大部分还要依赖进口，其中2008年从泰国、越南、印度尼西亚等国进口木薯淀粉46.29万吨，外贸依存度达38.58%。

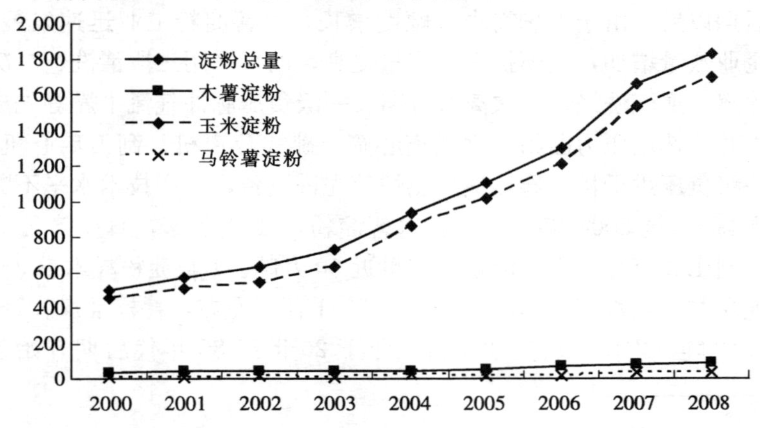

图3-2　2000—2008年我国淀粉产量情况

数据来源：中国农产品加工业年鉴（2001—2009）.

二、木薯酒精加工及木薯燃料乙醇发展

中国木薯酒精加工业发展始于20世纪90年代前后，主要以鲜木薯和木薯干片为原料生产食用酒精及工业酒精，目前我国酒精产量的1/3是用木薯为原料。木薯淀粉出酒率为50%～53%，耗鲜木薯6.6～7.2吨或耗木薯干片2.7～3吨，1吨酒精耗一次水30立方米左右，耗电200千瓦时左右，耗标准煤0.6吨左右。我国现有木薯酒精企业30多家，日产能力约2 000吨，年产木薯酒精60多万吨①。

木薯燃料乙醇产业兴起于21世纪初，自2006年国家发展和改革委员会发布《生物燃料乙醇及车用乙醇汽油"十一五"发展专项规划》后，木薯生产燃料乙醇产业开始迅速发展。而后，2006年中粮集团有限公司在广西建立了中国首个年产20万吨的木薯燃料乙醇生产试点企业——广西中粮生物质能源有限公司，国内陆续有一些省区也纷纷立项或准备立项，生产木薯燃料乙醇。据不完全统计，今后我国合计年产木薯燃料乙醇约有100多万吨。其中，江西东乡10万吨和海南10万吨项目已立项，广东湛江15万吨和广东肇庆10万吨项目已通过评估，云南30万吨项目正在处于编制可报告阶段；广西还将建30万吨项目。随着我国对非粮燃料乙醇产业扶持力度的加大，木薯燃料乙醇产业将得到快速发展，这将推动着对木薯需求的大幅增加。

第三节　中国木薯贸易现状

木薯主要的贸易产品为鲜木薯、木薯干片以及木薯淀粉。近年来中国木薯出口逐年减少，成为木薯净进口国。同时，面对全球化的自由贸易，尤其是我国加入WTO后，中国国内木薯产业

① http://www.cncassava.com/jspx_view.asp?id=5.

严重受挫，再加上国内木薯品种单一、配套设施不完备等问题，更是恶化了中国木薯在国际中的贸易地位。与东南亚国家相比，特别是与泰国和越南相比，中国木薯贸易竞争力几乎为－1，木薯淀粉的外贸依存度几乎为100％。从2010年1月1日起，中国—东盟自由贸易区全面建成，中国与东盟90％的产品贸易实现零关税，如何提高中国木薯贸易竞争力以及如何调整木薯产业结构将是对中国木薯产业的一个严峻考验。

一、中国木薯贸易总体状况

（一）中国木薯进出口在世界木薯进出口中的地位

从出口来看，20世纪60年代中国开始出口木薯，其中1981年的出口量高达60万吨，为历史最高。但近年来，中国木薯的出口逐年减少，成为木薯净进口国。其主要的贸易产品为鲜木薯、木薯干片以及木薯淀粉。

20世纪90年代开始，中国木薯干片和木薯淀粉的出口在世界总出口中的地位逐渐下降。1992年中国木薯（或干片）出口量占世界木薯（或干片）总出口量的3.25％，从1995年开始木薯干片的出口量占世界的比例几乎为0，到2008年仅为0.01％。1992年中国木薯淀粉出口量占世界总木薯淀粉出口量的1.9％，然后持续下降，到2008年仅为0.02％（图3－3）。

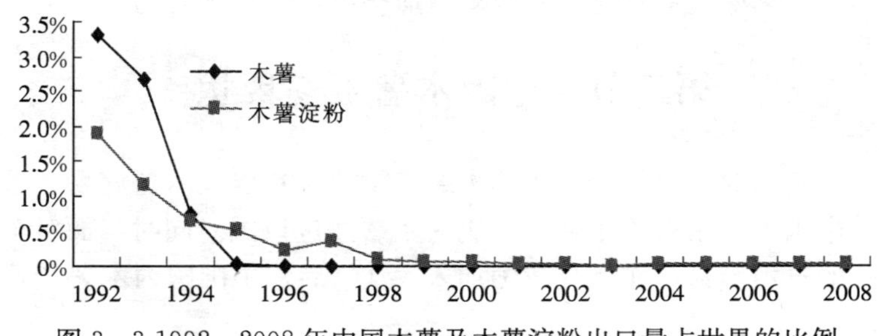

图3－3 1992—2008年中国木薯及木薯淀粉出口量占世界的比例

数据来源：中国海关统计年鉴。

从进口来看，随着国内淀粉企业和酒精加工业的迅速发展，2001年以来，中国成为世界木薯干片和木薯淀粉的最大进口国。1992—2000年中国木薯（或干片）进口量占世界木薯（或干片）进口总量的比例基本维持在10%以下，平均为5.46%。2001年后所占比例迅速增长，其中2001年增加到34.89%，比1992—2000年期间增长了5.39倍，到2006年中国木薯（或干片）进口量占世界木薯（或干片）进口量的比例达到最高值，为88.49%；2007年有所下降，为68.31%，2008年降为42.96%，但仍是世界最大的木薯进口国。木薯淀粉进口量占世界的比例变化不大，基本维持在30%左右，到2008年进口量比例有所下降，为35.22%（图3-4）。

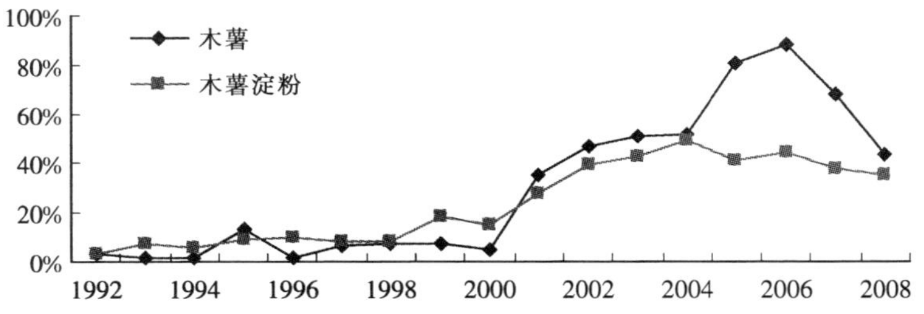

图3-4　1992—2008年中国木薯及木薯淀粉进口量占世界的比例

数据来源：中国海关统计年鉴。

（二）鲜木薯（或干片）进出口贸易分析

1992—2008年，中国木薯进口量增长了7.60倍，年均增长了14.39%；出口量减少了0.99倍，年均减少了35.16%。从1994年开始，中国木薯块根出现正的净进口，其缺口量为6.41万吨，并且呈现逐年增长的趋势（表3-2）；2006年，鲜木薯（或干片）的净进口量达到最高峰，进口量为495.04万吨，进口额为6.2亿美元，出口量只有263.84吨，出口额仅为3.05万美元，缺口量高达495.01万吨；2008年的进出口差额有所减少，

2009 年得到改善，为 197.59 万吨，其中进口量为 197.63 万吨，进口额为 3.91 亿美元，出口量仅为 308.89 吨，出口额为 2.62 万美元。

（三）木薯淀粉进出口贸易分析

20 世纪 90 年代以来，中国木薯淀粉一直是进口大于出口，并且缺口逐渐扩大，尤其在 1998—2004 年间增长速度相当快（表 3 - 2）。1992—2008 年间，中国木薯淀粉进口量增加了 64.11 倍，年均增长 29.82%；出口量减少了 0.95 倍，年均减少 17.59%。据中国海关统计年鉴统计，1992 年中国木薯淀粉净进口量为 319.73 吨，其中进口量为 7 109.71 吨，进口金额为 217.76 万美元，出口量为 6 789.98 吨，出口额为 165.52 万美元；到 1998 年净进口量增加到 3.19 万吨，比 1992 年增长了 98.66 倍，到 2004 年净进口量达到 72.43 万吨，到 2006 年达到近 20 年来的最高净进口量，为 77.25 万吨。据《中国海关统计年鉴(2008)》统计，2008 年中国木薯淀粉净进口量有所下降，2009 年得到回升，为 83.15 万吨，其中进口量为 83.20 万吨，进口额为 2.38 亿美元，出口量为 464.46 吨，出口额为 23.89 万美元。

表 3 - 2　1992—2008 年中国木薯及木薯淀粉净进口情况

年份	木薯		木薯淀粉	
	数量（吨）	金额（千美元）	数量（吨）	金额（千美元）
1992	−86 546.40	−23 512.73	319.73	522.44
1993	−91 169.45	−14 550.68	15 682.22	5 203.93
1994	64 110.34	5 111.59	17 350.13	5 156.68
1995	455 691.78	67 460.21	38 733.14	15 910.08
1996	80 143.16	13 030.87	35 297.12	15 642.16
1997	278 225.27	27 000.12	34 736.32	10 970.18
1998	300 500.38	31 705.55	31 865.06	8 658.02
1999	372 430.89	37 809.03	80 674.27	18 601.18
2000	256 546.45	22 046.44	104 265.17	20 863.72

（续）

年份	木薯		木薯淀粉	
	数量（吨）	金额（千美元）	数量（吨）	金额（千美元）
2001	1 950 019.32	153 288.94	128 257.96	32 023.85
2002	1 760 277.07	142 945.81	328 680.97	62 549.27
2003	2 368 250.75	194 665.25	539 644.33	97 026.89
2004	3 442 108.29	343 774.95	724 331.86	142 167.90
2005	3 335 402.44	420 821.55	466 914.84	117 497.41
2006	4 950 098.15	620 414.86	772 487.64	176 236.39
2007	4 618 977.75	659 199.06	624 181.86	173 565.39
2008	1 975 945.30	390 625.06	462 635.93	172 217.81
2009	6 107 209.77	888 757.75	831 544.29	238 243.80

数据来源：中国海关统计年鉴（1992—2008）。

二、中国木薯贸易格局

通过查阅相关统计年鉴及统计数据，发现中国木薯及木薯淀粉贸易格局总体上呈现进口总量大，净进口逐渐增长趋势的格局。中国木薯及木薯淀粉进口对象主要有东盟（除文莱、柬埔寨、菲律宾外）、丹麦、比利时、德国等西欧地区，出口对象主要为日韩地区、少数的欧美地区及中国香港、澳门等地区。

（一）中国木薯及木薯淀粉出口贸易格局概况

自 1994 年开始，中国木薯及木薯淀粉进出口额出现逆差，并逐步扩大，一直到 2008 年，贸易逆差达到 562.84 百万美元，其中出口额为 0.27 百万美元，进口额为 563.11 百万美元（图 3－5）。自 2000 年以来中国木薯及木薯淀粉的年均出口额为 131.3 千美元，而世界木薯及木薯淀粉年均出口总额为 826 273.48千美元，中国只占了世界出口总额的 0.02%。中国有一半以上的木薯及木薯制成品出口到中国香港。2008 年，中国木薯及木薯淀粉出口总额为270千美元，仅占世界木薯及木薯淀粉出口总额的0.016%；其中，中国出口到中国香港地区的木薯及木薯淀粉的出口额为143千美元，占出口总额的52.96%。2008年，中国木薯及木薯淀粉进口总额为563 113千美元，占世界木薯及木薯淀粉进口总额的35.68%；其中，从泰国进口的金额为366 989千美元，占65.17%；从越南进口的木薯产品金额为169 588千美元，占30.12%，其他进口对象还有老挝、中国台湾、印度尼西亚等。

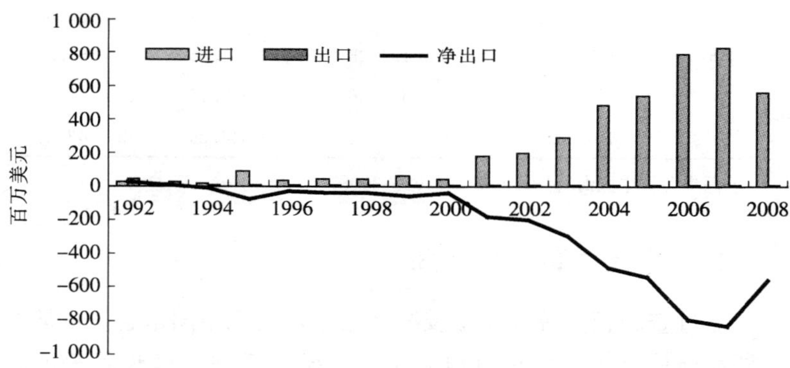

图3-5 1992—2008年中国木薯及木薯淀粉贸易情况

数据来源：中国海关统计年鉴。

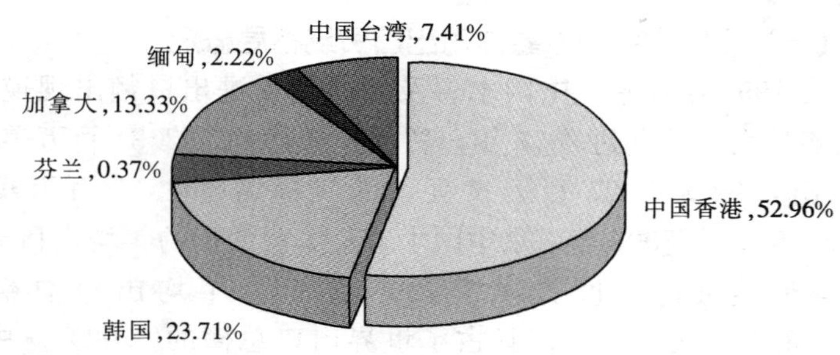

图3-6 2008年中国木薯及木薯制成品出口对象的比例

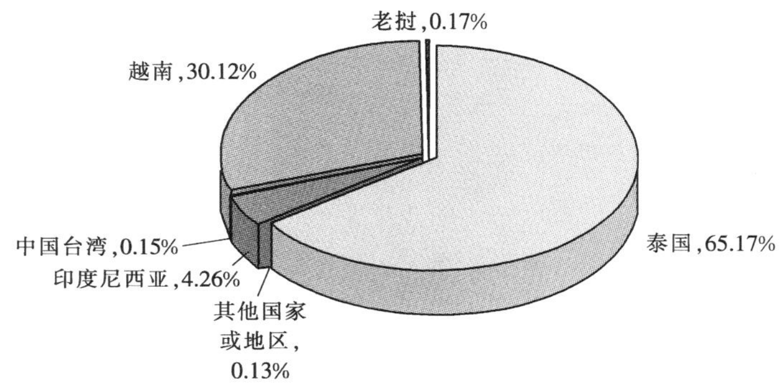

图 3-7　2008 年中国木薯及木薯制成品进口对象比例

数据来源：中国海关统计年鉴。

（二）中国鲜木薯（或干片）进出口贸易格局分析

中国鲜木薯（或干片）的出口量很少，其出口对象主要以周边地区或国家为主，包括日本、韩国、缅甸、马来西亚以及澳大利亚。韩国是中国比较大的木薯出口对象国，但其份额逐渐下降，2002 年为出口总量的 86.59%，但到 2007 年韩国将其进口产品转移到了木薯淀粉。澳大利亚所占份额在 1%的水平波动；马来西亚波动较大，2003 年占了中国木薯出口总量的 63.86%，到 2004 只有 10%，2005 为 81.63%，近两年并没有从我国进口木薯；近两年缅甸占相当大的份额，2007 年占约 90%，2008 年占 50.05%（表 3-3）。值得一提的是，2007 年中国向英国出口木薯 1.094 万美元，占中国鲜木薯（或干片）出口总额的 58.66%，这表明我国正逐渐与西欧国家进行木薯贸易往来。

据《中国海关统计年鉴（2008）》统计，2008 年中国鲜木薯的进口量全部来自越南，为 2.60 万吨，进口额为 73.9 万美元；2008 年我国鲜木薯的出口量为 154.29 吨，出口额为 6 000 美元，全部出口到缅甸；2008 年木薯干片进口量为 195.03 万吨，进口额为 3.90 亿美元，其中从东盟国家进口 195.02 万吨，占总进口

表 3-3　2001—2008 年我国鲜木薯（或干片）进出口对象所占比例变化情况

年份	出口对象比例（%）					进口对象比例（%）				
2001	中国香港	日本				泰国	印度尼西亚	越南		
	63.64	36.36				83.58	8.37	8.05		
2002	韩国	阿拉伯	澳大利亚	日本		泰国	越南	印度尼西亚		
	86.59	8.94	2.24	2.24		80.97	12.09	6.93		
2003	马来西亚	中国台湾	澳大利亚	阿拉伯	韩国	泰国	越南	印度尼西亚		
	63.86	22.22	13.30	0.48	0.01	79.15	19.13	6.93		
2004	日本	韩国	马来西亚	澳大利亚		泰国	越南	印度尼西亚		
	71.44	11.42	10.00	7.14		79.43	15.17	5.4		
2005	马来西亚	澳大利亚				泰国	越南	印度尼西亚		
	81.63	18.37				80.82	12.34	6.84		
2006	缅甸	韩国	澳大利亚			泰国	越南	印度尼西亚		
	76.75	22.87	0.38			78.06	19.01	2.92		
2007	缅甸	英国	澳大利亚	中国台湾		泰国	越南	印度尼西亚	老挝	缅甸
	92.60	5.95	1.03	0.42		69.2	27.7	3.01	0.07	0.01
2008	缅甸	中国台湾				泰国	越南	印度尼西亚	老挝	缅甸
	50.05	50.05				63.12	30.90	5.61	0.32	0.05

数据来源：中国海关统计年鉴。

表 3-4　2001—2008 年中国木薯淀粉进出口对象所占比例变化情况

年份	出口对象比例（%）					进口对象比例（%）						
2001	中国香港	中国澳门	中国台湾	美国	韩国	越南	泰国	荷兰	德国	丹麦	新加坡	其他
	60.52	10.74	9.72	8.70	4.60	46.36	39.54	4.73	2.95	2.63	1.03	0.66
2002	韩国	阿拉伯	澳大利亚	日本		泰国	越南	荷兰	波兰	德国	丹麦	其他
	86.59	8.94	2.24	2.24		40.77	35.32	8.17	7.63	5.81	1.53	0.78
2003	马来西亚	中国台湾	澳大利亚	阿拉伯	韩国	泰国	越南	波兰	荷兰	德国	丹麦	其他
	63.86	22.22	13.30	0.48	0.01	37.35	44.58	6.76	6.68	3.50	0.79	0.34
2004	日本	韩国	马来西亚	澳大利亚		泰国	越南	印尼	荷兰	波兰	中国台湾	其他
	71.44	11.42	10.00	7.14		39.66	39.41	16.15	1.88	1.33	1.09	0.48
2005	马来西亚	澳大利亚				泰国	越南	印尼	丹麦	波兰	中国台湾	其他
	81.63	18.37				48.95	44.96	2.76	1.11	0.79	0.64	0.79
2006	缅甸	韩国	澳大利亚			越南	泰国	荷兰	中国台湾	德国	丹麦	其他
	76.75	22.87	0.38			53.51	44.97	0.52	0.36	0.16	0.1	0.38
2007	缅甸	英国	澳大利亚	中国台湾		泰国	越南	印尼	中国台湾	丹麦	新加坡	其他
	92.60	5.95	1.03	0.42		54.69	44.16	0.66	0.42	0.02	0.01	0.05
2008	缅甸	中国台湾				泰国	越南	印尼	中国台湾	丹麦	老挝	其他
	50.05	50.05				63.86	33.89	1.43	0.52	0.08	0.07	0.14

数据来源：中国海关统计年鉴。

量的 99.997%。2008 年中国的木薯干片进口量中，泰国占 63.96%，越南占 29.98%，印度尼西亚占 5.68%。2008 年木薯干片出口量为 154.6 吨，出口额为 2 万美元，全部出口到台湾地区。

（三）中国木薯淀粉进出口贸易格局分析

从出口来看，中国木薯淀粉的最大出口对象为香港，2001—2008 年间年均出口总量 198.04 吨，年均出口总额为 119.28 千美元，但其出口总量所占比例总体下降，2007 年只有 34.32%，2008 年又得到提高，为 72.37%。其次为韩国，中国对韩国的木薯淀粉出口总量逐年增长，其中 2007 年占了中国木薯淀粉出口总量的 41.06%，成为中国木薯淀粉最大的出口对象国。此外，中国还向澳门、越南、泰国、荷兰等地出口木薯淀粉，但是澳门从中国大陆进口的木薯淀粉量自 2003 年就开始减少，到 2007 年只占中国木薯淀粉出口总量的 0.13%。2008 年中国木薯淀粉出口量为 307.23 吨，出口额为 244 千美元；进口量达 46.29 万吨，进口金额为 1.72 亿美元；2008 年中国木薯淀粉的进口主要来源于东盟地区的国家，占总木薯淀粉进口总量的 99.31%，其中来自泰国的木薯淀粉为 29.57 万吨，占中国木薯淀粉进口总量的 63.86%；来自越南的木薯淀粉为 15.70 万吨，占进口总量的 33.90%。

三、中国木薯及木薯淀粉竞争力评价

自 2001 年以来，中国一直是世界最大的木薯及木薯淀粉进口国，净进口量持续扩大。通过对中国木薯及木薯淀粉竞争力评价，可了解当前中国木薯在国际市场的地位，对及时调整产业结构、优化产业布局有着重要作用。

（一）农产品国际竞争力的评价方法

国际上通用的农产品国际竞争力的评价方法主要有显示性比较优势指数（RCA）、出口增长率评价法、国内资源成本系数法

(DRC)、相对贸易优势评价法（RTA)、国际市场占有率评价法、净出口贸易指数法（NET）等。

1. 显示性比较优势指数（RCA)。显示性比较优势指数(Revealed Comparative Advantage Index，简称 RCA 指数）是指一国某种商品出口占其出口总值的份额与世界贸易中该类商品出口占世界出口份额的比率。它剔除了一国总量波动和世界总量波动的影响，较好地反映了一国某商品出口的相对比较优势。其计算公式为：

$$RCA_{ij} = \frac{X_{ij}/X_{it}}{X_{wj}/X_{wt}}$$

其中，RCA_{ij} 为 i 国或地区的 j 产品的显示性比较优势指数；X_{ij} 为 i 国或地区的 j 产品的出口额；X_{it} 为 i 国或地区的全部产品出口额；X_{wj} 为 j 产品的世界出口额；X_{wt} 为世界全部商品的出口额。

一般认为，RCA 值大于 1，表明该产品具有比较优势，RCA 值越大，竞争力越强；RCA 值小于 1，则该国在 j 种商品上没有竞争优势；RCA 值越小，劣势越明显。

2. 净出口贸易指数（NET)。净出口贸易指数（NET)，亦叫贸易竞争力指数，是指一国某商品的净出口与该商品的进出口总额之比。可用公式表示为：

$$NET_{ij} = \frac{E_{ij} - I_{ij}}{E_{ij} + I_{ij}}$$

其中，NET_{ij} 表示 i 国或地区的 j 商品的贸易竞争力指数；E_{ij} 为 i 国或地区的 j 商品的出口额；I_{ij} 表示 i 国或地区的 j 商品的进口额。

NET 指数的值介于－1 和 1 之间，如果 NET_{ij} 为－1，表示该产品只进口不出口，是完全进口专业化的贸易格局；如果 NET_{ij} 为＋1，表示该产品只出口不进口，是完全出口专业化的贸易格局；如果 NET_{ij} 为 0，则表示该产品在国际市场上完全是产品交换。当该值大于0时，说明该产品具有竞争力，越接近1竞争力越强；当该值小于0时，说明该产品不具有竞争力，越接近−1，竞争力越弱。

3. 国际市场占有率。国际市场占有率指一国或地区某种商品出口额占世界该商品出口额的比例。可以用公式表示为：

$$M_{ij}=\frac{X_{ij}}{X_j}\times 100\%$$

其中，M_{ij}是i国或地区j种商品的国际市场占有率；X_{ij}表示i国或地区j种商品的出口额；X_j表示世界j种商品的出口额。

M_{ij}反映了某国或地区某种产品出口在国际市场上所占的比例。M_{ij}越大，表明该产品出口规模越大，国际竞争力越强。M_{ij}值越小，表明该产品出口规模越小，国际竞争力越弱。

（二）中国木薯及木薯淀粉的竞争力

木薯干片和木薯淀粉是中国木薯的主要产品。通过核算，得到中国木薯及木薯淀粉的显示性比较优势指数、净出口贸易指数以及国际市场占有率，列于表3-5。

表3-5 2008年中国木薯干片及木薯淀粉贸易竞争指数

贸易指数 / 木薯产品	显示性比较优势指数（RCA）	净出口贸易指数（NET）	国际市场占有率（%）
木薯干片	3.2560×10^{-6}	−0.9999	0.0039
木薯淀粉	4.0598×10^{-5}	−0.9972	0.0492

数据来源：作者根据联合国贸易数据库核算。

（三）评价

无论是使用哪种评价方法，最终得到的结果均表现出中国木薯及木薯淀粉的比较弱势，在国际上相当没有竞争力。从*RCA*指数来看，木薯干片和木薯淀粉的*RCA*指数几乎为0，表明市场占有率相当小，劣势十分明显；从*NET*指数来看，木薯干片

和木薯淀粉的 *NET* 十分接近－1，属于完全进口的贸易格局，竞争力十分弱；从国际市场占有率来看，木薯干片国际市场占有率仅 0.003 9%，几乎为 0，木薯淀粉市场占有率仅 0.049 2%，也十分接近 0，均表明其市场竞争力十分弱，今后应当逐步调整产业结构，通过提高木薯种植技术，发展国际木薯生产基地来减少木薯进口依存度，保证国内木薯加工企业运营正常。

四、中国木薯贸易的前景展望

（一）木薯进口量将继续增长，进口价格依然坚挺

中国近十几年来对木薯的需求一直存在很大缺口并呈上升趋势，目前中国木薯的种植规模和产量难以满足日益扩大的木薯淀粉加工行业和燃料乙醇产业的木薯原料需求。预计未来 5～10 年内，中国国内市场对木薯原料的需求以及进口价格仍将保持逐年增长的势头，木薯原料短缺和价格上涨的趋势在短期内难以改变，木薯进口将呈上涨趋势，且上涨速度很快，发展木薯生产有着千载难逢的历史机遇。

就鲜木薯（或干片）进口而言，近几年中国对车辆推广使用乙醇汽油，使酒精消费市场行情一路看涨，刺激了酒精生产行业的大量投资，广西、四川、重庆等地燃料乙醇加工和变性淀粉加工项目的上马进一步增加了对生产酒精的主要原料——木薯干片的需求，木薯干已经由从前的传统出口商品转变成进口商品。加上中国木薯干片优惠国的进口关税由 2001 年的 20%减到 2010 年的 5%，尤其与东盟国家所签订的中国—东盟自由贸易区协定关税为 0，进一步刺激了木薯干片的进口，国内不少加工企业直接从泰国、越南和柬埔寨等国进口木薯干片。

就木薯淀粉进口而言，虽然国内淀粉企业生产技术逐步提高，生产能力进一步加大，但随着国内变性淀粉产业的迅速发展，对木薯原淀粉需求保持快速增长态势，预计在未来五年我国对木薯淀粉的进口量仍将持续增加。虽然 2000—2008 年来中国

木薯淀粉产量增长了 1.66 倍，年均增加 13.03%，但仍不能满足国内淀粉企业和化工企业的需求（每年木薯淀粉需求量为 130 万吨，国内木薯淀粉只有 80 万吨）。

（二）木薯出口量仍然有限

与木薯的进口相比，中国木薯出口量很小，出口量在 100 吨以下，且呈下降趋势。中国木薯主要出口到日本、韩国、中国香港等国家或地区，与这些国家或地区相比，中国木薯出口存在比较优势。但是，中国国内面临着庞大的木薯及木薯淀粉需求，其进口总额增长速度远快于出口总额，而且出口到这些国家和地区的份额也呈现下滑趋势。预计未来五年中国的木薯出口量仍十分有限，木薯贸易逆差仍将可能加大。面对日渐增加的木薯原料需求，应审时度势，通过推进木薯良种化生产、加快木薯产业化发展、提高行业组织化水平，扩大中国木薯生产加工能力和出口能力，提高国内木薯产业贸易竞争力，带动区域经济发展。

（三）东盟国家仍将是中国木薯的主要进口对象国，木薯贸易将多元化发展

亚洲地区木薯的生产国集中在东盟地区，且在木薯淀粉生产技术方面有比较优势，因此，考虑到运输成本和加工成本，中国近年来从东盟大量进口木薯及木薯淀粉，东盟地区是历年来中国木薯最主要的合作伙伴。中国—东盟自由贸易区的建成，将进一步促进中国与东盟国家的木薯贸易往来，推动中国木薯主产区木薯贸易洽谈和技术交流。一段时期内东盟国家仍将是中国木薯的重要进口对象国。

然而，面对日益增长的木薯需求，单靠与存在绝对优势的东盟进行贸易往来是不够的。今后，为分解贸易格局，中国木薯贸易将向多元化发展，在加强与日韩国家的合作的同时，将扩大与非洲和西欧国家的贸易来往。中国将进一步加强与世界最大的木薯生产国（2008 年尼日利亚木薯收获面积 3 778 千公顷，产量 4 458.2万吨，2008 年中国从尼日利亚进口木薯干片 55.3 吨）

尼日利亚合作，建立木薯新技术转移、培训和示范推广体系，促进木薯产业跨越性发展，协助解决非洲的农业与环境安全问题，同时为中国木薯产业提供外向型原料基地。此外，由于存在关税和运输成本，中国从西欧国家进口的木薯淀粉将呈下降趋势。

第四节　广西木薯产业发展现状

20 世纪 90 年代中期以来，广西木薯种植面积、鲜薯产量及木薯淀粉产量均稳居全国第一。广西木薯产业在全国木薯业中占有举足轻重的地位，木薯种植面积和产量均占全国的 60%以上，是全国最大的木薯生产区。

一、广西木薯生产现状

木薯是广西重要的农作物，木薯产业是广西未来重点发展的“六大支柱产业”之一，是广西创新科技“七大优势特色产业”之一。

新中国成立 60 年来，广西木薯种植面积不断扩大，单产不断提高，总产得到快速增长，尤其改革开放后，广西木薯产业得得到快速发展。据统计，1950 年广西木薯种植面积为 41.51 千公顷，到 2007 年增加到 229.7 千公顷，比 1950 年增加了 4.53 倍，1950—2007 年间，广西木薯种植面积年均增长 6.08%；1950 年广西木薯总产量（干片）为 3.01 万吨，到 2007 年增长到 155.9 万吨，增长了 50.79 倍，年均增长 14.58%。2008 年，因冰冻灾害天气，广西木薯种茎大部分冻死，只能从广东湛江、海南及越南调入，木薯种植面积减少、产量降低，木薯种植面积为 221.5 千公顷，比 2007 年减少了 3.57%，木薯干片总产量下降到 154.7 万吨，比 2007 年下降了 0.7%。2009 年，广西木薯种植面积达到 286.67 千公顷，其中武鸣县为 21.33 千公顷、桂平市 16.67 千公顷、藤县 15.33 千公顷、岑溪 14 千公顷、隆安

6.67 千公顷，分别占总种植面积的 7.44%、5.81%、5.35%、4.88%、2.33%，2009 年广西鲜薯总产达到 450 万吨（折干约 164 万吨）。

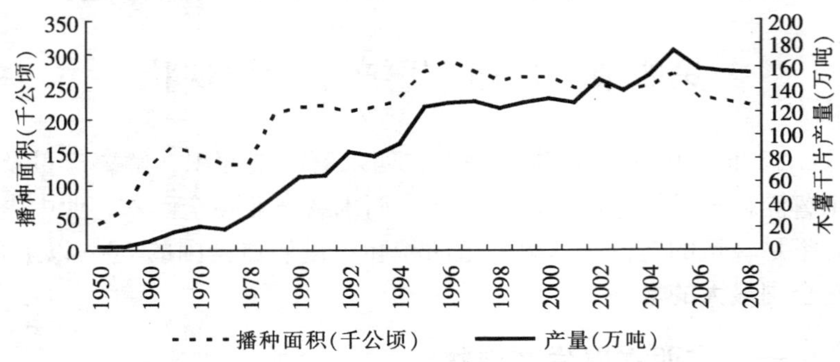

图 3-8　1950—2008 年广西木薯播种面积和产量

数据来源：广西统计年鉴（1990—2009 年）。

从单产来看，随着种植技术的不断提高以及品种研究力度的不断加大，广西木薯单产不断提高。据统计，1950 年广西木薯干片单产仅为 0.73 吨/公顷，到 2008 年达到 6.98 吨/公顷（相当于鲜薯单产为 20.94 吨/公顷），比 1950 年增长了 8.63 倍，年均增长速率达到 4.2%（见图 3-9），2009 年得到进一步提高，木薯干片单产达到 7.10 吨/公顷（相当于鲜薯单产为 21.31 吨/公顷）。

从种植模式来看，2009 年，自广西钱粮双增工程[①]实施以

① 为确保粮食增产和农民增收，广西从 2009 年开始启动超级稻推广、秋冬种开发和间套种技术推广三个千万亩行动计划，科学发展钱粮双增工程，力争全区粮食播种面积稳定在 3 067 千公顷左右，总产量达 1 450 万吨。为加快农业科技创新，启动实施“千万亩作物间套种技术示范推广行动计划”，挖掘增产增收潜力。从 2009 年起每年扩大推广应用甘蔗、木薯、果园、玉米地间套种大豆、花生、西瓜等技术模式 133 千公顷，连续 5 年新增 666.7 千公顷，其中 2009 年扩大推广到 400 千公顷以上。

来，广西木薯种植模式逐步从单纯种植木薯向多种木薯间套种模式发展，全年木薯地间套种面积 80 千公顷，木薯种植效益大幅提高。同时，广西地区还积极推进土地流转，引导和鼓励木薯种植大户承包土地，实行规模化种植，加强科学管护，木薯产量大幅增加。如桂平市全市木薯种植面积 16.67 千公顷，其中 100 亩以上连片种植的种植大户占 50%以上，全市鲜木薯单产达 2 吨以上，位居全区前列，桂平一跃成为广西区木薯生产大市①。

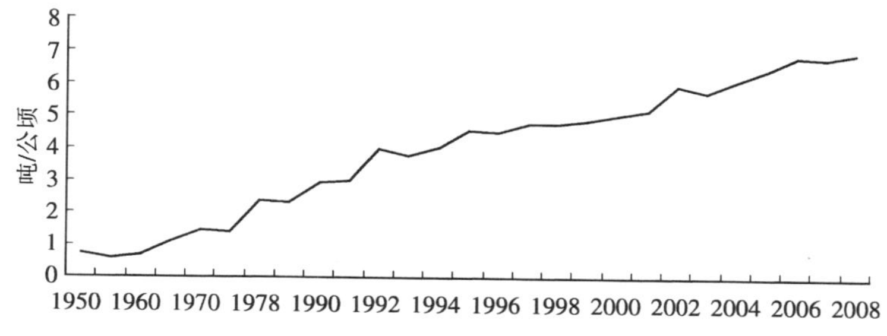

图 3-9　1950—2008 年广西木薯（折干）单产变化

二、广西木薯加工利用状况

20 世纪 60 年代前，广西木薯主要用于饲料和食用，只有少量用于淀粉加工；改革开放以后，淀粉加工业得到快速发展。据统计，1984 年，广西全区木薯淀粉加工厂 270 多家，年产淀粉约 8 万吨；进入 21 世纪后，在关闭一些污染较重的淀粉企业以及小规模淀粉企业重组后，广西淀粉加工业发展较快，年产量得到提高。据统计，2009 年，广西木薯淀粉总产量 58 万吨左右，占全国总量的 70%以上（其中变性淀粉产量超过 15 万吨，占全国总产量的 16%左右），比 2008 年增加了 18 万吨。木薯淀粉生

① http://www.cncassava.com/article_view.asp?id=655.

产企业约100家，总生产能力1.7万吨/日左右，其中广西红枫淀粉有限公司有4个工厂已达300吨/日、广西明阳生化科技股份有限公司木薯变性淀粉生产能力已从5万吨/年已发展到15万吨/年以上。

广西木薯酒精工业于20世纪90年代开始发展。2009年，广西木薯酒精总产量20多万吨（不含广西中粮生物质能源有限公司生产的燃料乙醇），位居全国首位。目前广西木薯酒精厂约有12家，其中2～3家既生产糖蜜酒精又生产木薯酒精，广西较大的木薯酒精厂主要有广西中粮生物质能源有限公司（生产能力为20万吨/年）、广西凭祥市丰浩酒精有限公司（生产能力为12万吨/年）、广西新天德能源有限公司（生产能力10万吨/年）、广西桂平市金源酒精实业有限公司（生产能力8万吨/年）、广西武鸣县皎龙酒精能源有限公司（生产能力6万吨/年）等。

此外，其他深加工产品如柠檬酸、冰醋酸、山梨醇、甘露醇等项目在全国也占有一定的比例。据了解，目前全区木薯产业总产值已超过60亿元，可带动农民增收20亿元。

第四章 中国木薯产业发展的效益评价

木薯淀粉含量高，综合利用广，是酒精工业、淀粉工业的重要原料之一，同时是重要的动物饲料之一。木薯种植投入成本低，劳动力需求较少，具有甘蔗、玉米、小麦等作物无法比拟的成本优势。大力发展木薯加工业，对增加农民收入，拓宽木薯产业渠道，促进产业升级，解决就业压力，均具有重要的现实意义。目前木薯加工业的成本竞争力优势明显，产业效益显著，尤其是木薯产品的深加工转化的技术比较成熟，是一种高科技和高附加值的转化，有利于发展循环经济，实现地区经济可持续发展，有助于振兴我国热带地区、亚热作地区农业经济和农产品加工业，推动我国县域经济发展。

第一节 中国木薯产业发展的经济效益

木薯产业发展可促进农业产业结构调整，增加农民收入。当前我国农民收入来源结构的主要特点可概括为“两低、三为主”，即农民收入中来自工资性收入的比重低，家庭经营收入中来自二、三产业的比重低；农民收入以家庭经营收入为主，家庭经营收入中以第一产业为主，第一产业收入中以农业种植业为主。据统计，2008 年，我国农民人均收入 4 760.62 元，其中 38.94%来自工资性收入，而 51.16%来自家庭经营收入，其中家庭经营纯收入中第一产业纯收入所占的比重达 79.89%。而在木薯主产区更为明显，2008 年，广西农民人均收入中 34.8%来自工资性收入，而59.4%来自家庭经营收入，其中家庭经营纯收入中第一产业纯收入所占的比重高达89.08%。

一、种植效益

木薯生产成本投入低，作为重要的工业原料和动物饲料，有着甘蔗、玉米、陈化粮不可比拟的成本优势。表4-1给出了2008年我国主要粮食作物、甘蔗以及木薯的种植成本收益。

表4-1 2008年我国主要粮食作物、糖料作物与淀粉作物的每亩成本收益比较

	木薯	甘蔗	马铃薯	玉米	小麦	大豆	早籼稻	晚籼稻
总成本	583.52	1 111.49	1 010.78	523.45	498.55	347.99	619.92	626.49
化肥（元）	180.00	325.99	160.46	120.60	110.86	53.75	122.73	129.00
种子（元）	60.00	84.04	151.90	28.49	36.98	34.37	24.74	27.42
农药（元）	7.50	32.24	13.64	9.56	9.88	9.81	37.07	52.24
农膜（元）	0	2.72	9.91	2.87	0.01		4.94	0.33
租赁作业费（元）	80.00	73.24	61.71	63.12	104.84	47.66	113.14	113.55
劳动力（工日）	7.00	17.06	14.79	7.9	6.1	3.89	8.88	8.45
人工成本（元）	126.00	470.97	335.88	176.98	133.19	88.32	229.44	194.36
土地成本（元）	130.02	127.48	148.20	103.16	86.67	105.96	87.92	90.28
总收益	800.00	1307.31	1798.26	682.67	663.06	526.44	791.24	836.90
主产品产量（千克）	2 000.00	4 928.10	1 768.10	457.20	388.3	139.70	401.2	415.00
平均售价（元/千克）	0.34	0.26	1.02	1.45	1.62	3.69	1.93	2.24
副产品产值	120.00	23.50	0	19.92	20.36	11.61	15.86	14.70
每亩补贴收入		20.18	1.94	43.01	47.69	46.12	48.43	49.97
纯收益	216.48	195.82	787.49	159.22	164.51	178.45	171.32	210.41

数据来源：木薯为调研数据，其他作物来自《全国农产品成本收益资料汇编2009》。

表 4-2　2008 年广西主要粮食作物、糖料作物、木薯的每亩成本收益比较

	木薯	甘蔗	玉米	早籼稻	晚籼稻
总成本	651.02	1 164.38	621.33	693.67	700.47
化肥（元）	180	325.99	176.14	153.6	159.11
种子（元）	120	84.04	47.76	29.20	37.10
农药（元）	15	32.24	6.74	53.54	49.66
农膜（元）	0	2.72	4.78	6.20	2.11
租赁作业费（元）	80	73.24	52.78	107.31	115.34
劳动力（工日）	7	16.84	11.27	10.19	10.02
人工成本（元）	126	498.56	245.73	229.44	225.19
土地租金（元）	130.02	130.02	87.40	114.38	111.96
总收益	860	1 355.44	660.31	888.89	892.26
主产品产量（千克）	2 000	4 846.8	367.4	408.2	388.80
平均售价（元/千克）	0.37	0.28	1.75	2.12	2.24
副产品产值	120	20.12	17.36	25.29	20.80
纯收益	208.98	191.06	38.98	195.22	191.79

数据来源：木薯为调研数据，其他作物来自《全国农产品成本收益资料汇编 2009》。

从农户角度来看，木薯的经济效益较其他作物高，对于常住人口少的农户（木薯劳动力投入较少）而言，在低产田、贫瘠地选择种植木薯效益明显。

二、产业效益

（一）成本竞争力

木薯淀粉和木薯酒精是木薯的主要加工品。目前我国淀粉主要由玉米淀粉（92.68%）、木薯淀粉（4.92%）和马铃薯淀粉（1.77%）构成。酒精主要由玉米酒精、木薯酒精、马铃薯、甘薯和甘蔗糖蜜等酒精构成，其中玉米酒精占总产量的50%，木薯酒精占18%。

1. 淀粉成本优势。 2008年，每吨木薯淀粉的平均生产成本约为2 000元，每吨淀粉的平均售价为2 700元，每吨木薯淀粉约获纯利700元，若将木薯淀粉深加工成变性淀粉和淀粉糖等产品，增值的空间更大。

2. 酒精成本优势。 用木薯生产酒精是最为经济可行的。2008年，木薯酒精的生产成本为4 000元/吨左右，其中原料成本为3 360元/吨，每吨木薯酒精的销售均价为4 550元/吨，每吨纯利340元。纵观淀粉原料作物价格变动趋势，目前只有木薯价格波动较本低，虽然在2004年后，国际木薯价格开始上扬，但始终持续在玉米、小麦等作物价格之下的较低价位运行（见图4－1，其中2009年泰国曼谷FOB价为134.1美元/吨）。与玉米、小麦等作物的生产成本相比，经济成本和政策成本都较低。

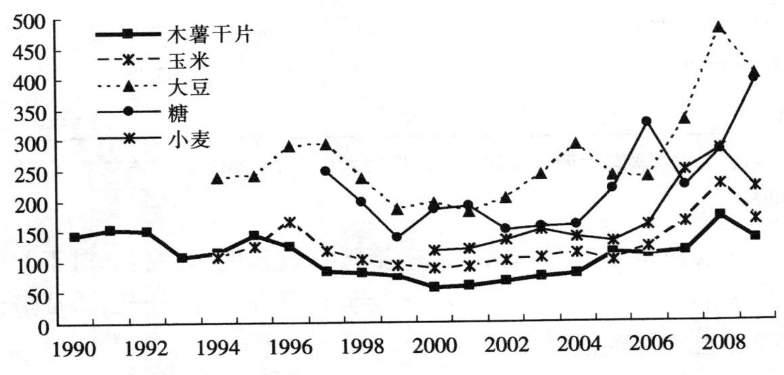

图4－1 1990—2009年主要能源作物价格波动情况

数据来源：FAO.

从表4－3来看，除红薯外，木薯生产酒精的净利润最高。

3. 木薯与石油的盈亏平衡。 在第一代生物燃料发展中，木薯是重要的非粮原料，也是国家“十一五”期间大力发展的农业生物质资源之一。因此，我们需了解木薯和石油之间的盈亏平衡关系，认真考虑木薯燃料乙醇产业的经济效益。

表 4-3　木薯与其他农作物生产乙醇的经济性比较

	鲜木薯	木薯干片	甘蔗	甘蔗糖蜜	玉米	小麦	马铃薯	红薯
原料价格	480	1 200	300	800	1 330	1 440	600	380
原料单耗（吨）	7	2.8	16	5	3.2	3.28	9	8.7
原料成本（元）	3 360	3 360	4 800	4 000	4 256	4 732	5 400	3 306
加工费（元/吨）	800	600	700	500	800	800	800	800
生产成本（元/吨）	4 160	3 960	5 500	4 500	5 036	5 532	6 200	4 106
市场价（元/吨）	4 500	4 500	4 500	4 500	4 500	4 500	4 500	4 500
盈亏额（元/吨）	340	540	−1 000	0	−556	−1 032	−1 700	394

资料来源：陈立胜，潘瑞坚．木薯酒精产业的社会效益和经济效益分析．广西轻工业，2007（12）：24－25，作者有所整理。

（1）木薯燃料乙醇损益平衡点的确定。根据我们对广西中粮非粮燃料乙醇有限公司的成本调查可知，1 吨燃料乙醇需消耗 7 吨鲜木薯，按 2008 年价格来算，则原料成本为 3 150 元/吨，动力及燃料支出为 130 元/吨，直接人工为 40 元/吨，制造费用为 150 元/吨，期间费用为 480 元/吨，总成本为 3 950 元/吨，其中原料成本占了 79.75%。

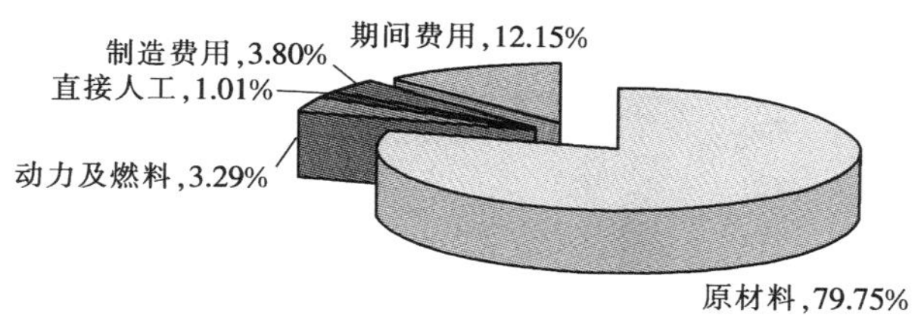

图 4－2　2008 年木薯燃料乙醇生产成本构成

数据来源：广西中粮非粮燃料乙醇有限公司。

原料成本是木薯燃料乙醇生产成本的主要支出，因此原料成本的变动将影响燃料乙醇的利润。因此，在本书中假设其他成本不变，原料成本看作可变成本。

A. 无政府补贴情况下。在无政府补贴条件下，木薯燃料乙醇生产成本为

$$C = 7 \times p + fc \tag{1}$$

其中，C 为总成本；p 为鲜木薯市场价格；fc 为固定成本。

$$R = 0.9111 \times p\_gasoline \tag{2}$$

其中，R 为木薯燃料乙醇收益；$p\_gasoline$ 为汽油价格；0.911 1 为木薯燃料乙醇定价系数，即按 0.911 1 倍的汽油价格销售。

盈亏平衡条件为

$$R - C = 0$$

即

$$7 \times p + fc = 0.9111 \times p\_gasoline \tag{3}$$

根据调查数据知，$fc=800$，（3）式整理得：

$$p\_gasoline = \frac{7p + 800}{0.9111} \tag{4}$$

将木薯价格代入（4）式则得出盈亏平衡下的汽油价格，见表 4-4。

表 4-4　无政府补贴下木薯价格与汽油价格的损益平衡

木薯价格 P（元/吨）	汽油价格 $P\_gasoline$（元/吨）
200	2 414.66
380	3 797.61
420	4 104.93
440	4 258.59
500	4 719.57
520	4 873.23
540	5 026.89

若按 2009 年木薯销售价格 $p=540$ 元/吨来算，那么汽油价格为 5 026.89 元/吨时，生产木薯燃料乙醇才有盈利的。

B. 存在政府补贴。在存在政府补贴情况下，（2）式中生产木薯燃料乙醇的收益为

$$R = 0.911\ 1 \times p\_gasoline + s \tag{5}$$

其中，s 为政府补贴额。

a. 定额补贴。如果按照国家对燃料乙醇的定额补贴为1 373 元/吨来算，那么盈亏平衡方程改为

$$7p + 800 = 0.911\ 1p\_gasoline + 1\ 373$$

整理得

$$p\_gasoline = \frac{7p - 573}{0.911\ 1} \tag{6}$$

将对应的木薯价格代入（7）式，得汽油价格如表 4-5。

表 4-5　政府以 1 373 元/吨的补贴下木薯价格与汽油价格的损益平衡

木薯价格 P（元/吨）	汽油价格 $P\_gasoline$（元/吨）
200	2 444.298
380	3 212.6
420	2 751.619
440	3 366.261
500	907.694
520	3 596.751
540	2 290.638

若按 2009 年木薯销售价格 $p=540$ 元/吨来算，那么汽油价格为 3 519.92 元/吨时，生产木薯燃料乙醇才有盈利的。

b. 5%和 10%利润水平的补贴。按照中粮的补贴方式，目前是一种政府保证 5%利润率的补贴，那么

$$s = 5\% \times 0.911\ 1 \times p\_gasoline$$

盈亏平衡方程应为

$$7p+800=0.9111p\_gasoline+5\%\times 0.9111p\_gasoline,$$

整理得

$$p\_gasoline=\frac{7p+800}{0.9111\times 1.05} \tag{7}$$

同样道理，在10%的行业利润补贴下，那么盈亏平衡方程为

$$p\_gasoline=\frac{7p+800}{0.9111\times 1.1} \tag{8}$$

将对应的木薯价格代入（7），（8）式，得汽油价格如表4-6。

表4-6　政府实行5%和10%利润补贴下木薯价格与汽油价格的损益平衡

木薯价格 p（元/吨）	汽油价格 $p\_gasoline$（元/吨）	
	5%利润的补贴	10%行业利润的补贴
200	3 763.112	3 592.062
380	4 494.828	4 290.518
420	4 055.799	3 871.444
440	4 641.172	4 430.209
500	2 299.68	2 195.149
520	4 860.686	4 639.746
540	3 616.769	3 452.37

（2）木薯与原油的损益平衡价格分析。为了解木薯和原油的损益平衡，有必要对原油价格和汽油价格进行相关分析。表4-7列出了1991—2008年WTI[①]原油FOB价与国际常规汽油价。

① WTI（West Texas Intermediate）即美国西德克萨斯轻质原油，是具有代表性的国际市场原油价格，其他还有诸如布伦特、阿曼、迪拜等市场的价格，是国际油价的风向标。

表 4－7　1991—2008 年 WTI 原油 FOB 价与国际常规汽油价格

年份	WTI 原油 FOB 价 （$/Barrel）	汇率	原油价格 （元/吨）	国际常规汽油价格 （$/gal）	国际常规汽油价格 （元/吨）
1991	21.54	5.323 3	825.58	1.10	2 216.356
1992	20.58	5.514 6	817.131 4	1.09	2 275.131
1993	18.43	5.762	764.594 4	1.07	2 333.581
1994	17.2	8.618 7	1 067.34	1.07	3 490.53
1995	18.43	8.351	1 108.144	1.1	3 476.939
1996	22.12	8.314 2	1 324.153	1.19	3 744.84
1997	20.61	8.289 8	1 230.14	1.19	3 733.85
1998	14.42	8.279 1	859.569 3	1.02	3 196.312
1999	19.34	8.278 3	1 152.737	1.12	3 509.337
2000	30.38	8.278 4	1 810.784	1.46	4 574.727
2001	25.98	8.277	1 548.263	1.38	4 323.325
2002	26.18	8.277	1 560.181	1.31	4 104.026
2003	31.08	8.277	1 852.194	1.52	4 761.924
2004	41.51	8.276 8	2 473.704	1.81	5 670.312
2005	56.64	8.191 7	3 340.641	2.24	6 945.251
2006	66.05	7.971 8	3 791.069	2.53	7 633.836
2007	72.34	7.604	3 960.528	2.77	7 972.376
2008	99.67	6.945 1	4 983.97	3.21	8 438.192

注：按美制单位核算，1 吨原油约为 7.2 桶，1 加仑＝3.785 升，汽油密度取 0.72 千克/升。

数据来源：EIA 和中国统计年鉴。

从图 4－3 可知，汽油价格（p _ gasoline）随着原油价格（p _ petrol）波动而波动，存在很强的线性相关。利用 SPSS 软件对汽油价格和原油价格的皮尔逊相关性检验，得出结果如下：

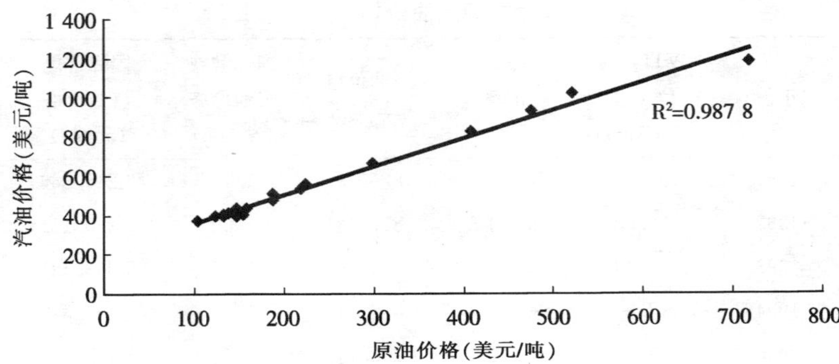

图 4-3　原油价格与汽油价格的散点拟合图

表 4-7　原油价格和汽油价格的皮尔逊相关检验

		p _ petrol	*p _ gasoline*
P _ petrol	Pearson Correlation	1	0.994（**）
	Sig.（2-tailed)		0.000
	N	18	18
p _ gasoline	Pearson Correlation	0.994（**）	1
	Sig.（2-tailed)	0.000	
	N	18	18

**　在 0.01 水平（2-tailed）显著.

对汽油价格和原油价格作简单的线性回归，回归模型形式如下：

$$p\_gasoline = \alpha + \beta \times p\_petrol + \mu$$

通过回归分析，得到方差分析表和回归结果如下：

从回归系数表得到汽油价格关于原油价格的线性回归模型如下：

$$p\_gasoline = 217.525 + 1.434 p\_petrol$$

表 4-8　方差分析表（b）

Model		平方和	自由度	均方差	F	Sig.
1	回归平方和	1 016 397.843	1	1 016 397.843	1 296.613	.000（a）
	残差平方和	12 542.192	16	783.887		
	总平方和	1 028 940.036	17			

a. Predictors：(Constant)，p _ petrol.

b. Dependent Variable：p _ gasoline.

表 4-9　回归系数表（a）

Model		非标准化系数		标准化系数	T 值	Sig.
		B	Std. Error	Beta	B	Std. Error
1	常数项	217.525	11.909		18.266	0.000
	p _ gasoline	1.434	0.040	0.994	36.009	0.000

a. Dependent Variable：p _ gasoline.

根据木薯燃料乙醇盈亏平衡的分析知，当不存在补贴时，按2009年木薯市场价格核算，汽油价格高于5 026.89元/吨时，木薯燃料乙醇是盈利的。而通过汽油价格和原油价格的相关分析知，当汽油价格为5 026.89元/吨时，按2009年汇率折算知，石油价格约为2 474元/吨（相当于50.53美元/桶，6.8的汇率折算），即当石油价格高于2 474元/吨时，在没有政府补贴下，木薯燃料乙醇的生产才是盈利的；同理，在以1 373元/吨的定额补贴条件下，当石油价格高于565.88元/吨（相当于11.56美元/桶），木薯燃料乙醇盈利；在5%的补贴下，当石油价格高于1 490.655元/吨（相当于30.45美元/桶，6.8的汇率折算），在木薯燃料乙醇盈利；在10%补贴下，当石油价格高于1 376.01元/吨（相当于28.10美元/桶，6.8的汇率折算），木薯燃料乙醇是盈利的。同理，可以测算不同木薯价格下，对应石油的损益平衡（图4-4）。

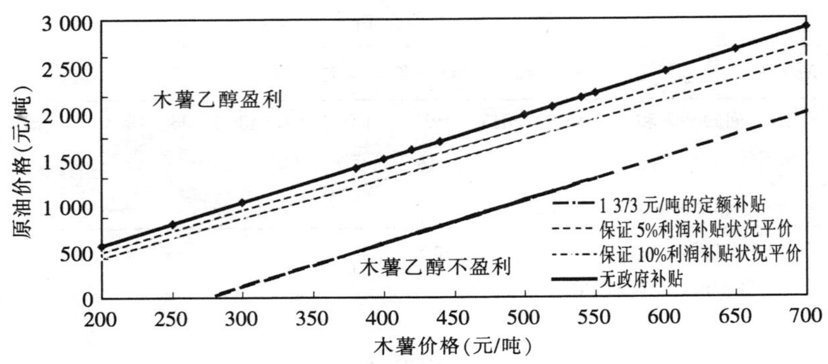

图 4-4　木薯燃料乙醇盈亏平衡的木薯与原油的损益平衡价

(3) 木薯燃料乙醇对能源产业的影响。从木薯和石油的损益平衡价可以看出，在当前的木薯价格下，木薯燃料乙醇具有经济可行性和政策可行性，对能源产业有着积极的作用。

如果按当前中国木薯的生产来看，2008 年中国木薯总产量为 436.16 万吨，若按生产 1 吨乙醇需 7 吨，若保留 40%作为淀粉生产，60%用于燃料乙醇生产，那么可以生产 261.70 万吨，按 10%添加汽油，那么可年产乙醇汽油 26.17 万吨。

在当前的木薯价格（鲜薯 540 元/吨）下，只要石油价格高于 2 474 元/吨（即 50.53 美元/桶）认为发展木薯燃料乙醇有利于暂时缓解我国石油危机问题，从而提高我国石油安全系数。

4. 比较优势。虽然甘蔗的产能较高，但是考虑到我国食糖的供需缺口巨大，燃料酒精不仅要遵循“不与农争田、不与粮争地”原则，同时还应遵循“不与民争糖”原则。其他淀粉类作物或能源作物如甘薯、马铃薯等的规模效益不明显，同时占用的土地成本较高，加工工艺仍相对复杂，对于发展淀粉产业或酒精工业的优势并不明显，而木薯的单产和干物质转化率高，发展木薯产业具有明显的比较优势。

（二）产业附加值

从经济附加值来看，在初级加工的基础上，增加对深加工品的资金投入，因地制宜选择木薯作为产区主导产业进行加工，可以提高木薯的经济附加值。笔者根据不同的初级加工品及深加工品，运用国内生产总值增值法的核算方法对木薯制成品的附加值进行了核算（表 4－10）。计算结果表明，木薯进行深加工后，例如利用丙酮和丁醇结合生产出山梨醇，则附加值由木薯酒精的 2 倍提高到 5 倍；通过把木薯淀粉与水配成一定浓度的淀粉乳液，然后采用滚筒干燥生成预糊化淀粉，其附加值可以从木薯原淀粉的 1.73 倍提高到 5.89 倍。而且这些深加工品的应用领域更广阔，需求量更大。

表 4－10　木薯制成品的附加值核算

木薯产品	单价（元/吨）	原料成本（元）	产出（增值/附加值）	倍数
鲜木薯	480	0	480	—
木薯初级加工品				
木薯淀粉	2 700	3.9＊480	828	1.73
木薯酒精	4 550	7＊480	1 190	2.48
深加工品				
山梨醇	5 750	7＊480	2 390	4.98
氧化淀粉	4 350	3.9＊480	2 478	5.16
阳离子淀粉	5 350	3.9＊480	3 478	7.25
膦酸酯淀粉	5 650	3.9＊480	3 778	7.87
预糊化淀粉	4 700	3.9＊480	2 828	5.89
深加工品产出增加的平均倍数				6.23

说明：本文研究的附加值相当于产出（增值），倍数是加工品附加值比木薯原料的附加值的倍数。产出（增值）根据西方经济学国内生产总值增值法核算的计算为：产出＝生产出的加工品－购买的原料。

木薯产业的发展必将创造大量的就业岗位，为农村产业结构调整和剩余劳动力转移提供了保障，也有助于农民工资性收入提高，其发展将给农村的乡镇工业、运输业、服务业等二、三产业的发展带来机遇，促进农民收入的增加。据估计，若能将广西木薯种植面积扩展到 50 万公顷，将木薯单产提高到平均亩产 3 吨，那么，广西农民将净增收入 20 亿元，人均增收约 52 元。

第二节　中国木薯产业发展的社会效益

目前中国木薯良种良法的推广、农户增收以及劳动力转移等主要靠专业户、基地示范以及加工企业辐射带动（图 4－5）。

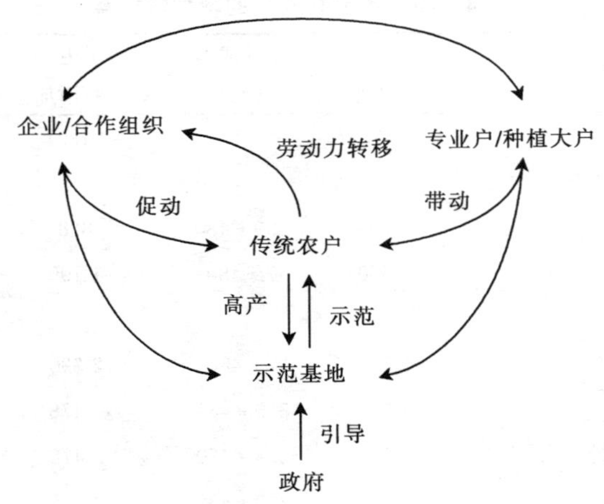

图 4－5　木薯产业发展的社会效应

一、企业辐射

据统计，首个中国非粮生物质燃料项目的启动和运作，促进了当地市场的启动和拉动内需，直接辐射木薯主产区周边地区，带动了30余万户农民从事木薯生物质能产业生产，解决了部分农村富余劳动力的出路。据估算，广西中粮非粮燃料乙醇的一期工程（20万吨），年需鲜薯150万吨（折干61万吨），日用鲜薯4 000吨，可带动北海及周边地区种植木薯近66.7千公顷，推进主产区良种覆盖率达到80%，单产提高到3吨以上，促进周边农户增收3亿元。广西木薯生物质能产业先进的生产技术、优良品种和良好的效益为周边地区提供了良好的示范和推动作用。如引进的优良木薯品种和木薯栽培技术，在合浦县经示范后向周边东盟“一轴两翼”合作战略中的经济走廊和北部湾等地辐射推广，不仅使得区域经济得以发展，还提高我国在东盟自由贸易区的地位。

二、基地示范

通过高产栽培示范园区建设，可带动周边农户进行规范化、标准化的木薯生产，提高木薯单位面积产量，促进农民增收。如广西桂平市通过“优质高产良种万亩示范片”、“木薯品种筛选千亩示范片”以及“木薯套种西瓜千亩示范片”等示范板的推广示范种植，加上项目的培训实施，辐射带动了周边地区农户的种植，提高了科学种植，提高了木薯的产量和质量，增强市场竞争能力，促进木薯加工业的良性发展，形成农业与工业、农户与企业之间的和谐协调关系。如广西合浦县通过与中粮企业合作，在乌家镇建立“优质木薯新品种筛选及示范原料基地”，全面提高了当地木薯单产。

三、专业户带动

专业户和种植大户一般来自农村的体制外精英，他们较易接受木薯专门技术知识，同时由于这些种植户自身拥有一定的资金、技能，与龙头企业对接方面的地位比较明显，与传统农户相比，信息的获得比较容易，覆盖面较广。在木薯生产方面，他们往往容易采用先进技术、机械等良好操作规范，从而在木薯单产方面一般要比当地平均值要高1倍左右。在政府的正确引导和宣传上，通过专业户和种植大户的良好示范，将带动传统农户使用先进的生产技术，提高木薯单位面积产量。此外，通过土地流转，规模化种植，使得木薯产业在生产环节成本得以减少。

通过示范辐射，将使得中国木薯产业从生产部门，到流通部门，再到消费部门各环节得到有序进行的同时，以企业为龙头，以基地为纽带，辐射带动周边地区的农户。从目前中国木薯产业的发展形势来看，以企业基地所在地为核心，向外围地区辐射。目前中国木薯加工企业主要集中在广东广西地区：粤西地区（湛江、云浮、茂名、肇庆、阳江为主）发展木薯淀粉产业带群将有助于对接广西桂东南地区（桂平、梧州、玉林为主）酒精加工业，形成粤西一桂东南木薯产业集群带，有效地辐射带动粤中、粤北和桂中地区；以南宁为中心，依托广西明阳生化科技有限公司、广西农垦集团以及武鸣县木薯生产基地，向桂西、桂北地区和滇南辐射，主要以广西的河池、百色，云南的原阳县（对接原阳县红泰糖业有限公司）、红河为主拓展木薯种植生产基地；以琼西（东方市、白沙县、海南农垦）为中心，依托海南椰岛公司为依托，发挥变性淀粉产业的辐射带动作用，对接粤西地区木薯淀粉产业带，开拓木薯国际市场；以闽西清流县、明溪县为主要种植基地，对接粤东木薯淀粉企业，辐射带动福建、江西地区木薯种植业发展。

对于主产区而言，将以企业为中心，形成中心—外围、片点辐射带（图4-6，图中的中心地区主要是木薯龙头企业所在地）。从目前广西木薯的发展形势来看，以企业基地所在地为核心，向外围地区辐射。主要包括：①以南宁为中心，依托广西明阳生化科技有限公司、广西农垦集团以及武鸣县木薯生产基地，向桂北地区，主要以河池为主拓展木薯种植；向桂东南地区延伸，对接桂平、平南木薯基地，广西桂平金源酒精有限公司，推广木薯间套种技术，辐射带动专业种植，标准化生产；向桂西南地区，对接崇左、凭祥，以“一轴两翼”的中轴“两廊一圈”为区域发展路线，发展木薯产业集群，发展木薯变性淀粉、糖蜜酒精，开拓东盟国家市场。②以北海市为中心，依托广西中粮集团，以合浦木薯生产基地为纽带，大力发展木薯生物质能，向桂中南地区辐射；对接钦州广西新天德能有限公司，发展木薯酒精产业；向防城港辐射，以防城港、北海港、钦州港重要港口为中心，拓展北部湾地区，促进木薯产品贸易，辐射带动三产和农业转型，解决了部分农业劳动力就业问题。③以桂平市为中心，对接平南县，以广西桂平金源酒精公司为依托，以桂平、平南县木薯高产基地为纽带，以种植大户为示范，以合作社和产业协会为指导，向桂东南地区，乃至广东地区辐射，推广订单农业，“三避”农膜覆盖，木薯间套种技术，全面提高桂东南地区土地产值。

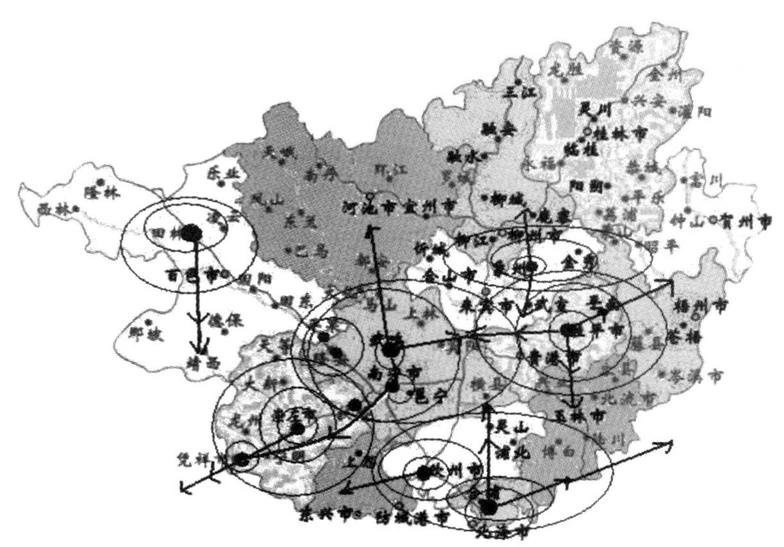

图 4-6　广西木薯产业中心——外围功能辐射效应

④以象州为中心，以象州红枫淀粉有限公司为依托，发展木薯原淀粉产业，向桂中北地区辐射带动柳州地区以木薯原淀粉为原料的相关产业发展。⑤以百色为中心，以广西田林红枫淀粉厂为依托，向桂西地区辐射，通过开发边际性土地，提高了木薯种植面积，增加了少数民族地区低收入人群收入，促进木薯产业发展。

第三节　中国木薯产业发展的生态效益

目前中国木薯产业发展中存在的问题除种植技术方面外，废水处理问题比较严重。正因为此，2006 年以后关闭了许多规模小、污染大的木薯加工企业，并提出了发展木薯化工业，提倡走循环经济路线。

一、木薯产业的生态功能

循环经济下的木薯产业，实现了生产、生活、生态“三生一体”的功能拓展。在生态效益方面，主要体现在土壤改良、污染源减少、温室气体排放量减少、气候调节、综合利用方面（表 4 -11）。

表 4 - 11　木薯产业的生态系统服务功能及内涵

功能分类	功　能　内　涵
生产功能	木薯及木薯制成品供给，养殖业饲料供给，繁殖材料供给
生活功能	生活用电，低碳生活
生态功能	有机化肥的使用，减少固氮量，增加有机物，土壤碳汇；良好的操作规范较少农药、化肥使用量，减少面源污染，提高农产品质量安全；废水治理，净化环境，释放负离子。

二、木薯产业的循环农业模式效益

在木薯加工方面，木薯产业发展的生态效益主要体现在废水

处理方面（图 4－7）。废水治理不仅仅是一条环保线，也是一条

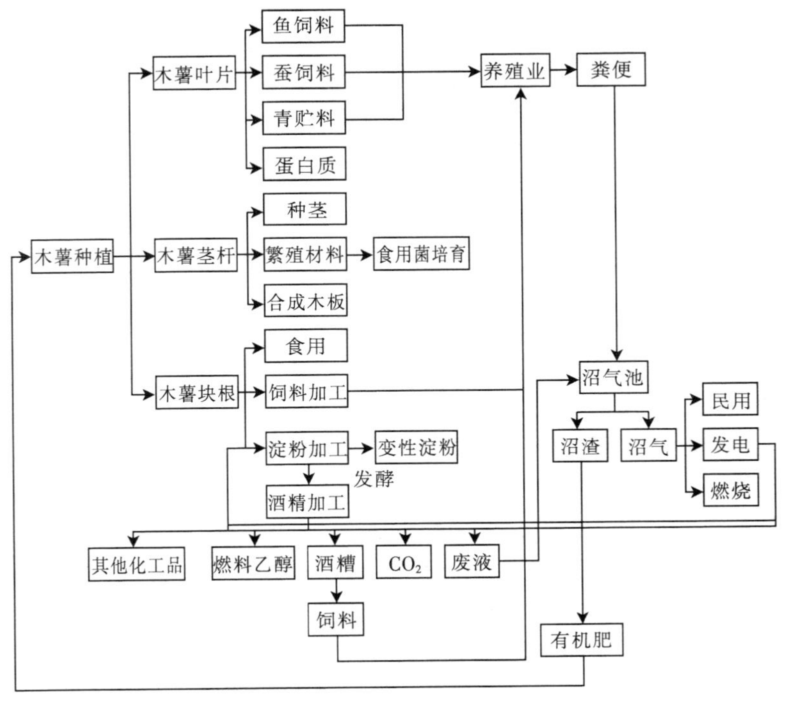

图 4－7　木薯产业循环经济路线

黄金线。废水中的 COD 经过环保工艺，可降解转换为生物质能源——沼气，成为木薯淀粉废水治理的一大亮点。目前广西、广东地区木薯加工在废水处理上的技术已经比较成熟，生态效益明显。以地处西乡塘的南宁市富庶淀粉有限责任公司为例，以每年排放废水 29 万吨、COD 2 900 吨计，经过转换变废为宝，产生的沼气用于锅炉燃料，每年可减少燃煤 2 000 吨，年节约资金 100 多万元。以广西金源生物化工实业有限公司为例，该企业通过使用污水处理系统的厌氧工序，日产沼气超过 10 万立方米，

送入锅炉燃烧可独立发电，每日可节约优质燃煤100多吨，发电6万千瓦时，日获纯利8万多元。通过完善循环经济，综合利用生产环节中的“三废”，该企业万元产值综合能耗仅0.59吨标准煤，远远低于全区1.152吨的平均水平，并因此每年减少SO_2排放670多吨，年可削减COD量12.59万吨，大大减少环境污染，实现了节能减排。以广东鹤山淀粉厂为例，淀粉厂通过形成“木薯—淀粉—饲料—猪养殖”全封闭循环模式，不仅实现了木薯产业的产值，同时还增加了畜牧业产值，是典型的循环农业模式。

近年来中国非粮燃料乙醇汽油发展较快，也是环境效益价值的体现。木薯燃料酒精是清洁能源，能有效降低污染，与普通汽油相比，使用车用乙醇汽油后，一氧化碳的排放可降低7%，碳氢化合物可降低48%。发展生产生物质能，通过循环利用废气、废渣等生成沼气，用于锅炉燃烧，提高能量。沼气发生系统中的污泥，经混凝、发酵、干燥处理后，有针对性地按配比添加营养剂，充分混合后可生成生物有机肥，可用于木薯种植，改良土壤。同时，利用酒精废液中不易分解、但对农作物有营养的其他有机成分，用于木薯灌溉，实现高浓度有机废水的群补循环利用，这有助于节省成本、提高木薯的产量和质量、改良土壤，从而形成新的经济循环模式，进一步加快以木薯为原料的生物质能基地建设。

第五章　中国木薯产业的发展潜力

目前中国木薯产业已初具规模，产业化发展模式不断创新，深加工技术日趋成熟，木薯生产基地逐步标准化、规范化，产业全景发展日臻完善。随着国内生物燃料发展以及淀粉深加工技术的不断成熟，木薯需求加大，木薯产业发展潜力巨大。木薯综合效益高，具有甘蔗、玉米等作物所无法比拟的优势，随着木薯加工业产业链的不断延长，木薯深加工品附加值不断提高，木薯经济效益、社会效益和生态效益显著。

第一节　中国木薯供需形势的宏观分析

清楚了解当前中国木薯供需形势及影响供需的宏观环境对分析中国木薯产业发展潜力有着重要作用。除传统影响因素外，我们还应考虑到生物燃料发展对木薯供需形势的影响，能源部门对木薯的需求直接影响到木薯产业与生物燃料产业的市场关联。

一、木薯供需形势的宏观判断

木薯作为重要的淀粉作物，近年来木薯市场需求坚挺，木薯产业已成为关系到工业发展和南亚热带地区经济发展的重要产业。随着淀粉产业、酒精工业的发展，木薯市场需求量大，尤其在 2006 年推行乙醇汽油后，国内木薯需求日益增长，然而受 2008 年自然灾害与市场环境的冲击，中国木薯市场供需形势紧张，企业加工链条衔接不紧，进口需求量不断加大，供需形势不太乐观。

（一）木薯及木薯淀粉的供给

第三章中已对中国木薯的生产状况进行了详细描述，这里不再论述。从第三章中国木薯生产状况和变动趋势的分析可知，近10年来，中国木薯单产和总产成倍增长，但收获面积仍比较低，国内供给仍十分有限。对于木薯淀粉而言，虽然总量上有所上涨，但其所占国内淀粉总产量的比例有所下降，我国仍然是世界最大的木薯淀粉进口国，外贸依存度较高，产量难以满足国内食品行业、医药以及其他深加工业的需求。

（二）木薯及木薯淀粉的需求

目前中国木薯的市场需求主要在于酒精加工业和淀粉加工业的需求。按我国现有木薯酒精企业30多家，日产能力2 000吨来算，酒精加工业年需鲜木薯504万吨左右（折干201.6万吨）。按木薯淀粉日产能力1.2万吨，开榨时间180天来算，年需鲜木薯864万吨（折干320万吨）。按木薯燃料乙醇年产量150万吨来核算，年需鲜木薯1 050万吨（折干420万吨）。这样一来，单单燃料乙醇、木薯淀粉以及木薯酒精的发展，每年木薯制成品的加工需木薯干片840万吨左右，相当于2 100万吨鲜薯。而我国鲜木薯年产量只有700万吨左右，缺口将近1 400万吨（折干560万吨），每年需从国外进口一定比例的木薯干片（其中2008年将近500万吨）。对于木薯淀粉而言，国内年需木薯淀粉120万吨以上，缺口较大。中国—东盟自由贸易区的建成，使得中国木薯淀粉国内市场受到冲击，市场价格波动较大，同时也影响着国内木薯原料的产业竞争，企业生产压力不断加大。

未来5～10年，随着科技的进步，中国木薯单产将不断提高，这将进一步促进中国木薯供给的增长。同时，由于石油工业、淀粉行业、酒精工业、水产饲料业、淀粉糖、食品行业、建材工业等行业对木薯及木薯淀粉的需求越来越多，木薯在产业间的分配也将呈多元化。

二、木薯供需形势的影响因素

木薯的需求取决于不同产业部门间的分配和木薯的各种用途，其中包括粮食部门、饲料部门和工业部门。淀粉加工业、酒精化工业以及燃料乙醇加工业是木薯的最大需求方。木薯的供给取决于土地、灌溉水、劳动力、资本等固定或有限资源的配给（图5-1）。

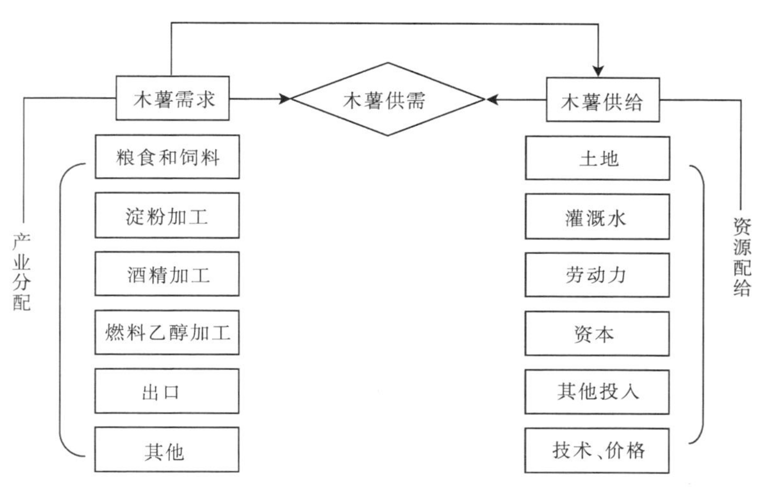

图5-1　木薯供需影响因素

从图5-1可知，就木薯供给市场而言，除传统影响因素如土地、劳动力、资本、技术外，还应考虑到非粮生物燃料产业对木薯需求的影响。随着非粮生物燃料产业的兴起及国家对薯类作物政策扶持力度的加大，木薯主产区农业生产者将种植更多的木薯，可利用边际性土地将得到有效开发，资源配给将发生变化。本章第二节，将结合影响木薯供给因素，分析中国木薯产业的发展潜力，并对木薯生产潜力进行预测；同时，结合木薯供需形势，预测木薯价格的变化趋势。此外，结合木薯资源在产业间的分配和企业技术潜力，本节将对中国木薯加工企业的产能进行预测。

就木薯需求市场而言，不同部门（尤其是淀粉企业和酒精化工企业）对木薯的需求是影响木薯需求曲线变动的主要原因。例如，生物燃料部门对木薯原料需求的不断增长将影响木薯的需求，并导致其他产业部门与生物燃料产业部门对木薯资源的竞争。木薯用于饲料的数量或木薯出口量的变化，也将导致木薯价格的变化。此外，非粮原料政策、低碳政策等的驱动同样会刺激木薯的需求，影响木薯供需形势。

三、木薯供需环境的经济学分析

影响木薯需求系统的环境大致包含经济因素、社会因素以及技术因素，其中经济因素包括经济增长口径对木薯产业分配的需求，社会因素主要包括外生人口增长变化路径，技术因素包括技术变迁和技术引进路径。影响木薯供给系统的环境主要是以木薯需求为导向，通过技术组合优化木薯供给系统，最后通过动态优化耦合了木薯供需，做出部门木薯需求分配决策（图 5－2）。

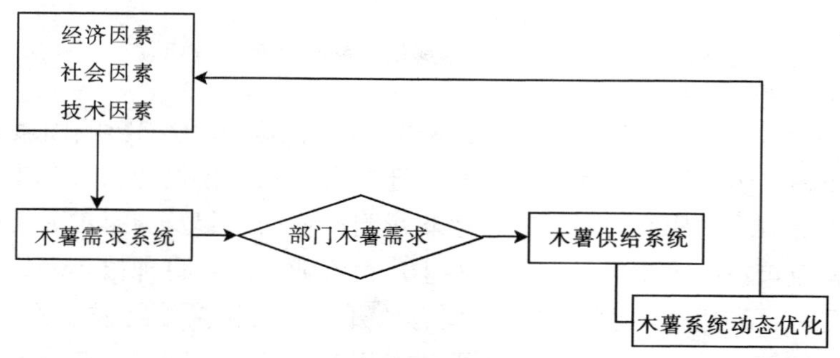

图 5－2　木薯供需环境情景图

（一）政策施行对木薯产业供需的影响

近两年，中国加大了对木薯燃料乙醇生产的支持力度。木薯燃料乙醇政策的推行，将使得木薯需求增加，表现为需求曲线右移，提高了木薯价格（由 P_0 提高到 P_1），木薯生产者对价格的反应使得木薯供给量从初始均衡状态 Q_0 增加到 Q_1，见图 5－3）。假设国内木薯生物燃料政策措施是强制性的（如必须使用一定比例的木薯燃料乙醇），那么燃料乙醇生产者为满足任务，将与其他木薯加工业竞争，甚至以一个更高的价格购买木薯，整个木薯市场价格将提高（见图 5－3）。

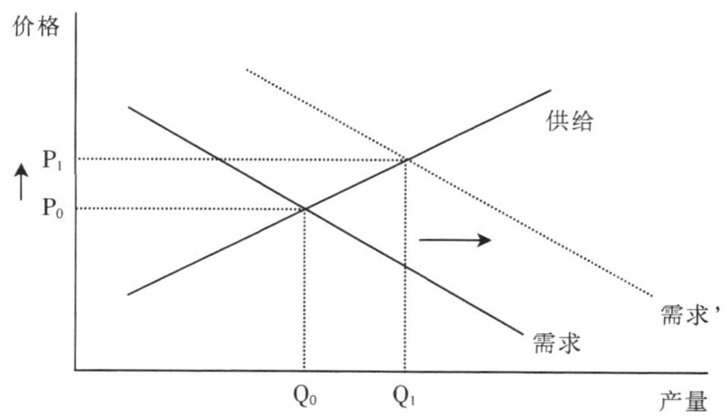

图 5－3　生物燃料政策作用下木薯供需变化

（二）技术效应对木薯产业供需的影响

良好的操作规范对木薯的生产有着重要作用。木薯科研投入的增加将有助于提高木薯生产技术，从而提高木薯单位面积产出。当技术提高时，将使得木薯供给曲线右移，市场的调整使得木薯数量在任何给定价格下得到增加，并且获得较低的均衡价格（木薯市场均衡价格由 P_0 下降到 P_2，均衡产量由 Q_0 增加到 Q_2，见图 5－4）。

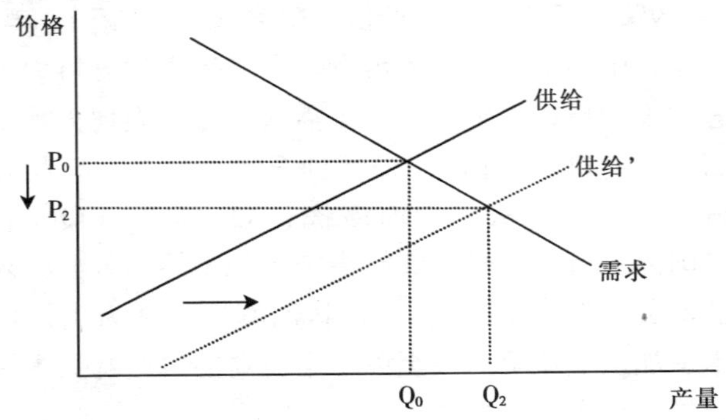

图 5-4　技术进步作用下木薯供需变化

(三) 政策施行和技术效应共同作用对木薯供需的影响

假设强制性政策驱动下需求曲线移动的同时，技术效应使得供给曲线右移，那么最终的均衡产出将比任何一种作用单独影响的均衡产出高，由 Q_0 增长到 Q_3（见图 5-5）。木薯的均衡价格总体上位于 P_1 与 P_2 之间，适度的技术效应将使得均衡价格 P_3 越来越接近初始状态的均衡价格 P_1。

成功的 R&D 投入同样可以改善木薯加工企业产能，减少对木薯的需求，相关的作用影响效果与以上分析相反，这里不多做分析。

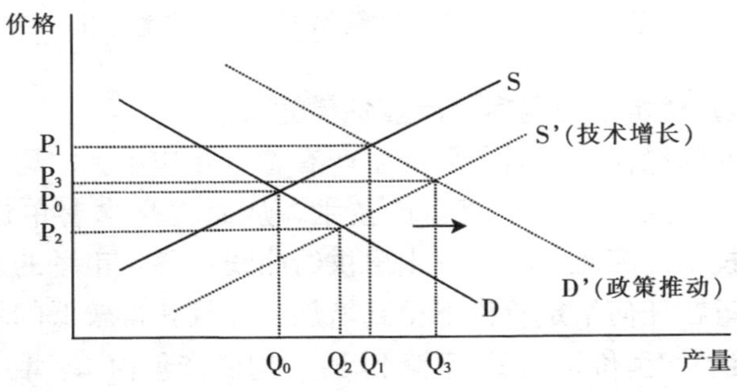

图 5-5　技术效应和政策驱动下的木薯供需影响分析

四、木薯原料和木薯淀粉市场价格预测

（一）中国木薯原料和木薯淀粉市场形势

近年来，随着对木薯需求的不断增加，木薯价格在平稳中有所提高。据统计，2006/2007 年榨季主产区鲜薯收购价为 380～400 元/吨。2007/2008 年榨季，木薯淀粉价格的高涨以及燃料乙醇行业对木薯需求的增长，推高了木薯原料的价格，鲜薯价格为 380～600 元/吨。2008/2009 年榨季，由于受 2008 年初木薯主产区的自然灾害、我国国内宏观市场环境以及国际金融环境的冲击，国内木薯市场价格并不是很乐观，总体上明显下滑；特别是 2008 年冰冻灾害使得木薯品质下降，木薯淀粉含量减少，2008/2009 年榨季主产区广西的鲜薯收购价只有 290～380 元/吨，比 2007 年减少了 36%左右。2009 年国内宏观经济情势转好，各行业对木薯需求增长加快，木薯供给短缺，木薯干片的价格上涨。据统计，2009/2010 年榨季我国鲜木薯的收购价格 500～650 元/吨，木薯干片由 1 300 元/吨上涨到 1 500 元/吨，泰国曼谷木薯干片 FOB 价 168～170 美元/吨。

就木薯淀粉而言，2008/2009 年榨季，由于受全球金融危机的影响，加上泰国、越南木薯淀粉的低价冲击，国内木薯淀粉滞销，木薯淀粉价格大幅下跌。2008/2009 年榨季期间，广西主产区木薯淀粉价格从 2008 年 4 月份的 3 500～3 800 元/吨下降到 2 000 元/吨左右。同时，受越南木薯毒淀粉事件①的影响，国家提高了对食品生

① 2008 年越南产工业木薯淀粉流入河南、河北及山东省，冒充食用淀粉进行销售。入境淀粉涉及越南产老虎、红马、龙凤、方块、老理、鳄鱼、大象等多个品牌的工业木薯淀粉，主要问题是二氧化硫、重金属超标。二氧化硫是一种有毒物质，对人体器官有直接损害，危害很大。重金属对人体的危害更大，如铅、砷、铊等有毒元素，对人体可能是致命的。我国的食品加工企业所使用的木薯淀粉质量是有严格控制的，我国相关部门制定一系列标准，中华人民共和国《食品添加剂使用卫生标准》（GB 2760—1996），农业部行业标准《食用木薯淀粉》（NY/T 875—2004），《食品质量安全市场准入审查通则》均对木薯淀粉的二氧化硫、重金属含量有明确规定。

产企业的监管力度，木薯淀粉在淀粉结构中所占比例下降，木薯淀粉需求下降，需求市场低迷。2009/2010年榨季，开榨以来，国内木薯淀粉价格一路走高，国内木薯淀粉价格创历史最高点，达4 000元/吨，泰国曼谷FOB价395美元/吨左右。

（二）木薯原料和木薯淀粉价格预测

1. 木薯原料。我国在木薯及木薯淀粉价格方面并没有详细的统计，因此，本书主要依据FAO各国粮食价格统计数据库中泰国木薯（粉）的价格，预测国际木薯干片以及木薯淀粉的价格。

2000年以来，国际木薯价格上涨了3.5倍，月均增长2.78%。由于中国木薯原料主要来源于泰国和越南地区，其中泰国占63.96%，因此泰国的木薯价格对国内木薯供需有着直接的影响。据IITA统计，2000年1月份泰国曼谷木薯（粉）的价格为146.15美元/吨，到2010年6月增长到512.79美元/吨。

运用ADF检验得知，2000年1月—2010年6月泰国木薯（粉）价格的序列一阶差分平稳，序列的自相关系数在2阶截尾，偏相关系数2阶截尾，则取模型的阶数p=2，q=2；建立ARIMA（2，1，2）模型，对2010年7月—2010年12月木薯价格进行预测。预测结果显示，2010年7—12月，随着木薯淀粉压榨期的结束，木薯需求将有所减少，但供给也减少。泰国木薯（粉）价格将分别达到546.55美元/吨、564.08美元/吨、576.56美元/吨、583.14美元/吨、589.88美元/吨、593.55美元/吨，月均增长1.66%，环比增长幅度分别为6.58%、3.21%、2.21%、1.14%、1.15%和0.62%（图5-6）。

2. 木薯淀粉。近10年来国际木薯淀粉价格一路走高。本书运用FAO价格统计数据库1987—2009年国际交易市场木薯淀粉价格（泰国曼谷FOB价），对2010年国际交易市场木薯淀粉价格（泰国曼谷FOB价）进行了预测。运用ADF检验得知，1987—2009年国际交易市场木薯淀粉价格（泰国曼谷FOB价）的序列为一阶单整序列，序列自相关系数在1阶截尾，偏相关系数3阶截

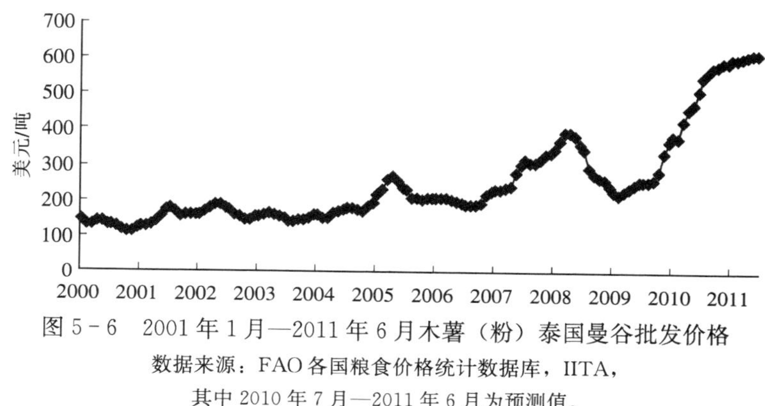

图 5－6　2001 年 1 月—2011 年 6 月木薯（粉）泰国曼谷批发价格
数据来源：FAO 各国粮食价格统计数据库，IITA，
其中 2010 年 7 月—2011 年 6 月为预测值。

尾，则取模型的阶数 p=1，q=3；建立 ARIMA（1，1，3）模型，对 2010 年木薯淀粉国际价格进行预测。预测结果显示，2010 年国际交易市场木薯淀粉价格（泰国曼谷 FOB 价）将得到提高，达到 414.128 美元/吨，比 2009 年增加 4.84%，2011 年将达到 445 美元/吨（图 5－7），这大部分原因是由于木薯原料价格上涨以及其他行业的原料竞争。预计该增幅还将持续，对中国木薯淀粉生产十分有利，尤其是在中国—东盟自由贸易区的建成将促使国内木薯淀粉加工企业增加产能，进一步提高其出口能力。

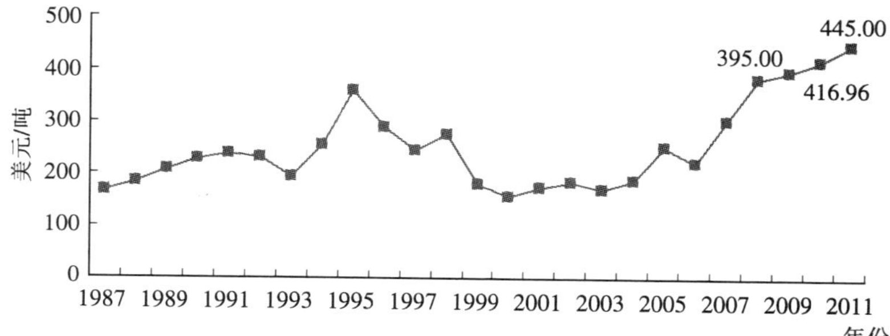

图 5－7　1987—2010 年国际木薯淀粉价格走势（2010 为预测值）
数据来源：FAO 农产品价格数据库。

第二节　中国木薯产业的发展潜力及科技需求

木薯属大戟科大戟属，淀粉含量高。木薯属 C_3 植物，其光合机制介于 C_3 和 C_4 类型之间，光合效率高，高产，抗逆性强，耐旱性，耐贫瘠。中国热带资源丰富，适宜木薯种植的自然条件优越，木薯产业技术愈发成熟，产业已具一定基础，木薯产业发展潜力较大。

一、资源潜力

木薯具有易栽、耐旱、耐涝、高产等特点，适合在热带、亚热带地区种植，主要分布在长江以南大部分地区，广西、广东、海南、福建、云南、湖南、四川、贵州、江西、浙江、重庆和台湾等 12 省（区）、直辖市。

（一）气候资源

农业部《木薯优势区域布局规划（2007—2015 年）》明确指出：木薯优势区域的自然条件符合：≥10℃年积温 6 000℃以上，无霜期≥280 天，年均降雨量≥1 000 毫米，没有严重的台风和干旱等自然灾害。我国长江以南大部分地区属于热带、亚热带季风气候，雨热同季，十分适合木薯种植，其中广西、广东以及海南大部分地区的自然条件均符合木薯优势种植区域。据中国统计年鉴（2009）统计，广西年平均气温 20.4℃，年日照时数1 483 小时，年降水量 1 848.1 毫米；广东年平均气温 22.3℃，年日照时数 1 746 小时。年平均降雨量为 1 802 毫米；海南年平均气温 22℃～26℃ ，年日照时数 2 000 小时以上，年均降雨量1 500～2 000毫米。

（二）土地资源

根据《中国热带作物种植区划》，我国热带作物种植区，包括我国的热带、南亚热带大部分地区，在北纬 18°10′～26°10′、东经 97°39′～118°08′，包括福建东南部、广东南部、广西南部、云南南部、台湾南部和海南全省，土地面积 29.67 万平方千米（不包括台湾省），占全国国土面积的 3%，其中广西拥有 11.4 万平方千米，占全国热作区总面积的 38.5%，位于全国首位（见表 5－1）。

表 5－1　广西与全国各省（区）热作区土地面积比较

地　　区	面积（万平方千米）	占全国比重（%）
广西热作区	11.40	38.42
云南热作区	7.80	26.29
广东热作区	4.60	15.50
海南热作区	3.39	11.43
福建热作区	2.47	8.32
全国	29.67	100

资料来源：农牧渔业部热带作物区划办公室编．中国热带作物种植区划［M］．广州：广东科技出版社，1989。

木薯作为热作地区的第六大热带作物，对土地质量要求不高，田间管理简单，适宜种植的区域面积较大。目前木薯主要分布在我国长江以南大部分地区，包括广西、广东、海南、福建、云南、湖南、四川、贵州、江西、浙江、重庆和台湾等 12 省（区）、直辖市。由于木薯对土地要求较低，可通过开垦荒地、荒山、废弃地等可利用边际性土地种植，可扩大的种植面积潜力较大。据统计，广西、广东、海南、福建、云南等省份仍有荒地、裸土地及后备宜林、宜农、宜牧荒山等未利用土地约 1 333.33 万公顷可用于开拓种植木薯。若开发 1/5 的这些可利用边际性土地用于种植木薯，深挖生产潜力，全部推广优良品种并加强田间管理，按亩产 3 吨计算，每年可收获鲜木薯 12 000万吨、生产燃料乙醇约 1 500 万吨、折合 2 145 万吨标准煤。

同时，随着木薯间套种技术的不断成熟，如果能大力推行木薯间（套）种花生、大豆等短季节、矮秆作物，那么将可获得额外的种植面积。据中国农业统计年鉴（2009），2008 年，广东、广西、海南三省（区）花生播种面积为 49.69 万公顷，豆类作物播种面积为 23.31 万公顷，若按复种指数为 150%来算，那么可拥有 48.67 万公顷用于间套种木薯，若将这些耕地的一半用于推广木薯间套种，以单产 40 吨/公顷来算，那么每年可增加 1 946.8万吨鲜木薯。此外，还可在每年新增的幼林地中套种木薯。

（三）劳动力资源

中国木薯种植历史悠久，尤其是广西、广东地区的农民均有种植木薯的习惯。随着木薯深加工业的迅速发展，木薯产区将有更多的农户从事木薯种植。根据《中国农业发展报告 2009》，2008 年，我国劳动力资源（按男 16～60 周岁、女 16～55 周岁算）为 86 600 万人，其中乡村劳动力资源量为 56 748.3 万人，占全国 65.53%；广西乡村劳动力资源总数 2 525.3 万人，占全国乡村劳动力资源的 4.45%。根据《中国人口和就业年鉴 2009》，2008 年全国经济活动人口 2 079 243万人，其中第一产业从业人员为 30 654 万人，占 38.68%。丰富的劳动力资源为木薯种植、木薯加工业的发展提供了重要保障。

二、技术潜力

自国家木薯产业技术体系启动以来，中国木薯在品种筛选、良种培育、病虫草害防治、间套种技术、木薯丰产栽培技术等方面的研究不断提高；在淀粉加工、酒精化工、燃料乙醇生产方面，尤其在“三废”厌氧处理技术方面的技术日臻成熟，全面推行木薯产业循环经济路线、提升木薯产业全景产业附加值指日可待。

（一）栽培技术

目前中国木薯的良种良法推广力度仍比较薄弱，总体单产提高能力潜力很大。目前中国木薯主产区采用的“‘双高’＋熟期”搭配，良种覆盖率仅30%。2008年我国鲜薯单产只有16.24吨/公顷，比泰国单产低43.41%。若在木薯生产技术上，全面推广良种良法，则可大幅提高全区木薯产能和土地产出效益。若通过选育和引进一批高产（单产达30～45吨/公顷，比主栽品种SC201高1倍以上）、高含淀粉（淀粉含量达到28%～33%，比SC201高3%～6%）、早熟（10月份就可收获）的木薯良种，再配套合理密植、科学施肥、深耕细作等技术措施进行大面积推广，则中国木薯产量可增加30%以上。按2008年中国木薯收获面积268.58千公顷来算，若单产提高到30～45吨/公顷，那么鲜薯总产将达到806万～1 209万吨。

（二）加工潜力

目前中国木薯原淀粉的日产能力已达1.2万吨，木薯酒精日产能力达到2 000吨以上，加工业已初具规模，变性淀粉和山梨醇等深加工品的生产不断增长。随着淀粉产业、酒精化工和燃料乙醇加工业的发展，中国木薯及木薯淀粉需求远大于供给。就木薯淀粉而言，中国木薯淀粉主要用于加工粉丝和变性淀粉，木薯淀粉需求量较大，外贸依存度较高，每年中国木薯淀粉需求量为130万吨左右，但国内木薯淀粉总产量仅80万吨左右（2008年为89.4万吨），约40%依赖进口，市场潜力非常大。就木薯燃料乙醇而言，自2006年国家发展和改革委员会发布《生物燃料乙醇暨车用乙醇汽油“十一五”发展专项规划》后，中国木薯生产燃料乙醇产业得到快速发展，加工能力不断加强。“十一五”期间，广西首个年产20万吨的木薯燃料乙醇的试行，拉动了周边地区木薯酒精的生产。据统计，我国今后合计年产木薯燃料乙醇将达到 100 万吨，其中江西东乡 10 万吨和海南 10 万吨项目已立项，广东湛江 15 万吨和肇庆 10 万吨项目已通过评估，云南 30 吨项目正处于编制可行性研究报告阶段，广西还将建 30 万吨项目。我国能源资源比较匮乏，每年缺口 1.67 亿吨，木薯燃料乙醇发展潜力巨大。此外，随着技术的增长，能源转化率以及木薯贮存率将得到提高，企业产能将进一步扩大。

三、产业潜力

中国木薯产业主要围绕三条主干线：一是木薯酒精产业链；一是木薯淀粉产业链；一是木薯燃料乙醇产业链。

（一）淀粉产业

我国是淀粉生产大国，目前我国淀粉年产量已达 500 万吨，其中木薯淀粉约占 10%左右。淀粉产业一直是中国木薯产业的重要产业链之一，而变性淀粉产业则是最富有生机和活力的产业之一。目前中国木薯淀粉产业规模已形成，淀粉加工正在向大型化发展，淀粉产品正在向系列化、品牌化方向发展，产业潜力巨大。

对于变性淀粉而言，目前已有数百种产品，国外变性淀粉的应用领域已达 30 多个。国内变性淀粉的应用领域除造纸、纺织、食品、医药、水产饲料、建材、铸造等工业部门外，正在向石油、采矿、煤炭、陶瓷、塑料、日用品、化妆品等领域以及农业、林业部门拓展，市场日益扩大。近几年我国变性淀粉工业发展很快，年产量为 70 万吨，但仍然不能满足市场需求，每年还要进口各种变性淀粉 20 余万吨。据预测，到 2010 年需求量将超过 100 万吨，到 2015 年将达到 150 万吨以上。

（二）木薯酒精产业

酒精作为一种重要的化工原料，广泛用于医药、制酒、农药与有机化学品生产、燃料等领域。近年来我国酒精的年产量约为

500 万吨，其中商品酒精约 200 万吨，自产自用酒精约 300 万吨。目前中国木薯酒精的年产量 60 万吨左右，只占酒精总产量的 12%左右。我国酒精制造业的主要原料起初以玉米等粮食原料为主，2006 年以来，为保证国家粮食安全，政府开始限制粮食酒精的盲目发展，酒精生产原料“非粮化”趋势明显。木薯作为一种高产的非粮原料，并且中国木薯酒精加工业已逐步实现产业化发展，循环经济效果显著，在今后酒精生产中，木薯酒精产业的发展前景十分广阔。

（三）燃料乙醇产业

燃料乙醇作为可再生能源和清洁能源，在今后生物质能产业中发挥着较为重要的作用。美国从 1979 年开始用酒精替代无铅汽油添加剂 MTBE（甲基异丁基醚，目前已禁止），推广燃料乙醇——汽油混合燃料（含 10%燃料乙醇），2008 年美国燃料乙醇产量已超过 2 000 万吨，这缓解了对石油的需求，增加了能源安全，减少了汽车尾气污染。

据《中国统计年鉴（2009）》，2008 年我国汽油消费量 6 347.7万吨，汽油缺口 832.34 万吨，需原油 2 870.14 万吨，若能使用木薯燃料乙醇按 10%比例添加汽油，那么年需木薯燃料乙醇 200 万吨以上。科学地进行估算，从近期来看，木薯主产区广西若能有效利用木薯资源，有望每年生产 2 100 万吨生物酒精（与现在年产 4 800 万吨原油的大庆油田相比，产能比其多出 1/3）。但长期来看，木薯燃料乙醇的替代产品也将增多，木薯在燃料乙醇产业的分配将有所减少。目前我国成品油价格市场与国际原油价格倒挂，随着我国成品油市场与国际市场的接轨，这种价格倒挂局面将逐步改变，如果到时成品油可达到 10 000 元/吨左右，燃料乙醇价格也会达到 10 000 元/吨，广西仅燃料乙醇产业就可增加产值近 2 100 亿元。

（四）淀粉糖产业

淀粉糖是原淀粉深加工的一个重要领域，是医药、食品、发酵等工业的重要原料，目前是发达国家消费的主流。近 30 年来世界发展最快的淀粉糖产业是甜味剂。目前，美国年淀粉糖产量已超过 800 多万吨，占食糖消费总量的 60%以上，而我国淀粉糖年产量只有 120 万吨左右。由于淀粉糖可用于加工成医用葡萄糖、使用果葡萄糖、低聚糖等，产业效益较为明显，因而有效利用木薯发展淀粉糖产业前景十分广阔。

（五）饲料产业

目前木薯的综合利用程度仍较低，在饲料加工方面的利用仍有很大的上升空间。目前中国木薯在饲料产业方面主要使用木薯块根加工猪饲料。木薯块根作饲料，其成本明显低于玉米和陈化粮饲料，在价格和利润空间上都有竞争优势，还有助于缓解我国饲料用粮的价格危机。目前市场上的玉米售价是 1 300～1 500 元/吨，而鲜木薯则在 700～800 元/吨，扣除木薯粗蛋白含量低的因素，以木薯为原料制造的全价饲料仍然比玉米饲料每吨价格便宜 300 元。而畜禽的吸收效果要优于玉米饲料，更易被畜禽消化、吸收。木薯叶片养殖桑蚕的效益十分明显，但目前我国对木薯叶片的利用仍比较少，可以发展该产业，挖掘潜在的养殖业。此外，在酒精加工和淀粉加工上，若采用循环经济路线，形成“木薯—淀粉（酒精）—肥（饲）料—农产品”的循环生产模式，不仅拓宽了产业链条，增加了产业附加值，同时提高了环境价值。

（六）物流业

以燃料乙醇、木薯淀粉、木薯酒精等工业制造为中心的木薯产业链将会刺激我国特别是木薯主产区物流业的快速发展，按照目前国外发达国家的物流业与主产业的比例关系 20∶1 计算，10 000亿元的工业值可产生 500 亿元左右的物流产值。

（七）其他行业

木薯产业的发展使农民收入大幅增加，提高了工业就业率，这将带动其他一系列行业的发展，最直接的是刺激消费行业以及第三产业和其他产业的发展。根据发达国家的情况看，第一、二产业与第三产业间的比例为 1∶2 左右，10 000 亿元的工业产值将可带动近 20 000 亿元其他产业的发展。

四、生产潜力预测

本书采取 ARIMA 模型对中国木薯的生产潜力进行中长期预测。这里选取了 FAO 数据库的 1961—2009 年中国木薯总产量的统计数据进行预测。

运用 ADF 检验得知，1961—2008 年中国木薯总产量序列一阶差分平稳，为一阶单整序列，序列的自相关系数在 2 阶截尾，偏自相关系数在 3 阶截尾，则取模型的阶数 $p=2$，$q=3$，建立 ARIMA（2，1，3）模型，对 2010—2020 年中国木薯总产量进行预测（预测结果见表 5-2）。预测结果表明，2011—2015 年中国木薯总产量将年均增长 1.11%，到 2015 年中国木薯总产量将达到 480 万吨，到 2020 年将增长到 520 万吨，分别比 2008 年增长 9.11%和 17.33%。

表 5-2　2010—2020 年中国木薯总产量预测

年份	总产（万吨）
2010	463.33
2011	465.74
2012	462.30
2013	463.68
2014	471.48
2015	481.33
2016	490.22
2017	497.47
2018	503.47
2019	510.56
2020	517.62

五、科技需求

结合前面所分析的木薯产业发展的资源潜力、技术潜力以及产业潜力，综合考虑中国木薯产品的消费现状、经济发展、人口增长、气候变化与环境等因素，预测2011—2015年，中国木薯的产量将年均增长1.1%，但需求量将年均增长将达到1.5%左右（其中需求量预测主要根据木薯进口量进行预测），供需缺口仍将继续加大。针对目前中国木薯产业在良种栽培、田间管理、基地建设以及深加工等方面与泰国相比仍有相当距离，应加大对中国木薯产业发展的科技支撑力度。

（一）集成现有成熟技术，构建规范化生产技术体系

当前中国木薯生产经营仍比较分散，单产仍较低，有相当一部分生产潜力没有发挥出来。为此，需借助中国木薯产业技术体系，通过继承现有的成熟技术，挖掘生产潜力。首先，要推广木薯淀粉加工、深加工、酒精加工和综合利用技术，调整木薯资源在产业间的分配结构；其次，要推广木薯良种良法种植技术，构建规范、标准的木薯生产基地，通过建立合作组织，构建基地—农户—分销机制，减少产业链风险。

（二）实施木薯科技攻坚计划，稳步提高产业竞争力

行业竞争力不强是制约中国木薯产业发展的重要因素之一，其根源在于木薯生产潜力仍较低和木薯淀粉含量较少，导致加工产品价值较低，市场开拓受到限制。为此，首先要制定木薯科技攻坚计划，要通过遗传－育种－栽培来改善木薯生产潜力，结合国内资源形势，选择一批适宜国内气候的优良木薯品种，扩大良种覆盖率。其次，企业要抓好技术层面，做好企业排污治理，循环利用，提高企业产能，通过与基地挂钩，直接控制原料来源，与科研单位、大专院校、高等院校对接，做好木薯科技成果转让，稳步提升产业竞争力。

第六章　中国木薯产业化发展模式的实证分析

农业产业化经营是农业发展到一定阶段，为解决农户分散经营、降低农户进入市场风险而出现的一种农业经营方式，是推动农业现代化建设的重要途径。当前我国已形成的木薯产业化发展模式主要有“公司＋基地＋农户”、“龙头企业＋合作社＋农户＋基地”、“政府＋公司＋基地＋农户”等，均为加工业推动的产业化经营模式。本章试图分析这三种比较常见的木薯产业化模式，并结合集团化经营的高级模式，探讨适合我国实际的木薯产业化发展模式。

第一节　农业产业化理论及木薯产业化概念界定

我国的农业产业化运动兴起于20世纪90年代初，它是我国农民继家庭联产承包责任制和乡镇企业之后的农业经营方式的又一次重大改革。农业产业化经营的产生与发展不是偶然的，而是农业发展到一定阶段，为解决农户分散经营中所出现的交易成本问题，是为降低个体农户进入市场风险、联结农户与市场而出现的农业经营方式。它形成了“产供销”、“农工贸”一条龙的经营方式，是推动农业现代化建设和实现经营方式根本转变的重要途径。

一、农业产业化的内涵和组织模式

（一）农业产业化概念的提出和内涵

在国外，农业产业化经营的产生和发展源于1957年美国哈佛大学工商管理学院的戴维斯（J. M. Davis）和戈德伯格（R. A. Goldberg）所提出的“农工综合体（agribusiness）”概念，而后又有人提出“农业一体化”（agricultural integration）概念，在理论上确立了农工商一体化的地位。20世纪70年代，英国经济学家布莱米亚提出了一体化农业发展理论和实现农业一体化的两个基本条件：一是农业生产运销结构发生变化，二是农业生产运销组织及管理控制的改变。德国经济学家克拉德认为，一体化农业是一种以垂直一体化为交易安排的农业生产与运销的交易制度。农工商一体化（integration of agriculture，industry and commerce）是指农业生产单位同农业产前、产后相关企业联合成一个经营体系的过程[①]。

在我国，早在20世纪80年代中后期，为顺应农村商品经济发展的要求，部分经济发达地区出现了“贸工农一体化”、“产供销一条龙”等新的农业经营方式。20世纪90年代中后期，农业产业化经营从农民的自主选择，逐步上升为党和国家的重要政策导向。我国农业产业化经营最早见于1987年山东省诸城市提出的“商品经济大合唱”及贸工农一体化的发展思路。20世纪90年代初期，诸城市实行以龙头企业带动农户的贸工农一体化的实践；随后，山东省寿光市探索出了以市场带动的产加销一体化的经营模式。1993年，山东省潍坊市提出了“确立主导产业，实行区域布局，依靠龙头带动，发展规模经营”的农业发展战略，并向山东省委、省政府提交了《关于按产业化组织发展农业的初步设想与建议》报告，被认为是国内最早正式提出农业产业化的概念[②]。

---

① 祁春节，刘双，王亚静，等. 国际农业产业化的理论与实践［M］. 北京：科学出版社，2008：3－19。

② 宋英杰，陈银春. 农业产业化经营概述［M］. 北京：中国社会出版社，2006：13－15。

尽管对农业产业化的提法在政府文件和学术文献中随处可见的，然而，农业产业化从其提出之日起就引起很多争论，迄今为止学术界对农业产业化内涵的论述还没有统一的认识。1995 年，农业部对农业产业化作出以下界定：农业产业化，是在市场经济的条件下，通过将农业生产的产前、产中和产后诸环节整合为一个完整的产业系统，实行种养、产供销、农工贸一体化经营，提高农业的增值能力和比较效益，形成自我积累，自我发展的农业产业发展机制。在实践中表现为生产专业化、布局区域化、经营一体化、服务社会化和管理企业化的特征①。1997 年，王书芳对农业产业化作了一个全面解释，即“以农户为主体和基础，以各种经济成分和不同规模的农产品加工与国内外贸易企业或公司、储运企业或公司、农民企业协会与专业合作社、农村供销社，以及农业科技、金融、保险和信贷咨询等各类中介组织等经济运行方式以及逐步完善的农业服务体系与市场体系，将农业产业在生产过程的产前、产中、产后诸多环节和相应的供产加销等各部门联结成一个尽可能完善的市场”②。她还对农业产业化各环节的作用作了评述：农业产业化过程中真正处于“龙头地位”起“龙头”作用的是市场，而不是所谓的企业或公司；农户是产业化的主体和基础；中介组织是联结农户与市场的纽带、桥梁，是实施农业产业化的核心和关键环节。张绍焱，梅德平（1999）认为，所谓农业产业化，就是指在保持家庭联产承包责任制稳定的前提下，结合本地区实际，围绕本地的重点产品，实现该产品的产前、产中、产后的农工商、产供销一体化生产经营，达到产业区域化、经营市场化、管理企业化、服务社会化的目的，从而使农

① 农业部．农业发展报告（1995—2000）［M］．北京：中国农业出版社，2001。

② 王书芳．农业产业化：又一次经营制度的创新［J］．探索与争鸣，1997（11）：20－23。

业真正走上城乡优势互补，产业相互促进的可持续发展的道路[①]。目前，学术界对农业产业化经营的界定比较有影响的是牛若峰。他认为，农业产业化经营是以市场为导向，以农户经营为基础，以“龙头”组织为依托，以经济效益为中心，以系列化服务为手段，通过实行种养加、产供销、农工贸一体化经营，将农业在生产过程的产前、产中、产后诸环节联结为一个完整的产业系统，是引导分散的农户小生产转变为社会化大生产的组织形式，是多方参与主体自愿结成的经济利益共同体，是市场农业的基本经营方式[②]。

综上所述，本书认为，农业产业化经营是指以市场为导向，以家庭经营为基础，以龙头企业或农业组织为依托，结合本地区实际，围绕农业产品的产前、产中、产后的农工商、产供加销一体化，以达到区域生产一体化、经营市场化、发展规模化、服务社会化的农业经营方式。

（二）农业产业化经营的组织模式

农业产业化经营在我国已完成了从探索到推广的阶段，目前实践内容不断丰富，发展模式逐渐成熟，产业链条不断拓展，产品附加值不断提高。从实践经验来看，当前我国农业产业化经营模式可以归纳为龙头企业带动型、中介组织推动型、专业市场促动型、主导产业诱动型等模式。

1. 龙头企业带动型。龙头企业带动型，顾名思义，是指以农副产品加工、储存或营销企业为龙头，围绕一项产业或产品，实行生产、加工、销售一体化经营的农业产业化模式。龙头企业常常与生产基地和农户签订产销合同，提供全过程服务，有的还

---

① 张绍焱，梅德平．中国农业产业化问题研究［M］．北京：中国经济出版社，1999：6。

② 牛若峰，夏英．农业产业化经营的组织方式和运行机制［M］．北京：北京大学出版社．2版，2000：82－91。

实行优惠价格并保证优先收购，但是生产基地和农户必须按照合同规定向企业交售农产品，由龙头企业加工、销售制成品。在该模式中，龙头企业外连国内外市场，内连农产品基地，基地连农户，形成松散型或紧密型的一体化经营格局①。

2. 中介组织推动型。以中介组织为依托，在农民自愿的基础上，由中介组织通过合作制或股份制来鼓动农民从事专业生产，发挥农产品加工企业的联动效应，在某一农产品产加销各环节上实行跨区域联合经营，逐步建立以占领国内外市场为目标，企业竞争力强，经营规模大，生产要素大跨度优化组合，生产、加工、销售相连接的一体化企业集团②。

3. 专业市场促动型。专业市场促动型的农业产业化发展模式，是指通过发展农产品交易市场，特别是专业批发市场，带动区域专业化生产或产加销一体化经营，扩大生产规模，形成产品优势，节省交易成本，提高运销效率和经济效益。这种模式的基本特征，是以专业市场为依托，充分发挥专业市场的辐射带动作用，达到发展一处市场，带动一个产业，繁荣一方经济，富裕一方群众的目的。这种模式的特点是通过专业市场与生产基地或农户直接沟通，以合同形式或联合体形式，将农户纳入市场体系，从而做到一个市场带动一个支柱产业，一个支柱产业促动千家万户，形成一个专业化区域经济发展带③。

4. 主导产业诱动型。主导产业诱动型的产业化发展模式，是指从当地资源禀赋出发，充分利用各种农业资源，因地制宜，形成区域性主导产业，围绕主导产业发展产加销一体化经营，达

① 祁春节，刘双，王亚静，等．国际农业产业化的理论与实践［M］．北京：科学出版社，2008：308－310。

② 宋英杰，陈银春．农业产业化经营概述［M］．北京：中国社会出版社，2006：73－78。

③ 祁春节，刘双，王亚静，等．国际农业产业化的理论与实践［M］．北京：科学出版社，2008：308－310。

到发展一乡一业、一村一品，逐步扩大经济规模，提高产品档次，组织产业群和产业链，诱动辐射圈经济的发展，有效达到扩散效应。

二、木薯产业化的概念界定

木薯产业化就是在保持家庭联产承包责任制的前提下，结合本地区实际，把木薯作为产区的重点产品，围绕木薯实现该产品的产前、产中、产后的农工商、产供加销一体化生产经营，以达到产业区域化、经营市场化、管理企业化、服务社会化的木薯产业经营方式。其运行机制见图 6－1。

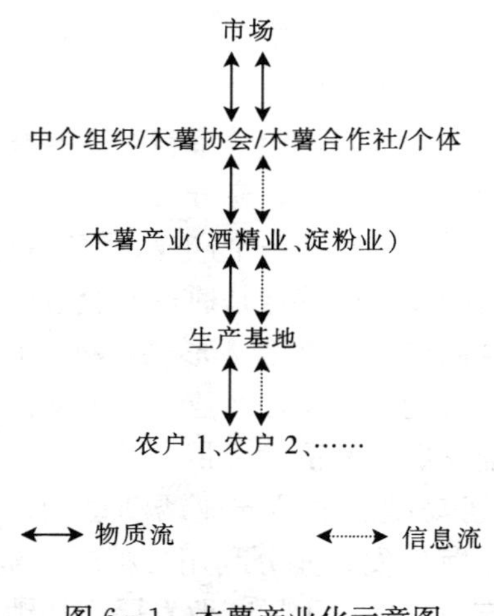

图 6－1　木薯产业化示意图

从图 6－1 可以看出，在木薯产业化的运行过程中，农户在生产基地生产木薯，生产基地作为加工业的原材料集中地为主导产业提供原材料，木薯产业部门（木薯加工企业）通过中介组织或个体将加工品、深加工品销售到市场。市场通过将消费者信息反馈到中介组织，然后由中介组织传达给木薯产业生产部门，而生产基地则把种植信息、技术成果回送给农户。

三、世界木薯产业化主要模式

世界木薯产业化发展主要多见于非洲的尼日利亚、拉丁美洲的巴西、哥伦比亚、东南亚的中国、泰国以及印度等国家。目前，世界木薯产业化的发展得益于木薯加工业的兴起，可以说是加工带动型的产业化发展。

当前世界的木薯产业化模式最普遍的是政府扶持下的与科研单位合作的产业化发展，注重木薯良种研发，提高木薯产量，强调木薯加工、包装技术以提高木薯附加值。主要模式有：

（一）尼日利亚的“农民参与式”

尼日利亚的“农民参与式”木薯产业模式强调政府的扶持作用，尼联邦政府、尼日尔三角洲发展委员会和美国国际开发机构通过与国际热带农业研究所（CIAT）合作，开发良种以提高木薯的加工和利用。同时，研究机构还建立木薯加工中心，收购当地木薯，指导并培训农民加工木薯产品（濮文辉，2007）①。

（二）东南亚以泰国为代表的“农民参与式”

泰国的木薯产业化可以说是亚洲最具代表性的。1994—2003年，由日本 Nippon 基金支助，国际热带农业中心（CIAT）主持，中国、泰国、越南和印尼参加了“农民参与式”的国际合作项目，特别是泰国和越南政府积极支持“农民参与式”的木薯产业化模式，布置大量的“农民参与式”示范试验和推广活动，使鲜薯的总产量和平均单产得到较快提高。虽然他们所实行的产业化模式学术界称之为“农民参与式”，但因为泰国更注重农户与企业（更多的是私人企业）间的联结，签订种收合同，以市场为导向，通过大力发展深加工品来延长产业链，做到产、加、销一

① 濮文辉．尼日利亚木薯业发展与研究［J］．世界热带农业信息，2007（7）：4。

体化，因此，笔者更愿意称这种模式为“公司＋基地＋农户”。而这种模式也是中国木薯产业化的主要模式之一。

（三）拉丁美洲的“合作社＋农户”

在拉丁美洲，木薯生产、加工和销售一体化的发展则高度强调了木薯用于潜在的动物饲料部门比例的增加。1991 年，拉丁美洲建立了 150 家木薯干燥厂（将近 2/3 是由农民组织来运行的）。随着木薯加工技术的提高，许多像厄瓜多尔、巴西、巴拉圭等地都建立了农民合作社，农民参与生产，私人企业进行管理。这种产业化模式就是平常所说的“合作社＋农户”。在这种模式下，厄瓜多尔的马纳维州的淀粉提取已经成为在山坡小块土地从事木薯生产的小农的主要收入来源，该省近年来涌现出 230 个半机械化和传统工厂，淀粉加工业还为 1 300 人提供了固定工作（CIAT，1998）。

第二节　中国木薯产业化发展现状及主要模式概述

一、中国木薯产业化发展现状

当前，中国木薯产业化的发展主要由加工业推进，是一种典型的龙头企业带动型的产业化发展模式，所涉及的木薯龙头企业主要是木薯淀粉加工企业和酒精加工企业。据不完全统计，中国木薯加工企业现有 200 多家，其中生产木薯淀粉的厂家约有 150 家，木薯酒精企业 30 多家，国家重点集龙头企业 3 家。现已形成的木薯产业化发展模式主要有：农民参与式、“公司＋农户”、“协会＋农户”、“公司＋合作社”、“龙头企业＋合作社＋农户”、“公司＋农户＋基地”、“公司＋农户＋科研单位＋基地”等，其中“公司＋基地＋农户”和“龙头企业＋合作社＋农户”是最普遍的、占主导地位的模式。“公司＋基地＋农户”模式要求公司建立在木薯生产基地周边，因此这种产业化模式主要在木薯主产区实行，如在广西合浦县工业区广西中粮生物质能源有限公司参与的产业化经营，其基地主要建设在合浦县木薯种植区附近。“龙头企业＋合作社＋农户”模式更强调的是在龙头企业的带动下，农户自发组织合作社，以集体形式与买方进行交易谈判；这种模式主要集中在薯农较多且以木薯种植为主要家庭经营收入的产区，如在广西木薯种植大县——武鸣县县内。

此外，面临庞大的木薯需求，许多地方出现了“木薯示范园”，“木薯专家大院”，公司通过示范基地建设、科技成果转化，产学研相结合，推动科研、基地、生产一体化的发展，促进木薯种植户增收、木薯生产增产。在一些资金相对雄厚的企业集团开始酝酿“超大模式”* 的发展（如广西农垦集团），开拓整个木薯产业，延长产业链，从而提高木薯在产业链各环节中的附加值。

这些产业化模式的存在与发展很大一部分都是因为农户与市场或者公司与农户之间的交易成本的存在。此外，市场的不确定性也使得这些联结成为现实。在交易成本、信息不充分以及市场不确定性下，公司通过合同的方式与合作社（农户）实现联合。“龙头企业＋合作社＋农户”和“公司＋基地＋农户”的产业化模式，在实践中都表现为合同制牵引的垂直一体化。例如，在“公司＋基地＋农户”模式中，农

---

* 超大模式是超大现代农业集团开创的一种农业产业化运作新模式。该模式突破了“公司＋农户”带来的局限，是“公司＋农户”的创新。超大模式的主要运行如下：对于生产基地而言，超大模式强调的是由地方政府协调原料生产所需土地，作为公司的自由生产基地，按公司的生产计划组织生产。这样，基地成为公司的原料生产车间，农民则成为生产工人。超大模式最显著的特点是农民成为企业的生产工人，农民收入不再是种植收入，而是工资性收入。这减少了农户因各种偶然因素导致种植收入下降的风险，从而稳定农户收入；而且农户从农民转变为工人，实现了“公司、基地一体化，农民工人化”。

户拥有大量适宜种植木薯的土地，但如果农户单独与市场（公司）交易，农户就要付出包括运输成本在内的交易成本，而一旦农户与公司形成合同机制，交易成本则大大减少；同时，公司有其所需木薯的研发基地，不仅可以研究自己所需的木薯品种，还减少了生产脱节问题。“龙头企业＋合作社＋农户”模式的存在与发展归根结底是由农户地位决定的，一旦农户发现自己在与公司签订合同、履约合同时完全处于被动状态，就会出现农户自发形成的组织。这种农户与公司联结的不稳定性使得“龙头企业＋合作社＋农户”模式成为现实。

二、中国木薯产业化发展模式概述

（一）“公司＋基地＋农户”的产业化发展模式

“公司＋农户＋基地”是一种龙头企业带动型的产业化组织模式，是我国农业产业化经营的主要模式，该模式在木薯产业化过程中主要表现为：经济实力较强的木薯加工企业，围绕木薯制成品的生产、加工、销售，为确保原料来源、顺利生产，企业首先选择原料集中地作为自己的生产基地，通过与农户建立稳定的购销关系，对农产品进行加工、销售，从而稳定木薯制成品生产。这种产业化模式的特点是：以木薯产品市场为导向，以一个或几个木薯加工企业为龙头，以众多的木薯生产者为基础，以社会化服务为纽带，通过利益吸引，使农工商技结成风险共担、利益均沾的经济共同体。这种模式的运行机制是：龙头企业根据市场要求和资源条件，与生产基地和农户签订产销合同，提供全过程服务，提供优惠价格并保证优先收购，龙头企业按合同收购木薯并对其进行系列化加工后销往经济市场；农户按合同进行定向生产，按时按量交收木薯，产业化模式示意图见图 6－2。在这个过程中企业、生产基地和农户共同承担风险，共同分享利益。

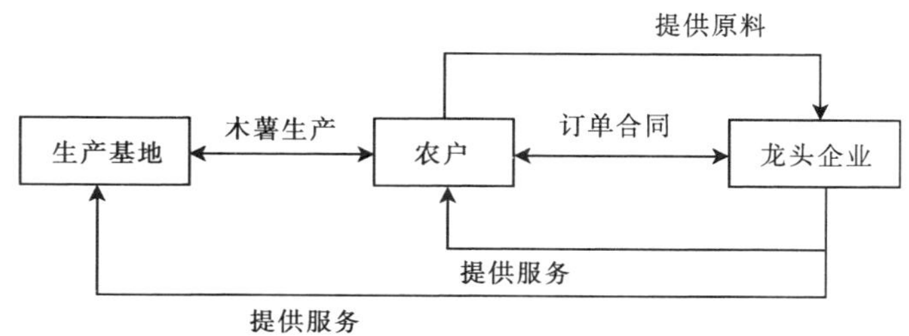

图 6－2　“公司＋基地＋农户”木薯产业化模式示意图

（二）“龙头企业＋中介组织＋农户”产业化模式

“龙头企业＋中介组织＋农户”的木薯产业化发展模式是近年来木薯产业化发展的主导模式之一。该模式是一种中介组织带动型的产业化组织模式，但同时显现出龙头企业在产业化过程中的强带动性。该模式强调在龙头企业带动的同时，在农民自愿的基础上，由中介组织通过合作制或股份制来鼓励农民参与木薯专业生产，从而通过集体名义，与龙头企业进行合作谈判，达到木薯生产、加工、销售有机结合。在这里，中介组织主要表现为合作组织、种植大户等。对于合作组织而言，是一个联结农户与企业的纽带，是农民自愿参加的，以发展经济、增加成员收入为目的的，以农户经营为基础、实行资金、技术、生产、购销等互助合作的经济组织，它为合作组织的社员提供生产资料、资金、信息等各种服务。这种组织最直接的作用是促进了农民的自由联合，提高了农民的组织化程度，改变了龙头企业直接面对众多农户难以有效运作的状况。而对于种植大户而言，专业种植户通过与农户签订土地流转合同，进行规模生产，与公司签订产销合同。这种模式的运行机制是：公司与中介组织签订供销合同，中介组织与农户签订产销合同（或土地流转合同），按合同运作，使当地的农产品市场规范有序，产业化模式示意图见图 6－3。在整个产业链中，中介组织将生产者、加工者和销售者结合在一起，使他们能够减少风险，取得稳定的收益。

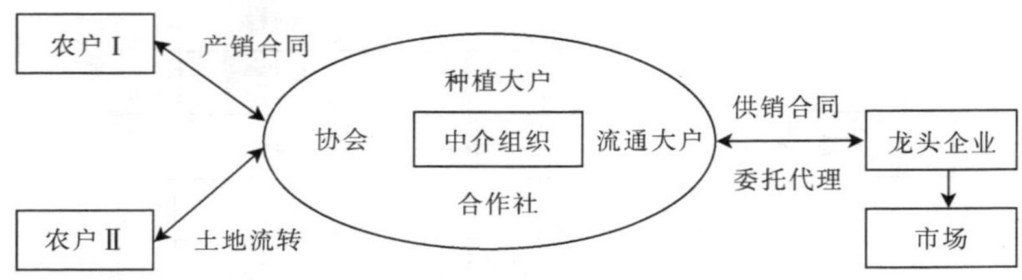

图 6-3 “龙头企业＋中介组织＋农户”
木薯产业化发展模式示意图

（三）“政府＋龙头企业＋科研单位＋农户＋基地”产业化模式

该模式是木薯产业化发展中比较成熟的一种组织形式，其显著特征是由科研单位负责品种试验，研发科学技术；龙头企业催生木薯新品种的出现和推广；政府负责品种和种植技术的宣传和推广；农民在技术人员指导下，将科研单位的技术成果转化为实际操作。这种模式的运行机制体现为：龙头企业与农户签订产销合同，龙头企业根据市场确定育种目标后，出资与育种科研单位合作在基地进行品种繁育；新品种育成后，通过基地示范，政府对基地和龙头企业进行政策扶持；企业和政府联合，向基地薯农低价或免费提供良种（图 6-4）。

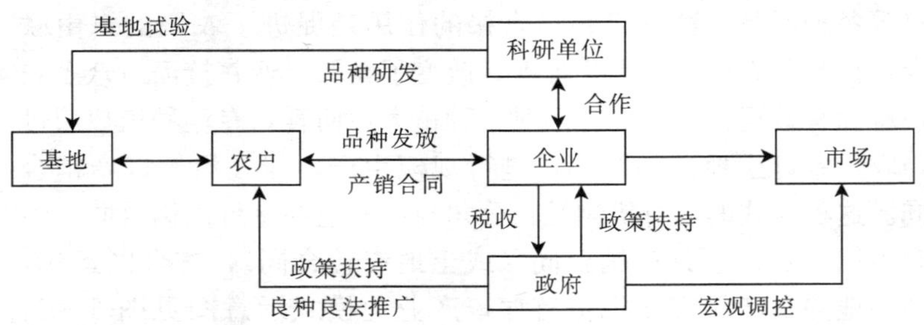

图 6-4 “政府＋龙头企业＋科研单位＋农户＋基地”
木薯产业化发展模式示意图

（四）企业基地一体化

企业基地一体化是产业化发展的最高模式，强调的是在“自愿、有偿、规范、有序”的原则下，由实行现代企业管理制度的龙头企业向农民租赁土地经营权，将大量分散经营的农户的土地集中起来，统一到木薯龙头企业生产经营中，以达到适度规模。木薯种植完全实行企业化管理，企业根据市场经济规律，统一提供良种，统一田间管理，统一选用农资、物资，根据操作规程统一全额配发，技术指导全程跟踪监督。流转土地的农户除了得到企业给予的土地租金收入外，还是企业基地聘用的“第一生产车间”的产业工人，在木薯种植中，根据企业制定的操作规程进行标准化生产，实现了“农民工人化”（产业化发展模式图见图6－5）。这种模式一般是在一个企业达到一定资金规模时才出现，如广西农垦集团。

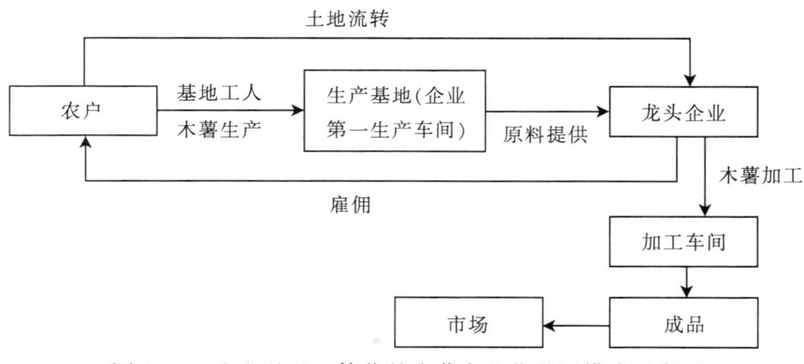

图6－5 企业基地一体化的木薯产业化发展模式示意图

第三节 中国木薯产业化发展的主要模式

一、公司＋基地＋农户——以广西中粮生物质能源有限公司为例

“公司＋基地＋农户”是我国农业产业化组织模式中最普遍

的模式，也是木薯产业化过程中最为常见的一种模式。在本书中，我们主要分析广西中粮生物质能源有限公司（以下简称Z公司）所参与的产业化模式。

（一）模式概述

Z公司是中国粮油食品（集团）有限公司和中国粮油食品进出口有限公司出资的，注册资本1亿元人民币，占地面积36万平方米，是一家以生产燃料乙醇为主要产品的国有企业（详细介绍见附件2）。Z公司采用的是“公司＋基地＋农户”的产业化模式，亦可称作为垂直一体化的产业化经营模式。这种模式的运行机制是：Z公司通过与当地农户签订订单合同，为农户提供良种（如2008年冰冻灾害时提供良种补贴以及种植技术指导），对达标鲜薯以保护价450元/吨进行收购，农户按Z公司的规定的产品质量（淀粉量需达到一定比例）进行生产管理，双方约定地点进行现金交易，一次性付清（见图6-6）。

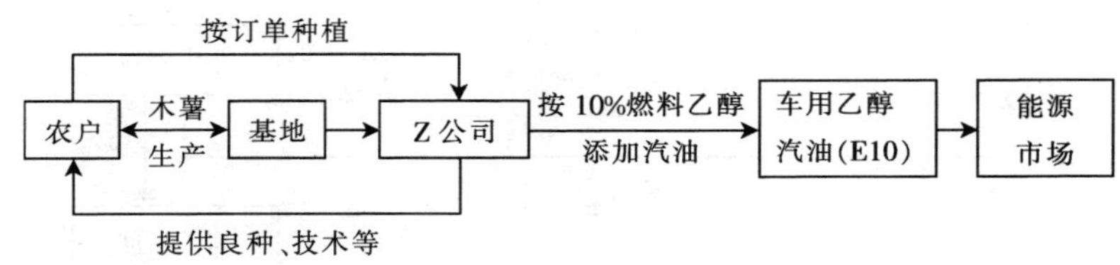

图6-6　Z公司参与下的“公司＋基地＋农户”
木薯产业化发展模式示意图

（二）模式的主要成效

首先，“公司＋基地＋农户”的产业化发展模式降低了农户生产经营的不确定性和减少了市场风险，降低了交易费用。其次，农户与企业的联结，稳定了企业原料来源。第三，企业通过与农户的联结，降低了企业生产的专项性投资费用，减少了交易费用、监督成本以及因产品数量或质量的不确定性而带来的损失。

（三）模式存在的主要问题

首先，合同不稳定，利益共同体难以形成。虽然Z公司与农户签订了种收合同，但是在“公司＋基地＋农户”的模式中，这种合同只是纯粹的买卖关系，一旦出现市场波动或信息不对称问题，这种契约对双方约束力很弱、合作也不稳定。当市场价格与合约价相差较大时，就容易出现违约现象，使利益主体难以结成利益共同体。其次，农户与公司地位不对称。由于信息不对称，农户在谈判中处于弱势地位，从而出现“店大欺小”的现象。而合同由企业一方定，农户只能选择加入或不加入，在木薯加工企业较少的现实下，所形成的寡头垄断更凸显了企业与农户双方地位的不对称。加上缺乏法律的有效监督，合同所规定的权利和义务有可能失衡，难以保护农户的利益。第三，企业基地建设投资不足。企业在原料基地建设上出现前期投资较快，中后期投资不足，往往容易导致企业加工出现原料需求紧张局面。同时，行业间的竞争，更导致了企业原料的恶性竞争，提高了企业原料成本。

二、龙头企业＋合作社＋基地＋农户——以广西平南金茂木薯种植专业合作社为例

为避免企业对小户种植的排斥，保护当地薯农的收入，“合作社＋企业＋农户＋基地”的木薯产业化发展模式在主产区逐步推广。本书中，我们主要分析广西平南县金茂木薯生产专业合作社（以下简称“合作社”）所参与的产业化经营模式。

（一）模式概述

农户通过与合作社签订“鲜木薯产销协议书”发展会员，将农户种植面积连片试点，形成高产示范栽培基地。作为薯农的利益共同体，合作社则通过与金茂生化公司签订最低收购价合同——“木薯产销协议书”，稳定会员种植收入。合作社还通过

引进新品种，基地示范，栽培技术培训（如木薯间套种作物技术、木薯各生长期施肥技术、病虫害综合防止技术、种茎贮藏技术、木薯秆或茆栽培食用菌技术等），为社员科学种植和生产提供依据（图6-7）。

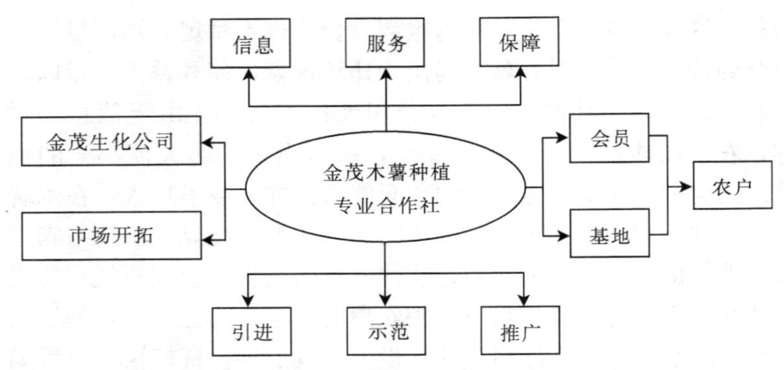

图6-7　合作社参与下的木薯产业化发展模式示意图

（二）模式的主要成效

首先，“企业＋合作社＋基地＋农户”模式使得产业化程度越来越高。在合作社和企业的相互带动下，当地的木薯产业化程度越来越高，已经形成了产加销、农工贸一体化，使得木薯产业成为真正意义上的自我循环、自我积累产业，提高了木薯产业化的整体效益。其次，稳定了农户与企业之间的关系，解决了“公司＋基地＋农户”模式中合同不稳定问题。合作社是当地农民的自办组织，因此可以把农户有效地组织起来，以集体的方式进入市场或与公司进行谈判，签订供销合同，解决了“公司＋基地＋农户”模式中信息不充分、利益主体地位不对称问题，有效地形成了利益共同体。木薯合作社的出现促进了农民的自由联合，提高了农民的组织化程度，改变了加工企业直接面对众多农户难以有效运作的状况以及农户违约的风险。在该模式下，2009年该社的销售收入 24 万元，带动全县 5 万户农户种植木薯，形成了 16.2 万亩生物质能源基地，木薯种植面积增加 13.2 万亩，2009 年会员的人均纯收入 5 670 元，比同等条件的农民人均纯收入高出 23%。

（三）模式存在的主要问题

该模式存在的主要问题主要在于合作社自身建设问题。首先，合作社管理机制不健全。合作社最初是由农户自发组成的，加入合作社的农民大都没有经过专业的培训，相关知识缺失，在合作社章程建立和规范实行过程中往往存在很大的漏洞，缺乏相应的制约措施与监督机制。其次，合作社社员对于合作社缺乏风险共担的决心。由于合作社社员是自愿形成的，对于合作社社员来说，参加合作社的主要目的就是获得更高的收益。正是在这种利益驱动下使得合作社社员往往以个人利益最大化进行商品的买卖，而不是站在合作社的立场上进行相应的经营与管理。很多时候就是由于农户小农意识太强，导致合作社很难正常履行相应的合同。再次，合作社重人治，缺法制。合作社现行的各种章程往往得不到真正地贯彻执行，合作社领导具有绝对的事务管理权，缺少社员对这种权力的有效监督机制。

三、政府＋公司＋农户＋科研单位＋基地——以广西金源化工有限公司为例

政府参与木薯产业化的经营，对企业的壮大，农民的增收，产业的发展有着重要作用。

（一）模式概述

广西金源化工有限公司（以下简称 J 公司）是桂平市木薯产业化发展的龙头企业，也是桂平市第一家与农户签订订单合同的加工企业。在“公司＋农户”的基础上，该企业还把桂平本地作为生产基地，与广西大学合作开发良种，形成“公司＋农户＋基地”的产业化模式，其产业化模式如图 6－8。农户与 J 公司（加

工企业）签订种收合同，J公司要求农户使用统一的种子进行木薯生产，同时科研单位（广西大学）与J公司合作，对生产基地进行良种研发，对农户进行技术培训。公司负责对木薯进行加工、深加工并把产品推出市场。政府要对公司进行宣传，广西大学每年都会派技术人员去公司实习，公司也派技术人员到生产基地指导技术生产，以提高种植技术、产量。对于与公司签订过合同的农户，公司还进行科技入户，对农户进行培训等。

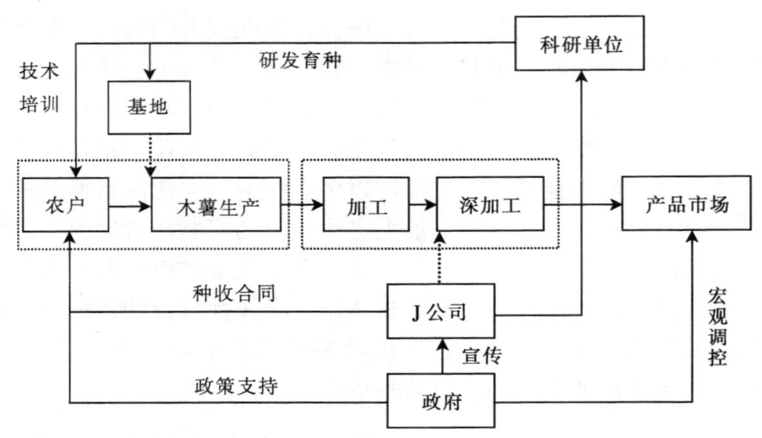

图6-8 J公司“政府+公司+农户+基地”木薯产业化模式示意图

（二）模式的主要成效

该模式中农户、加工企业、科研单位和政府四方参与者在产业化经营过程实现了“共赢”，有效地形成“产学研”的一体化发展。首先，对于科研单位而言，通过在企业基地进行品种筛选、研发和繁育，保留了新品种的发明权，获得了企业的科研资金支持；其次，对于农户而言，农户通过与企业签订种收合同（2007年签订的450元/吨的保价合同），企业承诺给予良种补贴，科研单位对农户进行种植技术指导和培训讲座，农户按照企业需求生产，同时带头示范木薯间套种栽培，在优质优价的原则下提高了农户的种植收益；第三，对于企业而言，在市场导向下，不仅通过产品生产获得了较高的平均利润和市场占有率，而且还通过政府对企业的宣传和政策支持，加快了企业文化的建设，实现了龙头企业的产业引导作用；最后，对于政府而言，政府除了充当宏观调控角色之外，还作为一个推介组织，向农户推广木薯良种良法，对基地生产提供资金支持，对企业给予税收优惠政策，通过龙头企业的培育，生产特色农产品，不仅获得了企业的税收收入，同时还壮大了县域经济发展，促进了地区经济农业经济增长。

该模式是木薯产业化发展比较成熟的一种组织形式，但该模式内部主体之间的利益分配是个需要长期探讨解决的问题，由于模式利益相关者较多，但却没有一个明确的“利益共同体”，一旦发生利益纠纷，将很难解决，甚至会终结产业化过程。

四、“基地＋协会＋种植大户＋企业”——以广西桂平木薯产业协会为例

产业协会在木薯产业化中的产生，从本质上来讲还是市场上的交易主体为减少交易成本而达成的一系列合约安排，以协会内部的监督、管理的成本代替企业间经常反复出现的谈判、缔约交易成本。“基地＋协会＋种植大户＋企业”的产业化发展模式是中国木薯产业发展比较成熟的重要模式之一。

（一）模式概述

为协调各方面力量，进一步做大做强木薯产业，推动木薯产业化标准化、规范化发展，广西桂平市成立了由木薯加工企业、种植大户、流通经纪人以及农业科技人员组成的桂平木薯产业协会，将木薯生产、流通、加工各领域各方面的力量组织起来，发挥信息、协调、咨询、服务作用。该模式的运行机制是：种植大

户通过从分散的农户手中流转土地，扩大规模经营，形成100亩以上规模的、点片相连的示范基地，构成协会成员的流通经纪人、农业科技人员、加工企业以及种植大户通过对市场进行分析，尽可能多地获得市场信息、科技信息以及相关栽培技术，并将信息反馈给种植大户，由种植大户在木薯示范基地上带领当地农户进行规模化、标准化、规范化生产，推广木薯良种良法，从而提高木薯土地产值。作为种植大户，不仅要管理各专业户木薯生产的整个过程，同时还要与加工企业签订产销合同，保质保量地提供企业所需木薯原料，完成从基地生产到加工的转化；作为加工企业，不仅要传达木薯协会的价格信息、产品信息等市场动态，还要保证种植大户按每亩木薯的最低价格收购，以稳定木薯种植户的收入（图6-9）。

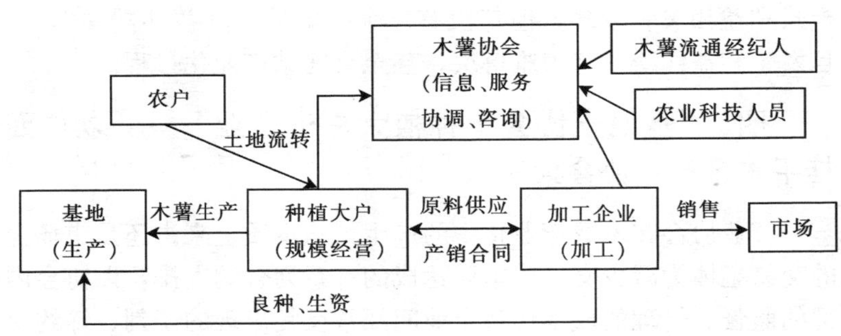

图6-9 “基地+协会+种植大户+企业”木薯产业化发展模式示意图

（二）模式的主要成效

首先，提高了信息的透明度。协会主要是由木薯流通经纪人、种植大户、加工企业以及农业科技人员组成，通过协会的协调作用，提高了各利益相关者的信息透明度，促进当地产、供、销、加工一体化木薯产业健康发展，增加农民收入。其次，通过土地流转，专业户进行规模化经营，减少了分散经营的成本，也取得了示范带动效应。第三，种植大户与企业进行合作，降低了企业与众多小规模农户的谈判风险，减少了企业监督成本。最后，协会通过举办木薯高产栽培技术培训、开展“三避”间套种技术试点，提高了农户专业种植水平，增加了木薯产量，提高了农民收入。

五、木薯产业化集团化发展的探索

我国农业要从传统农业完全改造为现代农业需要经历一个漫长的过程。在这个过程中，需要对农业资源不断地整合、配置，将农民有效地从低产值的产业转向高产值的产业。木薯种植固然对华南、西南地区农户增收有着重要意义，但是面对我国土地资源有限的实情，我们不可能通过无限大地扩大边际土地种植，以达到木薯种植的土地规模效应。相反，在土地规模变化不大的情况下，需要通过增加物质和技术投入生产高附加值的农产品，实现农业比较效益的较大幅度增长。因此，需要通过一种以区域化、优质化、产业化为中心的，配合集约经营相结合的适度规模经营的农业产业化经营模式进行组织创新，以推动木薯产业的又好又快发展。

福建超大集团的农业产业化道路是龙头企业资金达到一定规模后实行的新型的适合我国农业发展阶段的中国特色现代农业的发展道路。“超大模式”所实行的“公司、基地一体化，农民工人化”的产业化机制，是一种集团化经营机制。在市场经济条件下，为提高木薯产业效益，我们需要一种既能够达到参与社会化大生产、市场竞争、获取规模经济效益的产业化经营模式，也能够充分发挥资源优势、品牌优势，最大限度地降低交易成本，获得最高平均利润的经营方式。木薯集团化发展模式把木薯各种加工企业联结起来形成一个大的企业集团，是木薯产业化发展的一种较为理想的模式。

木薯产业化集团化经营模式具有显著的效应，最为突出的就是拉长了木薯产业链条，减少了木薯生产成本，提高了木薯的附加值。现行小规模的木薯加工企业可以在达到一定的规模时与同行的木薯加工企业组成战略联盟，或与农垦集团形成淀粉、酒精、饲料、食品等加工为一体的集团公司，对“公司＋农户”的产业化模式进行创新，形成“超大模式”，实行“公司、基地一体化，农民工人化”的产业化机制。

我们认为，未来木薯产业化发展在经历了各种联合后，必然会走向产业化集团化的发展模式。这种模式，旨在突出龙头企业集团产业链的重新整合，从而以产业链的整体效益来抵御市场竞争造成的各个环节利润的下降，如广西农垦集团下属的广西明阳生化科技有限公司。公司产业链的整合是在后向整合的基础上实施前向整合，在已有的市场潜力下，通过开发良种、荒地荒山等资源，研究种植技术，提高木薯含淀粉量、单产，追求产业利润。这种产业化集团化经营模式见图 6－10。

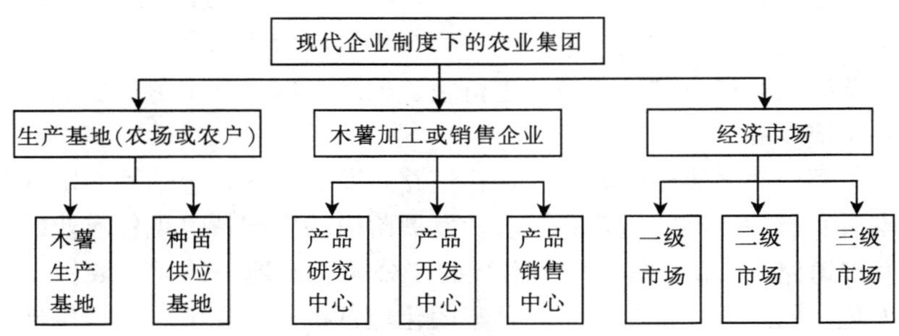

图 6－10　木薯产业化集团化发展模式示意图

图 6－10 表明，在木薯产业化集团化发展模式中，经营组织的起始点是由低成本生产要素组织建设的生产基地，核心是龙头企业，即木薯加工或销售企业，终端是消费市场。他们之间互为依存，紧密结合，并通过已建立现代企业制度的集团公司把他们

有机地连接起来，形成一个完整的生产、加工、消费链条。从某种意义上来讲，产业化集团化发展模式的运行成本较低，但获得的平均利润较高（图 6－11）。

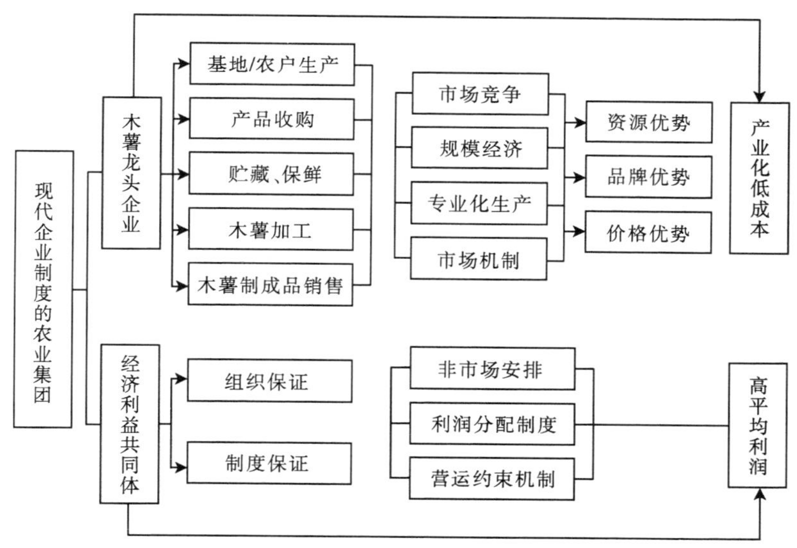

图 6－11　木薯产业化集团化的低成本、高平均利润框架*

图 6－11 表明，以利益为纽带，把木薯的生产、收购、贮藏保鲜、深加工、销售纳入现代企业制度的农业集团公司，既能够取得发展社会化大生产、参与市场竞争、获取规模经济效益的效果，也能够充分发挥资源、品牌和价格优势，最终达到减少交易成本、获得高平均利润的效果。

六、启示

通过对中国木薯产业化发展主要模式的实证分析，并结合当

---

* 参考胡德春．农业产业化低成本经营研究［M］．北京：中国财政经济出版社，2007：173－174。

前中国木薯产业化发展形势，我们认为，政府、科技参与下的“公司＋农户＋基地”的产业化模式或者政府参与下的“龙头企业＋合作社＋农户”的产业化模式比较适合当前中国木薯产业化发展。

（一）“公司＋基地＋农户”的产业化经营使得产业链间形成良性循环

“公司＋基地＋农户”发展模式，通过一方需求，一方供给，以木薯加工企业为龙头，围绕木薯制成品的生产和销售，通过种收合同或产销合同，公司与生产基地和农户实行有机的联合，形成经济共同体。首先，对于加工企业而言，通过与农户签订订单合同，农户按合同规定定时定量向公司销售合格产品，由公司进行加工和销售，不仅使企业的原料得到数量和质量的保证，稳定了木薯制成品的加工运作；同时还在积极开拓加工品、深加工品过程中，通过统一组织运销，起到联结市场的桥梁作用，提高了木薯的经济附加值。其次，对于生产基地而言，农户使用企业提供的良种，并按照品种操作规范进行科学种植、规范管理以及标准化生产，提高了木薯品质。第三，对于农户而言，不仅得到了木薯的种植收益，同时通过产业化经营，减少了直接进入市场的风险，获得了稳定的木薯销售收入。

（二）“龙头企业＋合作社＋农户”的产业化模式有效地建立了农户与公司的利益联结机制

从第二个模式的分析可知，龙头企业和合作社有效地组织农民、推进木薯加工企业的发展能更有助于木薯产业化的发展。木薯加工企业处于当前中国木薯产业化中的核心地位，即“龙头”地位，在“龙头”的带领下，通过“科技进户”、“订单种植”、“保价收购”等方式推进木薯产业化发展，带动区域经济的发展。从 2007 年 7 月 1 日《中华人民共和国农民专业合作社法》正式实施后，合作社便有了合法的法人地位，农户通过法人方式进入市场或与公司进行谈判，一方面提高了自身在谈判中的地位，减少了农户的市场风险和交易成本，使当地的木薯市场规范有序；另一方面，在整个产业化链条中，以合作社作为联结点，把农户和公司有效地联结起来，形成稳定的利益联结机制，减少了双方的违约风险。

（三）科研单位的参与，深化了木薯产业化，完成了科技成果转化

在木薯产业化经营过程中，涉及的三个主要参与方是企业、基地以及农户。而科研单位与产业化各参与者的联结，拓宽了木薯产业化的深度和广度。科研单位在产业化参与过程中，通过进行示范基地建设，完成了科技成果从实验室向生产基地的转化，提高了木薯种植的技术含量，同时通过推广木薯间套种技术、“三避”技术、测土配方施肥等的田间管理技术，提高了土地利用率，增加了农民收益。

（四）政府的参与，协调了企业与农户的联结，为木薯产业化发展提供了政策支撑

政府在参与木薯产业化经营过程中，不仅充当了宏观经济协调的角色，同时还通过宣传、推广木薯良种良法、提供种植补贴、制定各种激励措施等方式，不仅为木薯产业发展奠定了坚实的经济基础，同时还提高了木薯产业化经营的力度。

（五）产业协会的参与，提高了信息透明度，加快了木薯产业的标准化、规范化生产

从桂平的实证分析可知，木薯产业协会作为产业化参与者的一方，是各利益相关者信息来源的主要渠道，有助于提高各参与者的信息获取力度，避免了信息不对称问题，真正实现了“自愿、平等、公平”的参与机制。同时，协会承担着对木薯种植专业户进行生产技术指导的责任，并负责制定木薯高产栽培操作流程，这加快了木薯的标准化、规范化发展，推动了木薯产业化的健康发展。

第七章　中国木薯产业发展对农民收入影响的实证分析

中国木薯产业目前已处于从初级阶段向成熟阶段发展时期，特别是木薯淀粉加工业、酒精加工业已得到较快发展。自《生物燃料乙醇暨车用乙醇汽油十一五发展专项规划》颁布以来，木薯作为非粮淀粉作物逐步得到重视。2007 年，我国首个非粮燃料乙醇项目在广西合浦工业区正式投产，带动了国内对木薯原料的需求，促进了木薯产业的加快发展。这推动了区域经济及相关产业的较快发展，优化了农业产业结构，实现了农业综合开发，促进了我国华南、西南部山区的农民增收。

为了解木薯产业发展对中国木薯主产区农民收入的影响，本章主要从木薯种植对木薯主产区农民收入的影响、木薯投入产出计量分析这两个方面进行式分析。

第一节　实地调查情况

2009 年 7 月、10 月、12 月，笔者分别赴广东省鹤山、恩平，广西合浦、北海、桂平、武鸣、平南等 2 省（自治区）7 县（市）进行调研。调查点包括广东省 2 市 3 村 35 户以及广西壮族自治区 5 市（县）12 村 111 户的农户、广东省 1 家木薯淀粉加工企业、广西壮族自治区 2 家木薯加工企业（酒精加工、燃料乙醇加工）、1 个木薯种植专业合作社以及 1 个木薯产业协会（图7-1，表 7-1）。调查对象分为村级、农户两个层面，其中村级调查内容包括本村 2008 年人口、土地、经济等基本情况和 2007、

图7-1　调查点地理位置分布

数据来源：课题组调研数据。

表7-1　调查样本分布

省（区）	市（县）	乡镇（区）	村	样本数（户）
广东	鹤山	宅梧	提山村	6
	恩平	良西	新松里	13
			松柏根	16
广西	合浦	乌家	乌家村	13
		沙岗	双孖村	18
	北海	平阳	横路山	10
	桂平	白沙	新农村	11
		石龙	黄塘村	9
		西山	西山村	4
		南木	龙富村	10
	武鸣	太平镇	凤阳村	15
	平南	上渡	大乙岭	6
			渭河村	15
	总计			146

数据来源：课题组调研数据。

2008 年样本村木薯种植规模、品种选择、种植技术等方面；农户调查内容包括农户农业生产结构及技术应用情况、木薯生产及销售情况、人口与就业情况、收入情况、支出情况、政府政策扶持等方面（调查表见附件）。

一、调查市（县）总体概况

（一）鹤山市

鹤山市位于广东中南部，在北回归线以南，属南亚热带气候，年平均日照 1 797 小时，全市年均降水量 1 924.6 毫米，年零度以上积温 7 800℃，年平均温度 22.3℃，日照 1 785.9 小时，年内无霜期 360 天，山区地势比较明显。2008 年末，鹤山市总人口 36.34 万人，其中农业人口 21.86 万人，占 60.15%。2008 年鹤山市农民年人均纯收入 6 791 元，比 2007 年增长 5.6%。鹤山市农业生产主要以种植业为主，尤其以种植蔬菜为主。2008 年该市蔬菜复种面积 10 698 公顷，总产量 188 411 吨。鹤山市得益于自然条件的优势，耕作条件优越，历来是广东省商品粮基地。近几年来，鹤山市在稳定粮食生产的基础上，大力发展“三高”农业，加快推进农业产业化进程，使传统农业向商品化、基地化、现代化方向发展。现已建成生猪、三鸟、水产、蔬菜、西瓜、优质水果、鸵鸟、珍禽等产品生产基地，大批农副产品畅销国内外市场。在木薯种植方面，在鹤山市宅梧镇的木薯淀粉加工龙头企业——鹤山市花皇淀粉厂的带动下，鹤山市逐步形成了“公司＋基地＋农户”的农业产业化经营模式。

（二）恩平市

恩平市位于广东西南部，属南亚热带季风海洋性气候，雨量充沛，年平均气温 23℃，年平均降水量 2 300 毫米，年均无霜期 360 天，日照平均 1 700 小时。该市设 10 个镇、3 个街道办事处、4 个场站，共有 151 个村委会、23 个居委会。2008 年末该市总人口 50.07 万人，其中农业人口 32.59 万人，占 64.32%。

为促进农业规模化、基地化、商品化发展，恩平市开发了100亩以上“三高”农业基地191个，面积4.53千公顷。近年来，恩平市农副产品发展迅猛，尤其在水果方面更胜一筹。2008年末，恩平市人口50.07万人，其中农业人口32.59万人，占65.09%。2008年农民人均纯收入3 840元，比2007年增长7.4%。木薯种植是恩平市的传统农业，2009年该市种植面积达到1.13千公顷，尤以良西、大田、那吉等镇为多，其中我们所调查的良西镇素有“四薯之乡”之称，即木薯、葛薯、番薯、马铃薯。

（三）合浦县

合浦县位于广西南端，北部湾东北岸。合浦县属北回归线以南过渡热带的沿海平原地区，县境北部为丘陵，南部为台地和滨海平原，中部为南流江冲积平原，地势平坦，带海洋性季风气候，平均日照总时数为1 921小时，年均气温22.6℃，年总积温8 181℃，无霜期358天，年均降雨量1 663毫米，相对湿度75%～86%。合浦县辖15个乡镇（2个乡、13个镇），即曲樟乡、星岛湖乡、廉州镇、党江镇、沙岗镇、西场镇、乌家镇、石湾镇、石康镇、常乐镇、闸口镇、公馆镇、白沙镇、山口镇、沙田镇，共28个居委会、245个村委会。2008年末总人口98.42万人，其中农业人口79.47万人，占总人口的80.95%。2008年合浦县农民人均纯收入为4 326.5元。

合浦县现有耕地面积5.33千公顷，旱坡地2.99千公顷，十分适宜种植高产木薯。自中粮集团投产于合浦工业区非粮燃料乙醇项目后，合浦县的木薯种植面积得到了提高。2008年合浦县木薯种植面积共10千公顷，比2007年增加了2 000公顷，平均亩产1.6吨，年总产量24万吨，良种覆盖率达95%。木薯种植主要分布在山口、白沙、乌家、西场、石康、常乐、沙田、星岛湖等乡镇。2008年当地鲜木薯市场价为280～420元/吨。2009年该县木薯种植面积9 867公顷，主要种植品种为华南5号、华南 205 等，预计总产量达到 29.6 万吨。

（四）北海市

北海市位于广西南部沿海地区、北部湾东北岸，属亚热带海洋性季风气候。年平均气温 22.9℃，极端最高温度 37.1℃，极端最低温度 2℃。年平均降雨量 1 670 毫米，年均无霜期 350 天。年平均日照时数 2 009 小时。全市辖海城区、银海区、铁山港区和合浦县，共有 23 个乡镇（2 个乡、21 个镇），7 个街道办事处，96 个居委会，342 个村委会。2008 年末，该市户籍人口 156.32 万人，其中市辖区人口（即除合浦县以外的人口）58.15 万人，其中农业人口为 30.32 万人，占市辖区总人口 52.14%，2008 年农民人均纯收入达 4 244 元。北海市是东盟地区“两轴一翼”的重要旅游城市之一，随着东盟自由贸易区经济的不断崛起，北海市作为广西沿海城市，对我国与东盟地区经济来往起着重要意义。

（五）桂平市

桂平市位于广西壮族自治区东南部，介于北纬 22°52′～23°48′与东经 109°41′～110°22′之间，北回归线横贯市境中部，地处低纬地区，属南亚热带地区。桂平市阳光充足，全年无霜期 339 天以上，年日照 1 700 小时，年平均降雨量 1 726.7 毫米，年总积温 7 600～7 800℃，年平均温度 21.4℃，相对湿度 80%。桂平市管辖 21 个镇，5 个乡，426 个村委会，2008 年末总人口 179 万，其中农业人口 153.5 万人，占全市人口的 90%。2008 年农民人均纯收入为 3 814 元。桂平市是全国 100 个粮食大县市之一，素有“广西谷仓”之称，2008 年荣获“全国粮食生产先进县”，是广西重要的商品粮基地。

桂平市是广西木薯种植面积最大的县市之一，近年来桂平市木薯工业资源型农业发展较快。同时，该市农业局 2008 年继续承担了区农业厅“优质木薯品种筛选及示范基地建设”项目，建立了良种繁育基地，通过形成薯农与企业、农业与工业间协调关系，提高了木薯加工企业的经济效益，从而使得木薯种植面积由2000年的6.67千公顷增加到2008年的12.2千公顷，木薯产业发展势头看好。

（六）武鸣县

武鸣县位于广西中南部，北纬22°59′58″～23°33′16″，东经107°49′26″～108°37′22″。武鸣县是广西南宁市辖县，是壮族聚居最集中的地区之一，县城距南宁市区32千米，距钦州港、防城港和北海海港分别为138千米、210千米和241千米。武鸣县地处亚热带季风区，气候温和，雨量充沛，年平均气温21.7℃，年平均日照时数1 660小时，年平均降雨量1 300毫米。2008年末武鸣县总人口为67.89万人，其中农业人口56.04万人，占总人口的82.55%，设13个镇、218个村（居）委会、1个华侨投资区。全县总面积3 378平方千米，耕地面积60千公顷，其中水田24.67千公顷，旱地35.33千公顷。2008年全县地区生产总值110.01万元，财政总收入4.09万元，城镇居民可支配收入13 615元，农民人均纯收入4 889元。

武鸣县地理位置优越，土地肥沃，特产丰富，具有得天独厚的经济发展优势。该县农业基础好，形成了粮食、甘蔗、木薯、烤烟、水果、经济林、蔬菜、油料、生猪和淡水鱼等十大产业基地。2008年，全县木薯种植面积22.67千公顷，生产鲜木薯83万吨，产值2.71亿元，平均亩产鲜薯2.45吨。武鸣县木薯种植面积约占广西10%，木薯产量约占广西15%，居广西首位。2009年木薯种植面积达24.48千公顷，其中品种主要以华南205为主，占全县木薯种植面积的90%，主要分布在陆斡、罗波、马头、两江等镇。

（七）平南县

平南县位于广西东南部，黄金水道西江上游，南梧二级公路和浔江过境，居北纬23°2′19″～24°2′19″，东经110°3′54″～110°39′42″，面积2 988平方千米，隶属于广西贵港市。全县气候温和，年平均气温21.5℃，雨量充沛，年降雨量1 630毫米，光热充足，年平均日照1 712小时，年无霜期为340天，十分适宜农业发展。平南县辖17个镇、5个乡、2个民族乡。2008年末，平南县总人口138.61万人，其中农业人口126万人，占总人口的90.90%；耕地面积44.7千公顷，林地面积169千公顷；平南县是广西壮族自治区无公害优质稻基地、无公害优质蔬菜基地、无公害优质水果基地。2008年，农民人均纯收入达到3 913元，比上年实际增长15.53%。

自从广西金茂生物化公有限公司落户平南县后，平南县的木薯产业发展迅速。2008年全县木薯种植面积10.33千公顷，比2007年增长94%，平均产量达1.68吨/亩，总产达26万吨，总产值1.3亿元，人均收入108元；2009年种植面积为10.87千公顷，比2008年增长4.5%。全县木薯种植主要分布于平山镇、六陈镇、大新镇、上渡镇、镇隆镇、平南镇、大鹏镇、国安乡、同和镇等9个乡镇，10个千亩以上的示范样板，并且全县推广华南205、华南5号等高产优质木薯良种面积达10.2千公顷，良种覆盖率达到94.4%；科学套种技术8.8千公顷，占总面积的81.5%。

二、调查户农业生产结构及应用情况

调查户均承包土地，平均8.574公顷/户，其中山地面积的有48户，平均3.74公顷/户，最少的0.13公顷，最多的120公顷。调查户粮食作物主要以水稻、玉米为主，其中有140户种植水稻，最大面积能达到1.6公顷，最小0.05公顷，平均总产量达到5 174.93千克；有57户调查户种植玉米，最大为1公顷，最小只有0.007公顷，平均总产量2 014.74千克；种植薯类作物（不包括木薯）的农户与玉米差不多，有21户种植，最大种植面积有1.33公顷，主要是这些农户采取水稻一茬，玉米/红薯一茬来解决部分地区土地干旱问题。种植大豆的农户并不多，只有 9 户，其中有 3 户是采取套种木薯的方式进行种植。经济作物主要以木薯、花生、甘蔗、蔬菜为主，其中 45 户种植甘蔗，面积最大 16.67 公顷，最小 0.07 公顷，平均总产量 71 536.16 千克；95 户种植花生，最大的 1 公顷，最小 0.013 公顷，平均总产量1 022.36千克。63 户种植蔬菜，最大播种面积为 2.87 公顷，最小为 0.007 公顷，平均总产量为 187 705.36 千克。可见，调查户主要以大田作物为主，经济作物主要以亚热带作物，如木薯、甘蔗等为主以适应干旱等自然条件。

表 7-2　调查户粮食作物和经济作物播种面积及产量

	播种面积（亩）				总产量（千克）			
	户数	最大	最小	平均	户数	最大	最小	平均
水稻	140	24	0.7	4.34	140	59 000	225	5 174.93
玉米	57	15	0.1	3.16	57	19 320	10	2 014.74
大豆	9	30	0.1	6.46	9	4 200	1	843.88
薯类	21	20	0.2	2.03	21	2 000	25	430.26
木薯	132	1 100	0.4	36.31	132	2 475 000	0	71 536.16
甘蔗	45	250	1.1	19.34	45	1 100 000	48	85 722.93
油料作物	95	15	0.1	1.93	95	15 000	0	1 022.63
蔬菜	63	43	0.1	7.4	63	975 000	25	187 705.36
水果	9	500	4	134.22	9	600 000	2 000	107 828.57

三、木薯生产与销售情况

（一）木薯良种良法推广情况

调查户中，共 50 户实行木薯间套种的种植模式，其中有 43 户木薯套种花生，占间套种调查户的 86%。通过调查发现，木薯主要与甘蔗轮种，并存在争地现象。木薯种植的经济效益显著、成本较低，而甘蔗成本高、收成低，因此，在调查中，我们发现许多农户通过减少甘蔗的种植面积来扩大木薯种植面积。调查结果表明，从甘蔗地挤出作为木薯种植的最小面积为0.1公顷，最大的为3公顷。在调查户中，有100户的木薯种茎为良种，占68.49%。种子来源主要是自产，占46.51%；其次是通过购买的方式，占43.02%（见图7-2）。

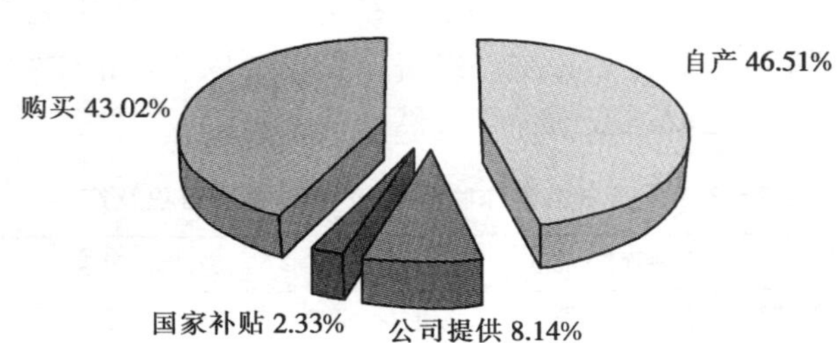

图7-2　调查户种子来源构成

（二）木薯的成本收益

2009年7月，我们课题组调查的86户调查户中，木薯的成本收益情况如表7-3。

表7-3　调查户2008年木薯生产投入情况

		户数	最小值	最大值	平均
生产	播种面积（亩）	86	0.5	1 100	31.52
	总产量（千克）	86	0	2 475 000	71 536.16
生产成本	种子（元）	82	7	110 000	2 903.32
	农药（元）	66	0	11 000	481.17
	化肥（元）	82	14	750 000	11 802.49
	人工（元）	81	2	22 000	672.72
	地租（元）	5	0	220 000	64 540
	机耕/播（元）	17	50	21 000	2 517.65

木薯生长周期比较长，为了提高土地利用率，许多农户对木薯地采取了套/间种栽培技术。桂平地区采用“三避”技术，用薄膜覆盖的木薯套种西瓜、黄豆、花生、香瓜等，取得了明显成效。2009 年 7 月，笔者对木薯套种栽培的 20 户农户进行调查，其中套种西瓜面积最大的是 33.33 公顷，最小的是 20 公顷，平均每亩投入 2 446.81 元/亩；木薯套种大豆最大面积为 1.33 公顷，最小面积为 0.67 公顷，平均每户套种成本 16 181.67 元/户，平均每亩投入成本 898.98 元/亩；木薯套种玉米最大面积为 0.53 公顷，最小面积为 0.2 公顷，平均每户套种成本为 3 406 元/户，平均每亩投入成本 1 277.25 元/亩；木薯套种花生的调查户最多，其中套种最大面积为 0.4 公顷，最小面积为 0.007 公顷，平均每户的套种成本为 1 390.31 元/户，平均每亩投入成本 800.18 元/亩。

表 7-4　调查户 2008 年套种作物生产投入情况

套种作物	套种面积（亩）				套种产量（千克）			套种成本（元）		
	户数	最小值	最大值	平均	最小值	最大值	平均	最小值	最大值	平均
西瓜	3	300	500	366.67	600 000	1 000 000	783 333	12 211	1 351 269	897 165
大豆	3	10	30	18	2 200	6 000	4 133.33	1 915	39 600	16 181.67
玉米	3	3	8	4.67	1 200	3 500	2 366.67	1 875	5 740	3 406
花生	16	0.1	6	1.74	15	1 050	255.563	280	6 850	1 390.313
其他	1	—	—	0.1	—	—	3	—	—	33

2009 年 10 月，笔者专门就木薯成本收益进行了专项调查，平均每亩木薯投入情况见表 7-5。

表 7-5 平均每亩木薯的成本收益情况

项目	具体说明	2008 年	2009 年
种子费（元）	种子费（自留按市场折价）	200	200
化肥（元）	尿素、氮肥、钾肥、复合肥等	150	200
农药	杀虫剂、除草剂、多效唑等	20	25
机械作业租赁费	播种、田间整理、收获等用	80	90
土地租金（元）	每亩土地的租赁费（按市场折价）	300	300
固定资产折旧费	自有农机折旧		
销售费用（元/千克）	农户运费等	0.03	0.03
人工（工日）	每亩雇工	5	5
雇工费（元/工日）	雇工价格	18	25
其他费用（元）	如管理费等	15	20
每亩成本合计（元）		975	1 110
鲜薯单产（千克）	每亩产量	4 000	5 000
平均单价（元/千克）	鲜薯销售价格	0.39	0.54
木薯茎秆产量（千克）	每亩茎秆产量	1 000	1 000
平均茎秆产值（元）	不同用途按市场销售价格折算	416	360
每亩总收入合计（元）		1 976	3 060
每亩纯收入（元）		1 101	1 950

（三）2006—2009 年木薯价格变动趋势

2009 年 12 月，我们就木薯销售价格进行了调查。情况如表 7-6。

表 7-6 2006—2009 年调查点木薯平均价格

年份	2006	2007	2008	2009
鲜木薯（元/千克）	0.33	0.32	0.30	0.5
木薯干片（元/千克）	1.0	1.20	1.30	1.50

调查户销售方式主要有三种：一是到市场销售，二是与公司签约销售，三是销售给商贩。在调查户中，主要销售给公司和商贩，销售给公司的价格偏高（图 7－3）。

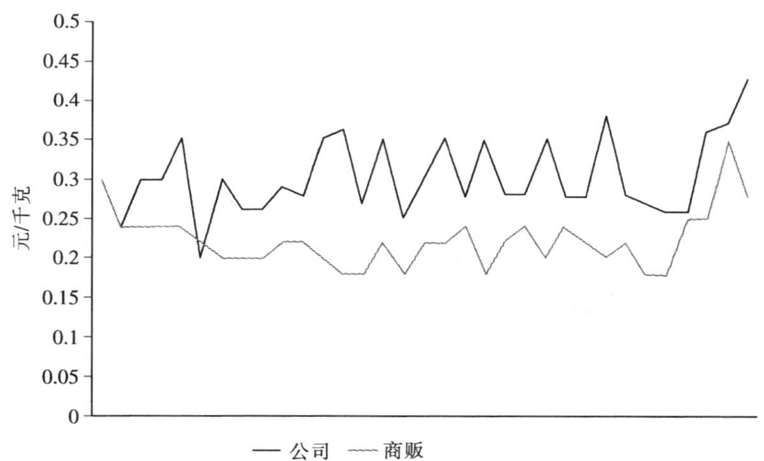

图 7－3　调查户不同销售渠道销售价格

四、调查户人口与劳动力情况

在调查的农户中，总人口 599 人，最少的有 1 人，最多的有 7 人。按性别分，男性 319 人，女性 280 人。在校学生 142 人，平均每户 0.97 人。有 435 人全年在家居住，占总人数的 72.62%，其他 27.38%的人在家居住时间普遍为 1～3 个月，这一部分人主要是学生以及外出务工人员。

调查户家庭成员平均年龄 33.87 岁，户平均年龄最小为 15 岁，最大为 70.5 岁。

调查户总劳动力（男性 18～60 岁，女性 18～55 岁）366 人，其中男劳动力为 198 人，女劳动力为 168 人，劳动力负担系数为1.64。其中户劳动力负担系数最大的为5，最小的为1。

劳动力按文化程度分，不识字或识字很少有10人，小学107人，初中223人，高中39人，中专5人，大专及以上12人，劳动力文化程度偏低。

五、关于木薯加工企业的调查

（一）企业的基本情况

笔者主要选取了3个比较有代表性的木薯加工企业进行调查。其中，广东鹤山市花皇淀粉厂是广东省最大的淀粉加工企业，产量达到15 600吨，该企业在广东省其他地区还有3个分厂，其产量占据广东木薯淀粉产量的90%。广西中粮生物质能源有限公司则是我国为推进非粮原料生物燃料发展而成立的一家企业，日产乙醇500吨，主要用于生产乙醇汽油。该企业的成立增加了当地就业机会，带动了第三产业的发展。目前全国158万吨燃料乙醇，其中中粮集团有70万吨。广西金源生物质化工有限公司是广西比较成功的一家实行“公司+基地+农户”经营方式的企业，日需木薯干片800～900吨。该企业不仅是华南地区最大的农产品深加工企业之一，也是自治区农产品加工重点龙头企业和自治区农业产业化龙头企业。

表7-7　企业基本情况

企业名称	所有制形式	建厂时间	企业员工数量	主要木薯加工产品	年销售额（万元）	生产规模（吨）	注册资金（万元）
1	民营	1989	136	木薯淀粉	4 312	15 600	260
2	国企	2007	876	木薯乙醇	10 000	200 000	10 000
3	民营	2005	530	木薯酒精	45 000	400 000	10 000

注：①表示鹤山花皇淀粉厂；②表示广西中粮生物质能源有限公司；③表示广西金源生物质化工有限公司

（二）企业原料来源情况分析

木薯是淀粉加工、酒精加工的主要原料，了解企业原料来源对制定当地木薯产业发展规划有着重要的指导意义。在我们对3家木薯龙头企业的调查中，发现企业鲜薯来源主要是当地农户或市（县）内其他地区，而对干片的需求更多的是省（区）内其他木薯主产地区，广西的两家龙头企业的干片需求主要来源于越南进口。其中广西金源生物质化工有限公司的10%的木薯干片来自越南。

表7-8 企业原料来源情况

企业		原料来源（%）				价格（元/吨）	数量（吨）
		当地农户	省内	省际	进口		
1	鲜木薯	7.32	92.68	0	0	420～580	20 500
	木薯干	—	86.67	13.33		1 260	15 000
2	鲜木薯						
	木薯干					1 578	1 500 000
3	鲜木薯	100				430～440	225 000
	木薯干		90	15	10	1 300～1 700	400 000

注：①表示鹤山花皇淀粉厂；②表示广西中粮生物质能源有限公司；③表示广西金源生物质化工有限公司

（三）木薯制成品生产情况

这三家企业的木薯制成品主要为木薯淀粉、燃料乙醇、木薯酒精，其中广西金源生物质化工有限公司还生产丁醇（以木薯等非粮原料替代石油化工生产，填补了世界空白）、醋酸乙酯、丙酮。其中鲜木薯和木薯干加工成木薯淀粉和木薯酒精的原料成本如图7-4。4吨的鲜木薯可以加工成1吨的木薯淀粉，7吨鲜木薯可加工成1吨的木薯乙醇。

其他生产成本主要包括加工成本、财务管理、管理费用等，生产1吨淀粉需要的总成本为2 000元，燃料乙醇需要5 621元，酒精需要4 000元。

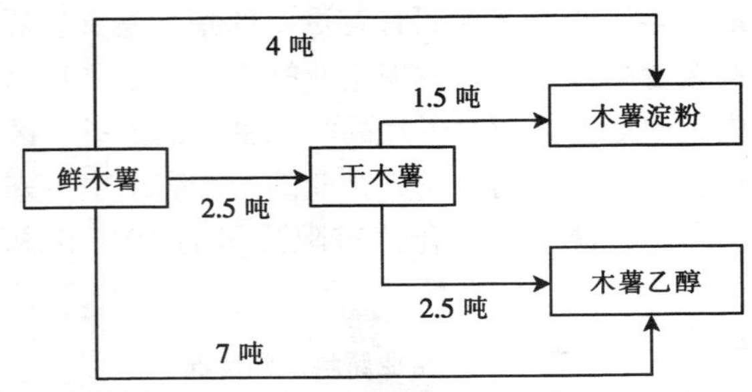

图 7－4　木薯加工品原料成本图

表 7－9　木薯制成品生产情况

企业	木薯加工品	产量（吨）	原料成本（元/吨）	其他成本（元/吨）
1	木薯淀粉	15 600	1 890	110
2	燃料乙醇	200 000	3 300	2 321
3	木薯酒精	66 000	3 000	1 000

被调查企业的产品主要销售到制药、食品、造纸、石油、化工等行业，其中木薯淀粉的销售均价大约为 2 700 元/吨，燃料乙醇的价格为 6 000 元/吨，木薯酒精的价格为 4 500 元/吨。

表 7－10　木薯制成品销售情况

企业	木薯加工品	销售均价（元/吨）	销售行业
1	木薯淀粉	2 700	制药、食品、造纸
2	燃料乙醇	6 000	石油
3	木薯酒精	4 500	化工

(四) 企业与农户之间的关系

在这三家企业中，只有广东鹤山花皇淀粉厂没有签约农户（以前有，后来因为企业的垄断结果，终结了），其他两家企业按最低保护价与农民签约。这种合同方式一方面可以保证农户的销量，另一方面可以保证农户的销售价格。但是在比较调查户与企业的回答时，契约双方的回答出入很大，所谓的“公司＋基地＋农户”并没有体现出其真正内涵，特别是在遇到自然灾害时，农户也难以得到合同所签订的最低保护价。

表 7－11　企业与农户之间的关系

企业	产业化模式	签约农户	合同形式
1	不参与	0	—
2	公司＋基地＋农户	1 600	最低保护价
3	公司＋基地＋农户	＞20（大户）	最低保护价

广西中粮生物质能源有限公司和广西金源生物质化工有限公司这两家企业，签约主要是为了稳定原料来源、更好地为三农服务，企业给予签约户良种补贴、技术培训、良种推广等服务。但对于广东鹤山淀粉厂而言，因其垄断地位，签约与不签约并无差异，企业也不会考虑与农户签约。这在一定程度上说明了企业的主导地位以及企业农户的地位不对称问题，这也是当前农户难以获得更好的销售渠道及稳定木薯生产的主要原因。

第二节　木薯产业对木薯主产区农民收入的影响分析

在生物质能产业高速发展的今天，木薯作为非粮原料，其经济价值和社会效益已被认可。木薯产业的发展不仅保证了生物质能产业发展所需原料，推动非粮燃料乙醇产业的发展，同时优化了我国农业产业结构调整、促进了农产品加工业以及化工产业发展，为南亚热作地区农民增收提供了重要渠道，为国民经济增长奠定了坚持的物质基础。

一、木薯种植对木薯主产区农民收入的计量分析

木薯适应性强，具有耐贫瘠、耐干旱等属性，因此可以利用边际性土地扩大木薯种植面积。为此，我们利用调研数据分析了木薯种植对木薯主产区农户收入的影响，旨在对边际性土地面积进行合理规划布局，以提高主产区农民收入。

（一）模型选择

模型主要通过对影响家庭收入的因素进行计量分析。本书假设在相同的自然资源禀赋条件下，试图通过实地调查的农户样本，了解木薯种植对农户的收入影响。因此，在模型中以农户家庭纯收入为因变量。自变量选取影响农户家庭纯收入的因素，主要包括：户主年龄、平均劳动力文化程度、家庭劳动力负担系数、平均劳动力外出务工天数、承包土地面积、木薯种植面积、良种良法推广技术等。

模型形式为：ln（农户家庭纯收入）＝F（ln 户主年龄、ln 劳动力平均文化程度、家庭劳动力负担系数、劳动力平均外出务工天数、ln 土地经营面积、木薯种植面积、是否采用良种良法推广技术、ln 土地经营面积×劳动力平均外出务工天数）。

对应符号表示为：

$$\ln income=\alpha_0+\alpha_1\ln age+\alpha_2\ln edu+a_3\ln land+\alpha_4 area+\alpha_5 outwork \\ +\alpha_6\ln land\times outwork+\alpha_7 lab+\alpha_8 Tech+\alpha_9 Indus+\mu$$

（二）模型解释变量的描述统计分析

根据调查问卷数据整理，数据的初步描述统计见表 7－12。

表 7－12　样本所需模型数据描述统计分析

变量名称	变量符号	最小值	最大值	平均值	标准差
农户家庭纯收入（元）	*Income*	1 000	2 200 000	215 233.3	48 362.22
农户属性：					
家庭劳动力负担系数（人口总数/劳动力个数）	*Lab*	1	5	1.81	0.87

（续）

变量名称	变量符号	最小值	最大值	平均值	标准差
户主年龄（岁）	*Age*	24	79	49.68	11.24
劳动力平均文化程度	*Edu*	1.5	5.33	2.87	1.20
劳动力平均外出务工天数（天）	*Outwork*	0	330	88.37	104.58
土地经营情况：					
承包耕地面积（亩）	*Land*	0.8	5 000	71.30	470.33
木薯种植面积（亩）	*Area*	0	1 100	21.79	109.05
技术推广程度：					
是否采用良种良法技术（0，1）	*Tech*				
产业化参与情况：					
是否签约合作组织或加工企业（0，1）	*Indus*				

数据来源：作者实地调研数据。

（三）模型的运算结果

运用 Eviews5.1 进行运算，得出模型的两次调试结果如表7－13。

表 7－13　木薯种植对农民家庭纯收入的影响分析模型的运算结果

	Ln*income* 1	Ln*income* 2
截距项	6.735（7.599）***	7.407（31.577）***
Ln*age*	0.185（0.805）	—
Ln*edu*	0.835（3.364）***	0.837（3.368）***
Ln*land*	0.542（8.806）***	0.547（9.275）***
Area	0.004（3.364）***	0.004（3.368）***
Outwork	0.008（6.414）***	0.008（6.827）***
Ln*land* * *outwork*	−0.002（−5.650）***	−0.002（−5.532）***
Lab	−0.228（−3.212）**	−0.205（−3.028）***
Tech	0.278（2.301）**	0.273（2.276）**

（续）

	Ln*income* 1	Ln*income* 2
Indus	0.273 (1.653)	0.277 (1.702) *
F统计量	39.567***	44.597***
调整 R^2	0.731	0.732
调整后观测值	129	129

注释：括号是回归模型系数对应的 t 值，* 表示 10%显著，** 表示 5%显著，*** 表示 1%显著，由于某些变量的数据缺失，因此调整后的观测值小于调查样本。

通过调整，得到最终回归模型为如下：

$$\ln income=7.407+0.837\ln edu+0.547\ln land+0.004area+0.008outwork-0.002\ln land\times outwork-0.205lab+0.273\,tech+0.277indus$$

（四）模型结论

1. 农户家庭劳动力受教育程度是影响农户家庭收入的重要因素之一。从模型的系数可以知道，家庭劳动力平均受教育程度提高 1%，可以使得农户家庭纯收入增加 0.837%，表明教育投资作为人力资本重要因子之一，能有效地提高农户家庭纯收入，证明了人力资本在农民增收中的重要作用。

2. 农户家庭年均承包面积是影响农户家庭收入的直接因素之一。从模型系数可以知道，农户家庭耕地面积增加 1%，可以使得家庭纯收入提高 0.547%；土地每增加 1%，由于需要更多的农村劳动力，农村劳动力外出务工天数相应减少，由于外出务工天数的减少引起的家庭土地产出收入 0.002%（表明外出务工导致劳动力减少对木薯种植的影响并不大）。

3. 农户是否选择良种良法种植也是影响农户家庭纯收入的重要因素。由于土地面积是有限的，因此如何提高土地产值则为农业增收的一个重要技术问题。从回归模型可以看出，使用良种良法（如间套种技术、良种投入等）比松散经营的农户收入提高

△income%＝［exp（0.273×1）－1］×100%＝31.39%。

4. 木薯播种面积增加 1 亩，会提高农户家庭纯收入约 0.4%。从模型系数看出，若木薯播种面积增加 1 亩，会提高农户收入的估计值为：△income%＝［exp（0.004×1）－1］×100%＝0.40%，表明在同等资源条件下（即适合种植木薯的地理环境），种植木薯对农民，尤其是广西山区农民增收的效应是正向的，因此，农户可以考虑通过开荒种植，或者利用边际土地种植木薯，从而扩大作物种植结构，提高家庭收入。

5. 农业劳动力的转移有助于提高农户家庭收入。从模型的回归结果可以看出，劳动力平均外出务工（或非农就业）天数增加 1 天，则可以使农户家庭纯收入提高△income%＝［exp（0.008×1）－1］×100%＝0.80%；然而，外出务工和土地收入存在挤兑效应，回归模型中的交叉变量则体现了当土地收入增加，则需减少外出务工天数；家庭劳动力的个数同样影响着农户家庭的收入，劳动力负担系数增加 1 个单位，导致农户家庭纯收入减少的估计值为△income%＝｜［exp（－0.205×1）－1］×100%｜＝18.56%。

6. 产业化经营对农户家庭增收有正向效应。从模型的回归结果来看，indus 系数为 0.277，即参与产业化经营，如与合作组织或企业签约合同，则农户家庭纯收入会提高△income%＝［exp（0.277×1）－1］×100%＝31.92%。

二、木薯投入产出的计量分析

从上一个模型的计量分析结果知道，木薯种植对主产区农民收入影响是正向的，因此，在本节将通过样本数据，研究木薯的投入产出情况，归纳出木薯种植的 CD 函数，为农户增加收入提供技术指导，提高木薯产量。

（一）模型选择

影响农户木薯产出的因素无非是农药、化肥、人工、种子、面积等的投入。因此，在模型中主要采用双对数模型。

模型形式为：lnq=F（ln 化肥、ln 农药、ln 种子、ln 面积、机械、省份）

对应的符号形式为：

$$\ln q = c + c_1 \ln fertilizer + c_2 \ln pesticide + c_3 \ln labor + c_4 \ln seed + c_5 area + c_6 prov + \mu$$

（二）模型解释变量的描述性统计分析

运用 Eviews5.1 进行运算，得出模型的两次调试结果如表 7-14。

表 7-14　样本所需模型数据描述统计分析

变量名称	变量符号	最小值	最大值	平均值	标准差
投入产出					
总产量（千克）	*Q*	96	4 000	1 270.46	763.56
化肥投入（元）	*Fertilizer*	40	176 000	5 413.77	21 490.90
种子投入（元）	*Seed*	7	110 000	3 540.97	14 121.31
人工投入（工日）	*Labor*	1	152.58	5.63	667.98
农药投入（元）	*Pesticide*	0	11 000	369.12	1 321.63
播种面积（亩）	*Area*	0.5	1 100	31.97	134
是否使用机械（是=1，否=0）	*Machine*				
省份（广西=1，广东=0）	*Prov*				

数据来源：作者实地调研数据。*Area* 为木薯种植面积，不包括非种植户。

注释：括号是回归模型系数对应的 t 值，* 表示 10%显著，** 表示 5%显著，*** 表示 1%显著。

（三）模型的运算结果

运用 Eviews5.1 进行运算，得出模型的两次调试结果如表 7-15。

表 7-15 木薯投入产出模型两次调试结果

	Lnq 1	*Lnq* 2
截距项	4.539 (5.363)***	4.330 (5.395)***
Ln*area*	0.436 (2.016)**	0.462 (2.152)**
Ln*fertilizer*	0.373 (2.724)***	0.377 (2.956)***
Ln*labor*	0.223 (2.509)**	0.195 (2.262)**
Ln*seed*	0.221 (2.438)**	0.277 (3.462)***
Ln*pesticide*	−0.237 (−2.239)**	−0.242 (−2.287)**
Mach	0.336 (1.399)	—
Prov	0.025 (0.366)	—
F 统计量	81.788***	114.014***
调整 R^2	0.877	0.877
观测值	100	100

注释：括号是回归模型系数对应的 t 值，* 表示 10%显著，** 表示 5%显著，*** 表示 1%显著。

通过调整，得到最终回归模型为如下：

$$\ln q = 4.33 + 0.462 area + 0.377 \ln fertilizer + 0.195 \ln labor + 0.277 \ln seed - 0.242 pesticide$$

(三) 结论

从回归模型中可以看到，省份的变量之所以不显著是因为在回归模型中添加了种子花费的变量，因为在调查中我们知道，由于冰冻灾害天气，广西的木薯品种得到更新，因此种子的花费支出已体现出区域性质。从最终回归模型来看，当种植面积增加1%，可以使得总产量提高 0.462%；当化肥的资金投入增加1%，可以使得总产量提高 0.337%；劳动力工日增加 1%，使得总产量增加 0.195%；种子花费（一般而言，种子可以自留，但是 2008 年冰冻灾害后，把许多种苗都冻坏了，因此在成本支出上，种子花费也增加了，广东地区主要是用自己留的种子，按市价折算）增加1%，可以提高总产量0.277%，体现了良种对产出的重要性；农药投入增加1%，会使总产量减少24.2%，表明在当前的种植水平上，农药的平均投入已过多，应当减少农药的投入；机械对总产量之所以不显著，主要考虑目前劳动力效率仍然较高的原因。

三、小结

从以上的计量分析可见，木薯产业发展对农户收入影响是正向的，结合农户收入影响分析模型，我们知道在同样的地理条件下，农户扩大木薯种植面积可以提高农户家庭纯收入，尤其是采用间套种的栽培技术，可以提高土地利用效率，集约化经营使得土地产出增加，农户收入提升。而在木薯投入产出函数中我们也了解到，化肥、农药、种子、劳动力等的支出，可以使得产量增加，从而为农户种植木薯提供了理论依据。

第八章 推进中国木薯产业发展的对策建议

虽然中国木薯种植历史悠久，但是木薯产业的发展在近几年才形成了比较系统的体系，尤其是木薯生物质产业在中国仍是一个新兴的产业。虽然近年来中国木薯产业发展较快，但是随着国内外市场尤其是中国—东盟自由贸易区的建成，以及相关产业的竞争，我们有必要深入分析木薯产业的内部资源和外部环境，从而为该产业的发展提供相应的理论支持。本章首先运用SWOT方法分析中国木薯产业发展过程中存在的优势和劣势以及在未来发展过程中面临的机遇和挑战，通过比较战略组合，分析适合中国国情的木薯产业发展战略；并提出中国木薯产业发展的指导思想和基本原则以及推动中国木薯产业进一步发展的对策建议。

第一节 中国木薯产业发展的SWOT分析

SWOT分析是指对与研究对象密切相关的优势（Strengths）、劣势（Weaknesses）、机会（Opportunities）和威胁（Threats），进行深入的比较分析和客观的识别评价，据以制定和实施正确的战略。其中，优势和劣势代表研究对象发展的内部条件，机会和威胁代表研究对象发展所面临的外部环境。中国适宜种植木薯的地区较广，随着木薯加工业的不断成熟和产业化发展进程的加快，木薯产业在中国已具有一定的比较优势。然而，中国木薯产业发展仍面临品种单一、种植技术低下、综合利用幅度不广等劣势。国家一系列利好政策的出台、车用能源发展速度的加快以及科研力度的加大为中国发展木薯产业提供了难得的机遇，但东盟自由贸易区的建立、国外产品和国内相关产业的竞争以及土地资源限制等因素也给木薯产业发展带来严峻的挑战。运用 SWOT 方法分析中国木薯产业发展，有助于我们深入把握中国木薯产业发展的各项影响因素，从而推动中国木薯产业的进一步发展。

一、中国木薯产业发展的内部资源分析

内部资源主要分析产业自身存在的优劣势。对于木薯产业而言，其内部资源主要考虑到整个产业链各环节的竞争优势，包括原料来源、成本及相关产业。

（一）优势（Strengths）

早在 19 世纪 20 年代中国就引进木薯，并首先在广东省高州一带栽培。如今木薯已广泛分布于华南、西南地带，其中广西地区最多，占我国种植面积的 65%左右。中国木薯加工业的发展始于 20 世纪 50 年代，到 20 世纪 80 年代末 90 年代初，随着乡镇企业的异军突起，中国木薯加工业发展速度加快，但直到 21 世纪初，尤其是到 2005 年以后，中国木薯加工业才比较规范地发展，其发展规模不断扩大，产业化发展的步伐逐步加大，产业综合效益也不断提高。

1. 自然资源禀赋优越。从总体上，中国木薯种植区域高度集中，产量和种植面积不断增长，所形成四个木薯种植优势区已逐步推行规模种植，并已逐步向周边山地区域辐射。从第五章的分析知道，我国适合木薯生长自然条件的土地资源丰富，长江以南大部分地区水光热充足，木薯种植业发展潜力大。同时，由于木薯自身具有“耐干旱、耐贫瘠”等属性，可以通过可利用边际土地进行种植。目前，中国已探明出来适合生物质能农作物种植的边际土地资源约 734 万～937 万公顷，属后备耕地，其中广

西、广东、海南、云南、江西等地区的可用于种植木薯的集中边际性土地耕地资源共 48.43 万公顷，若将这些土地的 50%用于种植木薯，按 2008 年的单产 16.81 吨/公顷来算，每年将增加鲜薯产量 410 万吨，提供 15 万原料生产岗位，将可生产 60 万吨乙醇（折合 90 万吨标准煤），提供 2 400 个加工生产岗位，新增收入 3 亿元，对热作、亚热作地区经济发展将产生积极的影响。

2. 主产区区位优势明显。中国木薯主产区广西毗邻东南亚，在木薯原料和产品进出口贸易方面具有明显的区位优势。广西具有沿海（南海）、沿江（西江黄金水道）和沿边（中越边境）三大区位优势，同时处在中国大陆东、中、西三个地带的交汇点，是中国华南经济圈、西南经济圈与东盟经济圈的结合部，已成为中国西南乃至西北地区最便捷的出海通道。广西处于大湄公河次区域的重要战略地位，是北部湾区域核心，其中南宁、崇左、北海、钦州、防城港、玉林等沿北部湾地区已形成环北部湾经济圈，已形成“两廊一圈”、“一轴两翼”的重要区域经济发展战略。广西作为泛珠三角区域合作成员之一，必将成为泛珠三角区域与东盟各国之间、粤港澳与西南各省市之间交流和合作的桥梁和平台。中国—东盟自由贸易区的建成，中国一东盟博览会和商务与投资峰会、大湄公河次区域经济合作、北部湾经济合作、泛北部湾经济合作、泛珠江三角洲经济合作等一系列合作机制的建立和实施，深化了广西—东盟木薯产业战略的联盟，为广西地区发展木薯产业，尤其发挥面向东盟产业技术合作前沿奠定了基础，为广西木薯产品贸易提供了重要的渠道。

3. 种植技术水平逐步提高。在 2008 年冰冻灾害后，中国木薯主产区已逐步淘汰“南洋红”等单产低的老品种，品种得到更新换代。当前，中国已选育出华南 5 号、华南 6 号、华南 7 号、华南 8 号、华南 9 号、GR891、GR911、南植 199 等有自主知识产权的优良品种，部分品种的鲜薯平均单产可达到 30～45 吨/公顷，比老品种增产 30%～80%；鲜薯淀粉含量可达到 30%左右，比老品种提高2个百分点以上。目前中国木薯主产区广西的良种覆盖率已达到90%以上，为木薯产区提供了示范作用，将有利于推动全国木薯种植技术体系的形成，提高中国木薯总体单产。在科学种植方面，目前全国已逐步推广木薯“三避”栽培技术、地膜覆盖技术、深松垄作高效新技术以及木薯间/套种西瓜、黄豆、花生、玉米、南瓜等技术，并取得了显著的成效。如广西桂平市通过木薯套种西瓜，使得木薯种植户每亩纯收入增加了2 230.7元，提高了3.64倍，每亩总产值高达4 193.1元，有效地提高了土地利用效率。此外，中国与国际热带农业中心进行了长达20年的科研合作，部分木薯科研成果已经与国际水平同步。

4. 加工技术逐渐成熟。中国木薯加工业自20世纪90年代末就开始发展，21世纪初得到了快速发展，并逐渐形成规模，加工技术也不断成熟。目前中国木薯约30%用作饲料，70%用作加工淀粉和酒精。在木薯淀粉加工业上，现已形成了以木薯原淀粉、变性淀粉、淀粉糖、糖醇等淀粉深加工品为主的发酵有机类产品；在木薯酒精加工上，已开拓了燃料乙醇、山梨醇、丙酮、丁醇、醋酸乙酯、醋酸丁酯、甲醛等化工用品和医药用品，木薯产业链不断延长（图8-1），产业附加值得到提高。此外，部分地区木薯加工企业已逐步成为地区龙头，为区域经济发展创造了优势产业先导，促成了木薯种植、加工、销售一体化。

5. 产业化模式日趋成熟。目前中国已形成了“公司＋基地＋农户”、“合作社＋农户＋企业”以及“政府＋公司＋农户＋科研单位”等模式，并已取得了较大成效。在产业化过程中，已逐步完善了农户与市场的联结。在纵向一体化上，参与产业化经营的相关利益者越来越多，企业产业链越来越长，完成了“产加销”纵向一体化的发展。在横向一体化上，通过农民组织（如合作社、协会）将分散经营的农户集中起来，按照“统一规划，统一生产，统一销售”进行木薯种植业管理，有效地形成了“风险共担、利益共享”的利益共同体，提高了农户进入市场的谈判地

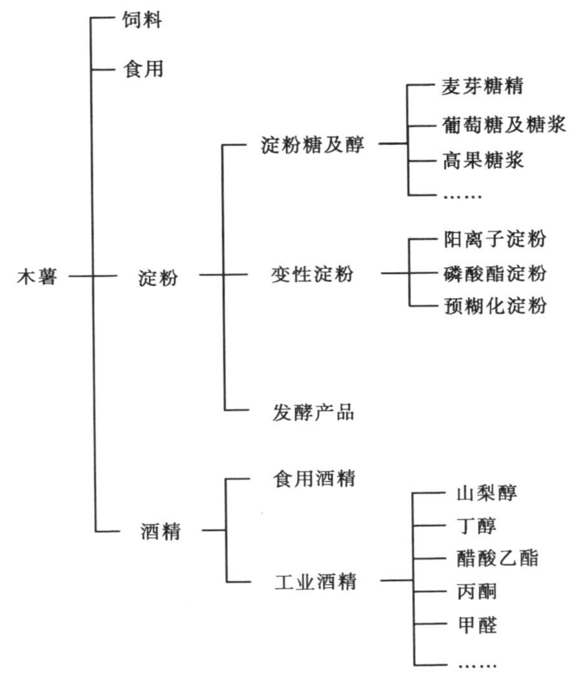

图 8-1　木薯块根加工链

位，推进了木薯种植业的快速发展，增加了木薯种植户的比较收益。此外，横向一体化还体现在企业联盟上，目前中国的木薯产业化经营已逐步规模化、规范化，并逐渐向联结淀粉加工、酒精加工为一体的集团化方向发展。这激励了农户木薯生产行为，促进了木薯加工业的拓展，提高了木薯产业的综合效益，为中国木薯产业的多元化发展奠定了产业基础。

6. 加工企业原料和产品优势较为明显。由第四章对中国木薯产业经济效益的分析可知，木薯种植成本低，加工工艺简单，具有玉米、大豆以及其他薯类不可比拟的优势。纵观木薯、玉米、糖、小麦、大豆等淀粉原料作物的价格变动趋势，虽然在

2004 年后，国际木薯价格开始上扬，但仍然是处于低价位运行，并始终低于玉米、糖、小麦、大豆等淀粉原料作物的价格，在加工企业原料选择上存在价格方面的优势。若将木薯淀粉和木薯酒精深加工成变性淀粉、淀粉糖、山梨醇等产品，增值的空间更大，约提高 5～7 倍。从木薯的特性看，木薯淀粉与其他淀粉相比，木薯淀粉的蛋白质含量低，具有黏着力强、糊化温度低、糊液稳定透明、成膜性好、渗透性强等优良理化特性和加工特性，在造纸、纺织、医药和建筑等行业中，具有其他淀粉难以替代的特殊用途。从能源转换率来看，木薯与其他能源作物相比，加工成本低，能源转换率高，在燃料乙醇加工中地位越来越明显。据统计，7 吨鲜木薯（折干 2.8 吨）可生产 1 吨乙醇，比许多能源作物的产能要高（见表 8－1）。从表 8－1 知，木薯不仅单产高，同时能源转化率较高，净能比较高，每公顷木薯地年产乙醇达到 3 026 升（折 2.42 吨，相当于 84.73 千焦耳热量）。

表 8－1　各种能源作物单位面积产能情况比较

作物	中国收获面积（千公顷）	中国产量（万吨）	作物单产（吨/公顷）	糖或淀粉（含量%）	转化率（升/吨）	乙醇单产（升/公顷）	乙醇产量（亿升）	净能比 NER（输出总能量/输入总能量）
甘蔗	1 743.5	12 415.2	71.21	12.5	70	4 984	86.90	1.9～2.7
木薯	434.7	700	16.81	25～32	180	3 026	13.15	0.69～3.56
高粱	489.8	183.7	3.75	14	80	300	0.15	1.00
玉米	29 863.7	16 591.4	5.56	69	410	2 280	680.89	0.74
甜菜	246.4	1 004.4	40.75	16	100	4 075	22.27	0.56

资料来源：中国农村统计年鉴 2009，FAO。

（二）劣势（Weaknesses）

毋庸置疑，中国木薯产业发展具有较大的内部优势，并且也将成为其在淀粉业以及酒精工业中一个重要的原料产业支撑。但目前中国木薯产业发展还存在许多劣势，如：品种单一、结构不合理、科学生产技术水平低、原料贸易竞争力弱以及产业规模效益不明显等。

1. 品种单一，产业原料选择空间小。虽然我国木薯种业发展速度不断加快，并已开发了一系列适合我国土地类型的木薯品种，但是目前的品种主要着重于高产的淀粉加工型，缺乏酒精加工型和饲料专用型新品种，使得木薯加工企业产品种类较少，木薯综合利用率低，木薯价格一直都处于较低的水平，挫伤了农户的种植积极性。此外，绝大部分木薯品种属迟熟品种，收获时间比较集中，使得部分企业开工时间晚，市场产品需求出现从紧张到过剩局面，竞争较大，使得木薯及木薯产品价格波动较大，加工产业链条不通畅，产业整体竞争力不高。

2. 良种良法推广力度低，加工业原料外贸依存度高。目前，我国大部分农户种植木薯往往选择单纯种植，粗耕烂种，田间管理技术欠缺，缺乏科技种植水平，木薯土地产出较低。当前选择高产良种，推行套种、间种种植模式的农户较少，只有部分地区实行木薯间套种种植模式。而现有的许多套种模式基本上采用套种花生或间种玉米，土地产出值不是很高；虽然木薯套种西瓜、黄豆等，或者果树/速生桉套种木薯的模式已证明了可大大提高土地产出值，但从目前我国推广情况来看，覆盖率仍较低。此外，虽然研发出来的华南 5 号、新选 048、南植 199、GR911 等国内新品种的产量较高，但由于相关部门推广、宣传力度较低以及农户对品种认知意识不足，国内良种推广力度还不足 50%，导致产区木薯产量与东盟等国家相比，平均单产较低，满足不了国内木薯的庞大需求。每年中国木薯淀粉需求量约为 120 万吨，木薯酒精需求量约为 50 万吨，若按照 4 吨鲜薯生产 1 吨淀粉，7 吨鲜薯生产 1 吨酒精来算，那么我国年鲜薯需求量约为 830 万吨。2008 年，中国木薯进口量（折干）为 196.07 万吨，相当于 490.18 万吨鲜木薯，占中国木薯需求量的 59.06%；而中国木薯出口量（折干）为 216.32 吨，贸易竞争力几乎为－1。

3. 产业规模效益不明显，综合利用效率低。目前我国大多数木薯加工企业投入不足、规模较小、基础设施尚需改进、加工技术与泰国、西欧国家相比还有一定距离。加工企业前期投入的缺乏以及加工工艺设备更新较慢等原因导致企业的规模效益不明显，规模报酬效果难以显现，流动成本较高。同时，由于许多木薯加工企业资金短缺和循环经济意识淡薄，在加工过程中出现了“废弃物多、能耗高、耗水大、污染重”的现象，给周边环境造成较大影响，不仅影响了企业声誉，同时使得基地生产难以继续，减少了地区绿色GDP。此外，许多木薯加工企业在木薯综合利用方面的研发不足，主要体现在深加工品种类单调，生产规模小，开发深度不够，综合利用率低，木薯全景产业链条未能显现，产业附加值较低。这使得木薯价格一直在低价位上运行，木薯专业户种植积极性较低，小规模农户信息不充分，积极性受挫。

4. 国际合作力度不够，对外开放程度较低。随着经济全球化速度的不断加快，中国木薯主产区得益于其沿海、沿江、沿边区位优势，与东盟国家之间的贸易往来不断加大，促进了产区区域经济的发展。然而，目前中国木薯产业在国际合作方面的力度仍比较薄弱，尤其在国际洽谈，双边贸易方面的准备仍显不足，国际化发展速度较慢，“走出去”意识仍比较单薄。这主要原因在于目前产区木薯的生产、加工企业主攻国内需求，加上企业自身生产能力不足，在木薯产销方面仍以国内市场为主。除与部分东盟国家以及港澳台合作相对较稳定外，在欧美、日、韩等全球潜在的需求大市场的份额相当少，缺乏“走出去”的足够准备。此外，由于中国政府、企业对国际通用的木薯产业标准和技术管理措施掌握不够全面和深入，对主要贸易对象国的技术手段缺乏了解，不能对出口木薯企业给予宏观指导；再加上技术壁垒本身的不透明性，使得中国木薯产业整体科技水平较为落后，木薯出口产品的技术含量低、质量相对落后，木薯产业整体竞争水平较低。

二、中国木薯产业发展的外部环境分析

外部环境分析主要针对我国木薯产业所面临的宏观形势、政策以及相关产业的威胁，包括全球金融危机、国家有关木薯产业的扶持政策、自然资源和原料资源的竞争以及价格等因素。

（一）机遇（Opportunities）

木薯用途广，产业链长，在许多领域均占有比较优势。随着国内加工企业尤其是燃料乙醇加工企业和木薯淀粉深加工企业对木薯需求的增加，木薯价格将上扬，这有助于激励农户的种植积极性。石油供需缺口的不断加大已使得我国致力于可替代性能源方面的研究，为木薯燃料乙醇产业发展创造了外部需求环境。自2007年9月国家发展和改革委员会出台了《可再生能源中长期发展规划》后，木薯作为生物质能领域的原料，迎来了发展的大好时机。加上国家对非粮燃料乙醇产业的扶持和淀粉企业出口关税的调整，木薯产业存在很大的发展空间。

1. 国家和地方产业政策扶持，为木薯产业带来竞争优势

（1）国家对木薯产业发展的扶持政策，主要涉及木薯原料加工基地、木薯燃料乙醇产业、木薯加工企业补贴、木薯淀粉行业产品进出口税率调控等方面。

一是木薯原料基地方面。国家对木薯种植户逐步采取良种补贴，并且逐步加大了对木薯品种筛选试验、高产技术栽培、产业技术体系等方面的支持力度，为木薯的种业和种植业的发展提供了资金支持。其中2007年财政部关于印发的《生物能源和生物化工原料基地补助资金管理暂行办法》中，提到“农业原料基地补助标准原则上核定为180元/亩，具体标准将根据盐碱地、沙荒地等不同类型土地核定”，这大大促进了主产区薯农大户的种植积极性。

二是木薯燃料乙醇产业发展方面。自2005年2月28日《中

华人民共和国可再生能源法》颁布以来，我国相继出台了一系列与木薯燃料乙醇产业相关政策文件（表 8－2），这些政策文件有力地促进了我国木薯生物质能产业的发展。

表 8－2　近年来我国出台的与木薯生物质能产业相关的政策文件

年　份	政策文件
2005 年 2 月 28 日	《中华人民共和国可再生能源法》
2005 年 11 月 29 日	国家发展和改革委员会《可再生能源产业发展指导目录》（发改能源［2005］2517 号）
2006 年 5 月 30 日	财政部《可再生能源发展专项资金管理暂行办法》（财建［2006］237 号）
2006 年 9 月 30 日	财政部、国家发展和改革委员会、农业部、国家税务总局、国家林业局《关于发展生物能源和生物化工财税扶持政策的实施意见》（财建［2006］702 号）
2006 年	《生物燃料乙醇及车用乙醇汽油“十一五”发展专项规划》
2006 年	《生物燃料乙醇及车用乙醇汽油中长期发展规划》
2006 年	《生物燃料乙醇产业发展政策》
2006 年 12 月 8 日	《国家发展改革委关于加强玉米加工项目建设管理的紧急通知》（发改工业［2006］2781 号）
2006 年 12 月 14 日	国家发展和改革委员会、财政部《关于加强生物燃料乙醇项目建设管理，促进产业健康发展的通知》（发改工业［2006］2842 号）
2007 年 4 月 8 日	《生物产业发展“十一五”规划》（国办发［2007］23 号）
2007 年 9 月	《关于促进玉米深加工业健康发展的指导意见》
2007 年 5 月	《农业生物质能产业发展规划（2007～2015）》
2007 年 9 月 4 日	《可再生能源中长期发展规划》
2008 年 3 月 18 日	《可再生能源“十一五”发展规划》

三是木薯加工企业补贴方面。2006 年财政部制定的《可再

生能源发展专项资金管理暂行办法》规定，对我国能源与生物化工产业将采取弹性亏损补贴、原料基地补助、示范补助、税收优惠四项财税扶持政策，这一措施为发展木薯生物能源与生物化工产业提供有力保障。按照这一规定，目前国家对广西用木薯生产燃料乙醇项目不仅有税收方面的优惠政策，而且每吨乙醇补贴1 300多元。

四是木薯淀粉行业产品进出口税率调控方面。木薯淀粉是我国淀粉的重要组成部分。考虑到粮食供给问题，我国通过进出口税率调控了玉米淀粉的进出口税率，为木薯淀粉提供了较好的环境。2009 年 6 月 1 日后，我国玉米淀粉出口退税率从 0 提高到 5%，马铃薯淀粉出口退税率从 13%提高到 15%，酒精出口退税率从 0 提高到 5%。但 2010 年 6 月 22 日，财政部、国家税务总局发出了“关于取消部分商品出口退税的通知”，从 2010 年 7 月 15 日起，取消部分商品的出口退税，其中包含将酒精和玉米淀粉的出口退税取消，此政策的目的在于抑制国内玉米制品的出口，以降低国内深加工企业对玉米的需求，保证国内玉米供给。而这却为中国木薯淀粉加工业的发展带来了难得的机遇，淀粉加工企业可以择优选择木薯原料，促进国内木薯的需求，通过科技创新，改进品质，生产以木薯淀粉为主的出口创汇型产品。

（2）广西对木薯产业发展的扶持政策。近年来，广西政府及相关部门十分重视木薯产业的发展，出台了一系列扶持木薯产业发展的政策举措（表 8－3）。广西是我国唯一可以享受东部沿海开放地区、西部大开发及民族自治三方面优惠政策的省份，国家深入实施西部大开发战略和推进兴边富民行动，鼓励东部产业和外资向中西部地区转移，重大项目布局也充分考虑支持中西部地区、民族地区、边疆地区发展，这也为广西木薯产业的发展创造了其他省区所没有的优良政策环境，为加快木薯产业发展注入了新的动力和活力。

表 8-3 近年来广西出台的与木薯产业发展相关的政策文件

时 间	政策文件
2002 年 4 月 19 日	《广西创新计划（2002—2004 年）》（桂政发［2002］18 号）
2003 年 9 月 3 日	《广西农业产业化发展规划（2003—2007 年）》
2003 年 6 月 30 日	《广西农产品加工业发展规划（2003 年—2010 年）》
2005 年 2 月 24 日	《广西创新计划（2005—2007 年）》（桂政发［2005］7 号）
2007 年 1 月 26 日	《广西工业重点产业发展十一五规划》（桂政发［2007］4 号）
2008 年 4 月 27 日	《广西农业（种植业）“十一五”发展规划》
2007 年 12 月 15 日	《广西创新计划（2008—2010 年）》（桂政发［2007］57 号）
2009 年 1 月 20 日	《广西科学发展科技三年计划》（桂科计字［2009］23 号）
2009 年 9 月 25 日	《广西农产品加工业“十一五”发展规划（2006—2010 年）》
2009 年 11 月 9 日	《南宁国家高技术生物产业基地生物能源产业发展规划（2008—2020）》
2009 年 12 月 15 日	《关于加强农产品工业原料基地建设的意见》（桂政发［2009］98 号）
2009 年 12 月 23 日	《广西壮族自治区生物产业发展规划》（桂政发［2009］77 号）
2009 年 12 月 25 日	《广西新能源产业发展规划》（桂政发［2009］84 号）
2009 年 12 月 25 日	《广西节能产业与环保产业振兴规划》（桂政发〔2009〕113 号）
2009 年 12 月 25 日	《广西新材料产业发展规划》（桂政发〔2009〕112 号）

自从 2002 年广西壮族自治区人民政府颁布了《广西创新计划（2002—2004 年）》，广西就致力于木薯加工品集成开发技术的研究。2007 年 12 月 15 日颁布的《广西创新计划（2008—2010）》，提出围绕木薯等能源植物资源，重点开发木薯燃料乙醇以及变性淀粉关键技术，建成木薯、甘蔗良种繁育基地 1 万亩，加快发展木薯优势特色产业，建立标准化生产与示范基地建设。

2003 年 9 月 3 日，广西农业厅农业产业化办公室颁布的《广西农业产业化发展规划（2003—2007 年）》明确提出：“在桂中、桂西、桂南建立木薯生产基地，抓好武鸣、邕宁，横县、宾阳、扶绥、马山，岑溪、藤县、苍梧，鹿寨，兴宾，桂平、贵港辖区，灵山、钦州辖区，合浦、北海辖区，防城，平果、田东等县（市、区）建设20个共10万公顷的高产木薯示范区”，“重点发展明阳生化科技股份有限公司、钦州新天德能源公司，通过技术改造，开发精深产品，使之成为木薯产业的大型龙头企业；适当发展武鸣、横县、扶绥、蒙山、崇左、马山、贺州等地的木薯淀粉加工业”，“到2007年形成年产30万吨变性淀粉的生产规模，木薯产业产值达到60亿元以上”。

2007年3月，国家科学技术部和广西壮族自治区人民政府建立了部—区工作会商制度，其中，共同推动北部湾生物质能源作物品种选育及产业化基地建设是三个方面的议题之一。内容包括围绕木薯、甘蔗等北部湾优势作物资源，重点开展木薯、甘蔗优良品种选育；组织燃料乙醇产业关键技术攻关和产品开发，生物质能源动力系统和生物质新材料研发；加快生物质能源基地建设，促进生物质能源产业发展。

2008年4月27日，广西农业厅制定了《广西农业（种植业）“十一五”发展规划》，规划明确提到，计划2010年，木薯播种面积面积达到400千公顷，总产量（鲜薯）达到900万吨。

2009年1月20日，广西壮族自治区科学技术厅办公室印发了《广西科学发展科技三年计划》，并提出“围绕甘蔗、优质稻、桑蚕、水果、木薯、中草药、畜禽等特色优势产业，加强优质、高产、高效新品种创新项目的持续支持力度，加快高新技术在农业中的应用，提升农产品市场竞争力和农业综合生产能力”。

2009年9月25日发布的《广西农产品加工业发展规划(2006—2010年)》指出木薯淀粉、蔗糖、林产品加工是广西特色农产品加工业的重点，“支持南宁明阳生化公司的木薯淀粉生产”，这为发展木薯产业提供了结构调整的机遇。

2009年11月30日，木薯产业技术创新战略联盟在广西科学院成立，标志着广西木薯产业发展不断从单一种植加工发展模式向“产学研”合作组织转变，促进了木薯产业重点企业、科研院所、高等院校的科技资源共享、强强联合，形成了科技创新综合优势，突破了木薯产业发展的技术瓶颈，加速提升了广西木薯产业的自主创新能力和国际竞争力，推进了木薯产业的全面发展。

2009年12月25日，《广西壮族自治区人民政府关于加强农产品工业原料基地建设的意见》中提到，“加强木薯农产品加工业原料基地建设，重点重点发展高产、高效、高淀粉的木薯生产，重点在桂南、桂东、桂西建设35个面积10万亩以上的木薯生产基地，到2015年，三大基地鲜薯产量达到全区鲜薯总产量的80%，实现2015年木薯产量达到1 100万吨的中期目标和2020年达到1 200万吨的远期目标”。

根据《中共广西壮族自治区委员会、广西壮族自治区人民政府关于做大做强做优我区工业的决定》，2009年12月广西政府制定了《广西壮族自治区生物产业发展规划》、《广西新能源产业发展规划》。《广西壮族自治区生物产业发展规划》提出要把广西建设成为我国重要的非粮生物产业基地和泛北部湾地区重要的特色生物产业技术聚集地。《广西新能源产业发展规划》明确提出：按照国家统一部署推进广西木薯燃料乙醇二期项目；完善原料木薯基地规划建设，同时与土地资源丰富的东盟国家合作，努力扩大木薯种植范围；拓展木薯原料来源渠道，增加木薯输入总量；适当发展甘蔗燃料乙醇。并计划在2010—2020年期间投资240 000万元建设年产燃料乙醇30万吨的广西木薯燃料乙醇二期项目。

此外，广西各县市也出台了一系列政策文件。2008年3月平南县出台了《关于加快木薯产业发展的决定》（平发［2008］11号），提出把建立木薯高产栽培示范样板作为木薯产业发展的突破口来抓，进一步加快了该县木薯产业的发展。《武鸣县木薯产业发展规划（2003—2008年）》指出，要充分利用武鸣县资源优势、技术优势和区位优势，应对加入 WTO 和建立中国—东盟自由贸易区后农业面临的挑战，抓住国家西部大开发的机遇，加快武鸣县木薯产业的发展，进一步将木薯产业做大做强，尽快将资源优势变为产业优势，将武鸣建设成国家重要的木薯生产加工基地。2009 年 11 月 9 日，南宁市人民政府办公厅印发了《南宁国家高技术生物产业基地生物能源产业发展规划（2008—2020）》，指出应大规模地开展包括木薯在内的能源作物基地建设。

2. 石油供需缺口的扩大，为木薯燃料乙醇产业发展创造了外部需求环境。随着我国经济社会的快速发展，石油消耗量逐步扩大。自 1993 年开始，我国石油供需开始出现缺口，并且缺口逐步扩大。2008 年，我国石油生产量为 19 001.24 万吨，消费量达到 37 570 万吨，供需缺口高达 18 568.76 万吨（图 8－3）。

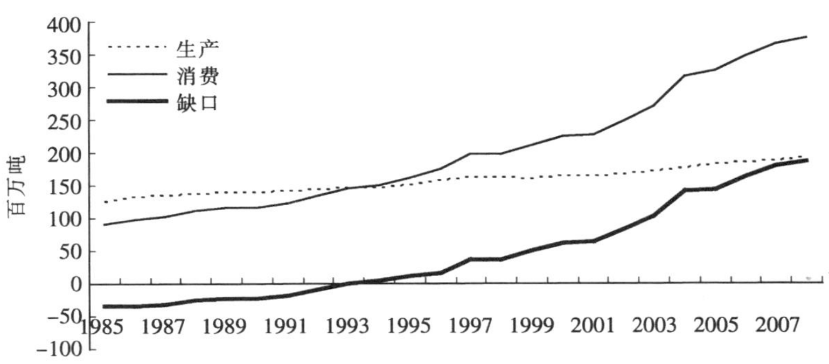

图 8－3　1990—2008 年我国石油供需情况

数据来源：中国统计年鉴（2009）

如果按国际水平，1 吨原油提炼汽油 0.29 吨，那么 2008 年原油产量为 19 001.24 万吨，则可提炼汽油 5 510.36 万吨。据统计，2008 年 1—12 月中国汽油表观消费量（表观消费量指产量加上净进口量）为 6 342.7 万吨[1]，那么汽油缺口为 832.34 万吨，需要原油 2870.14 万吨。但如果按 1 吨汽油添加 10%的燃料乙醇计算，那么全国燃料乙醇需求量为 287.01 万吨。而据 EIA 统计，2008 年我国燃料乙醇生产能力为 3.27 万桶/天，折 137.67 万吨/天，远远满足不了需求。如果通过推广应用乙醇汽油来满足需求，那么必将会增加对燃料乙醇的需求，促进木薯燃料乙醇产业的发展。

3. 中国—东盟自由贸易区的建成，为我国木薯产业贸易搭建跨区合作的平台。从 2010 年 1 月 1 日起，中国—东盟自由贸易区全面建成，中国与东盟 90%以上的产品贸易实现了零关税。中国—东盟自由贸易区是一个拥有 17 亿消费者，2.5 万亿美元国内生产总值，1.5 万亿美元贸易总额的经济区，是世界上人口最多的自由贸易区。中国—东盟无论是农产品或者农产品加工产品都有很强的互补性。中国—东盟自由贸易区的建成，一方面促进东盟国家对我国的木薯及木薯淀粉的出口，为我国木薯加工业提供了原料来源，稳定国内木薯产品价格；另一方面，零关税后进入国内的国外木薯淀粉量和木薯干片将有较大的增幅，将促进国内木薯淀粉及木薯干片市场的竞争，对调整市场价格由重要作用，这为我国木薯产业发展提供了良好的发展机遇和环境。

（1）有利于扩大市场空间。在《WTO 农业协议》中热带农产品是首先实现全面自由贸易的产品，发达国家在执行市场准入承诺时，为热带农产品贸易全面自由化提供更好的市场准入机会和条件。我国木薯主产区广西面向东南亚，背靠大西南，南临北部湾，东接粤港澳，处于东南沿海经济圈、大西南经济圈和东盟经济圈的结合部，是西南地区乃至中国与东盟和世界贸易的重要门户，具有沿海、沿边、沿江三位一体的特殊地理区位优势。在中国—东盟自由贸易区推进的过程中，可充分利用这些有利因

---

① 中国化工市场七日讯．http：//www.qrx.cn/Newsview.aspx? id=127820。

素，加快步伐将广西建成货物贸易的集散地和农产品的加工基地，使广西成为中国—东盟自由贸易区的物流中心，为木薯产业发展开拓更大的市场空间，推动木薯产业国际化发展。

（2）有利于促进国内淀粉企业向集约化、集团化方向发展。中国—东盟自由贸易区建立后，国外跨国公司将成为行业主要竞争对手，这些跨国公司企业规模大，实力强，技术水平高，有营销和竞争市场的经验。因此发展规模大、实力强的龙头企业，组建企业集团将是大势所趋。目前，国内淀粉企业进入结构调整、组织调整和产品调整关键时期，东盟自由贸易区建立后将加速企业的调整速度，催生出一批大规模的有经济实力、技术优势和实行现代企业制度集团公司。

（3）有利于弥补原料不足。目前我国大部分地区的木薯种植仍处于一种粗放状况，原料来源分散，远远满足不了加工业的需要，只能靠进口粗加工品木薯原淀粉来进行深加工。东南亚国家地处亚热带，水资源丰富，土壤肥沃，非常适合木薯生长，木薯产量很大，淀粉含量高，价格便宜。一方面可通过在东盟地区建立木薯原料基地，发展国内企业的生产基地，以弥补企业原料不足；一方面可通过与东盟国家建立产业联盟，发展木薯加工品技术转让和国际木薯企业，提高木薯产业在东盟国家的竞争力。从第三章对中国木薯产业贸易现状的分析可见，中国—东盟自由贸易区的建成推动了国内尤其是北部湾地区木薯加工业的发展。

（4）有利于加快中国木薯种植、深加工技术的发展。泰国淀粉工业已有 40 多年历史，淀粉出口也有 30 多年，在生产和经营管理方面都积累了丰富的经验。中国—东盟自由贸易区建立后，双方都可在农业技术、农作物品种、农产品加工、农产品市场等方面进行技术交流与合作，我国可以学习东盟国家在农业现代化方面的先进经验，促进木薯种植及加工业的技术提升。

（5）有利于提高中国木薯产量、质量及含粉量。东盟国家都很重视高产高含淀粉木薯良种的选育。泰国、印度尼西亚每年都有高产新品种面市。在木薯良种推广方面，泰国政府有专门的机构负责资金，支持大学和科研部门培育新品种。加入东盟后，可以引进国外优良品种，筛选木薯种植品种，同时与相关科研院所等建立紧密的合作关系，通过木薯良种繁育及种植技术的推广，实现木薯品种不同熟期的种植搭配，延长木薯的收获期，提高木薯产量、质量及含粉量。

4. 科研单位对木薯产业研究力度的加大，为木薯的种植和加工提供了技术支撑。一直以来，中国热带农业科学院和广西农业科学院的科研人员都致力于木薯种业、基因配组方面的研究。特别是广西木薯科研力量雄厚，有众多的研究所和大专院校参与木薯生产、加工的研究，在木薯良种良法的科研试验、加工设备及工艺流程等方面的研究，成果显著，为提高木薯单产、加工产品质量以及节能增效等方面发挥了积极的作用。从 2006 年开始，对木薯病虫草害、木薯产业经济等方面的研究逐步加大。

在木薯病虫草害研究方面，2006 年，中国热带农业科学院在全球组建了木薯基因组学与生物技术研究团队，由院所两级资助，实施了木薯全基因测序，并于 2007 年完成了木薯推广品种 Ku50（高淀粉）和 W14（野生祖先种）和 CAS36（糖木薯）3 个木薯品种的基因组深度测试，同时采用 Solexa、454 和 BAC 混拼策略完成基因组数据组；2008 年，中国热带农业科学院完成了《木薯品种选育及产业化关键技术研发集成与应用》项目，并获国家科学技术进步二等奖；2009 年中国热带农业科学院热带作物品种资源研究所承担了国家木薯产业技术体系的研究和构建，启动了农业部公益性行业专项《高淀粉、抗寒、抗旱木薯新品种的选育》，并于 2010 年 1 月完成了 3 个木薯品种的基因组深度测序，获得较完整的基因组草图。这些研究成果为中国木薯种业和种植业的研究提供了技术平台，为木薯产业发展提供了理论依据，对中国木薯增产、薯农增收有着重要意义。

在木薯产业研究方面，中国热带农业科学院已经建立了中国唯一的木薯种质资源圃（450 份，覆盖全球核心种质的 85%）；建立了完整的种质评价、新品种选育、示范、推广体系，培育了华南系列品种 15 个，累计推广面积 1 100 万公顷，新增产值约 110 亿元。2007 年，国家发展和改革委员会能源研究所可再生能源发展中心承担的“中海油可持续发展的木薯种植模式与机制研究”课题正式启动，课题通过对现有种植模式和机制的调查和分析，参照相关产业发展模式的经验，结合广西的具体条件，设计可获得稳定的廉价的原料供应的种植模式和机制，为中海油公司决策或制定木薯燃料乙醇产业发展战略和计划提供参考。2008 年，中国科学院农业政策研究中心启动了国家自然科学基金应急项目《生物燃料乙醇发展的社会经济影响及我国发展战略与对策研究》、比尔盖茨基金资助的《生物燃料与南亚和撒哈拉以南之非洲地区非洲的食物安全：影响的路径和投资评估》，承担了加拿大国际发展中心（EEPSEA）资助的为期两年的《生物能源发展的环境影响及政策建议》。2009 年，中国科学院农业政策研究中心启动了国家软科学资助的《世界生物能源发展对我国农业生产和农民收入的影响》、中国农业科学院农业经济与发展研究所承担了农业部专项《中国木薯产业发展研究》以及中央级公益性科研院所基本科研业务费专项资金项目《广西木薯产业发展研究》。对木薯产业方面研究力度的不断加大，为中国木薯产业发展提供了有利的政策环境和实证依据，这不仅有助于提高农户种植的积极性，同时还促进了木薯产业链的不断延伸以及产业附加值的逐步提高，提高了国内木薯产品的竞争力。

（二）威胁（Threats）

面对中国木薯原料不足等自身劣势，在中国—东盟自由贸易区启动后，国内木薯种植户将面临一定的威胁。同时，土地资源有限、产业结构调整、横向企业的原料竞争以及第二代生物燃料产业的发展，也将对国内木薯加工企业的发展带来一定的负面影响。

1. 市场竞争愈演愈烈。随着木薯需求的不断增加，供小于求的实情使得国内木薯加工企业对原料的竞争不断加剧，这提高了木薯加工企业的生产成本，使得木薯加工产品的价格优势受到冲击。当前市场竞争主要体现在两大方面：

（1）木薯产品市场竞争。首先是全球贸易形势。加入 WTO 后，我国木薯产业面临着全球化的形势。遵从我国加入 WTO 的承诺，我国将木薯进口关税由 10%减到 2009 年的 5%；木薯淀粉的关税由 30%降到 2009 年的 10%。其次是东盟贸易竞争。中国—东盟自由贸易区的全面建成给中国木薯加工企业进入国际市场提供了良好的贸易环境，但由于木薯干片、木薯淀粉等产品实行零关税，且东南亚国家或地区木薯资源丰富，越南、泰国、柬埔寨等国一年四季都可种植木薯，收获期从每年的 9 月到第二年的 5～6 月，比中国木薯主产区木薯收获期长近 6 个月，基本上全年都可都收到充足的鲜木薯原料，此外这些国家具有廉价劳动力优势，在木薯原料价格上具有成本优势，无论是木薯干片或木薯淀粉，其价格均处于比较优势，同时这些产品的质量相对国内同类产品而言要高，加入东盟势必使得这些国家的木薯产品大量进入国内市场，将对国内的木薯产品市场造成较大的冲击。

（2）科技实力竞争加剧。我国木薯加工业尚处于初级水平，产业附加值较低，在日益激烈的农业国际竞争中，西欧等发达国家通过进口低产值的木薯干片，依靠其雄厚的科技实力占据木薯淀粉、变形淀粉等高附加值的市场，对我国淀粉加工业造成一定的威胁。更重要的是，泰国木薯产业技术发展速度明显加快，加工设备不断更新，科技研发力度逐渐加大，已占据了我国木薯干片及木薯淀粉的大部分市场，国内木薯加工业出口竞争压力增加。

2. 土地的大量需求容易导致温室气体排放量的增加。众所周知，发展生物燃料除了能解决传统能源不断减少的问题，还可以减少温室气体尤其是二氧化碳的排放以及化石能源带来的环境污染。用木薯制成的燃料乙醇，不仅被称为可替代汽油的环保型"绿色汽油"，而且是最经济可行的生物质能。发展木薯燃料乙醇产业，有助于缓解能源紧张、确保国家石油安全，减少化石燃料给环境造成的破坏、降低温室气体的排放量。但是，随着我国对木薯需求的不断增加，木薯种植面积将不断扩大。如果在扩大木薯种植过程中改变土地的原有使用方式，比如将产粮用地转变为生产生物燃料用地，进而毁掉森林或者草地来补偿产生生物燃料占用的产粮用地，那么，发展木薯燃料乙醇产业，非但不能使温室气体的排放减少，反而会由于土地用途的改变而增加。此外，由于木薯种植规模的扩大带来的化肥、农药、机械等投入量的增加也会增加温室气体的排放。

3. 木薯种植立地条件差。在我国木薯主产区，90%的木薯种植在山地和丘陵地区，属红壤、黄壤、紫色土和石灰土等土类，少部分是冲积土。虽说这些地区绝大部分的土坡适合木薯生长，但土层较薄，土坡贫瘠，地形多样，并且大多数土壤难以使雨水通过红黄壤的表层渗透到根部生长层，这种土坡雨后容易变干，不利于木薯根系向下和侧向生长。土壤的保水能力差是限制产区木薯产量的一个主要的因素。

4. 第二代生物燃料产业发展的日益成熟。当前以糖和淀粉作物（乙醇）及油籽作物（生物柴油）为原料的液体生物燃料生产通常被称为第一代生物燃料。第一代生物燃料产业的最大特点是以农田作物为原料，无论是否为粮食作物，均需要土地种植，这就容易导致相关作物的土地竞争。土地资源的有限已经促使以"纤维、固体废弃物等"为原料的第二代生物燃料产业技术的开发不断成熟。随着生物燃料产业技术的日益成熟和第二代生物燃料产业发展的不断加快，不仅马铃薯、甜薯、甜高粱等相关产品会威胁着木薯生物燃料乙醇业的发展，而且粗纤维、农业废料等也开始进入木薯产业的竞争，这将在一定程度上减少对木薯的需求，从而降低木薯价格，影响农户积极性。

三、中国木薯产业发展的战略分析

通过上述SWOT分析可知，我国推进木薯产业发展时应根据其资源禀赋、技术水平、产业条件和所处阶段，选择与之相应的战略组合（表8-4）。

表8-4　我国木薯产业发展的SWOT分析

内部资源 / 外部环境	优势（S）	劣势（W）
	资源条件优势；种植技术提高；加工技术逐步成熟；产业化发展模式成熟；原料成本优势	品种单一；良种良法推广力度低；产业规模效益不明显
机遇（O）	S—O战略（推进型战略）	W—O战略（扭转型战略）
国家政策扶持；能源多元化；中国—东盟自由贸易区建成；科研单位研究力度加大	加大科研投入；利用国家对生物燃料产业和淀粉行业扶持政策的机会，发挥我国木薯种植业资源禀赋、加工技术、原料成本优势，推进木薯生物燃料产业和木薯淀粉深加工业的发展，延长木薯产业链，提高木薯产业附加值；利用中国—东盟自由贸易区关税减免的机会，为企业原料来源提供渠道	科研单位加大对品种结构的研究，政府牵头推广良种良法，通过示范带动、点面相连、横向扩张和纵向拓展，鼓励土地流转，促进生产基地的适度规模；建立品牌化战略，提高产业整体科技水平。
风险（T）	S—T战略（创新型战略）	W—T战略（防御型战略）
企业原料竞争压力；土地资源限制；相关产品市场竞争	加快高产、优质品种选育，提高我国木薯种业竞争优势；优化产业结构，推进产业化发展进程，延长龙头企业产业链、提高产品附加值	加强我国木薯产业行业协会工作力度，建立木薯产、学、研协调合作机制，推进木薯产业化集团化发展

(一) S—O战略（推进型战略）

随着国家对木薯产业支持力度的继续加大，木薯品种研发力度不断增加，木薯种植技术得到了大幅提高，加工技术日益成熟。尤其在木薯燃料乙醇的开发上，中粮集团在广西投产的燃料乙醇产业效益明显，木薯淀粉企业产业链条逐步延伸，变性淀粉加工进一步发展，工业品产值不断加大。现阶段我国木薯产业发展已处于初级阶段向快速发展阶段的转变过程中，建议在今后五年内（2010—2015年），应“抓住机遇、发挥优势，大力推进木薯产业发展”，主要是利用国家产业扶持政策和石油供需紧张和淀粉供需缺口所提供的外部需求环境，通过不断加大木薯科研投入力度，进一步发展木薯变性淀粉产业，努力开拓木薯燃料乙醇在车用乙醇产业的发展渠道；同时，抓住中国—东盟自由贸易区提供的良好的关贸环境，调整国内农业产业结构，利用华南、西南地区自然条件优势，通过开拓合理的边际性土地，推进山区木薯产业的发展。

(二) W—O战略（扭转型战略）

现阶段中国木薯种植业存在着品种单一、结构不合理、产业规模效益不明显以及良种良法推广力度较低等内部资源劣势，但科研不断加大、科学种植技术日趋成熟，产业规模逐渐扩大，产业规划日臻完善。随着经济社会的快速发展以及国家对非粮能源日益重视的宏观环境，我国木薯产业发展应坚持“把握机遇，弥补不足，提高木薯科技含量”的基本思路。近期（2010—2012年）木薯产业发展应做到：一是增加基地建设投资资金，建立产业扶持基金，加大科研力度，通过技术引进，不断克服木薯种业的技术问题，完善和推广应用木薯高产栽培技术规范和木薯间套种技术，完善木薯大面积推广应用的技术经济体系，推动专业户率先实行优质品种和种植模式的示范，提高辐射带动能力；二是鼓励土地流转，推进华南、西南等山区木薯规模种植；三是改善木薯品种结构和区域分布，合理种植淀粉用和酒精用木薯；四是通过建立产业技术体系，规范标准，推进品牌化战略发展，提高产业整体科技水平。

（三）S—T战略（创新型战略）

随着木薯种植规模的不断扩大，第二代生物燃料产业发展的日益成熟、薯类淀粉，尤其是马铃薯淀粉技术的不断推广和国际市场竞争的不断加剧，我国木薯产业面对的威胁不断剧烈，因此在中期（2015—2020年）应“依靠优势，应对挑战，提高产业核心竞争力”，通过产业一体化战略，完善“公司＋基地＋农户”产业化发展模式，创新木薯制成品，做好木薯深加工转化，扶持木薯变性淀粉加工企业和木薯酒精加工企业，提高木薯淀粉和能量转化率，延伸两条产业链，即木薯—酒精—燃料乙醇和木薯—淀粉—淀粉糖—变性淀粉等深加工品；通过制度创新，建立产业协会、合作组织，加快产业龙头企业在横向一体化发展中的引导作用，发挥基地产业优势，推进以燃料乙醇和变性淀粉为重点的产业横向发展；通过区域一体化，形成产业集群，推动木薯产业品牌化发展。

（四）W—T战略（防御型战略）

当前我国木薯产业不仅面临国内传统种植业、糖业等行业竞争，同时还受到国际市场木薯制成品以及东盟自由贸易区关贸自由化的冲击，产品市场和劳动力市场日趋激烈的竞争在近期非但不会减弱，反而会进一步加强。在产业自身建设上，近期品种结构不合理、产业规模不明显、农户种植技术较低、观念意识较为淡薄等内部劣势还会继续存在。因此，在木薯产业发展中远期（2015年以后），应坚持“克服劣势，接受挑战，实现木薯产业化集团化发展”的基本思路。在木薯产业发展中，除充分发挥自身优势和推动科技创新，更重要的是提高农民组织化程度，实现木薯与市场的有效对接，降低木薯生产交易成本，增强市场竞争力和迎接挑战的能力。同时还应配以一定的技术创新，加快“产学研”相结合的一体化发展，提高自主创新意识，力抓种植和加工技术，提高产品安全。通过以龙头企业为依托，加快加工企业间的合作，促进国内外交流，形成基地生产一体化的产业化发展，建立企业集团，完善产业化发展模式。

（五）策略选择

总体而言，中国木薯产业发展已处于初级阶段向快速发展阶段转变的过程中，面临的外部环境良好，内部条件资源优势明显。结合现阶段中国木薯产业发展现状，本书认为，中国木薯产业发展在最优 SWOT 战略组合选择上，应着眼于 S—O 战略，配合 W—O 战略，对木薯产业进行必要的政策扶持，木薯加工业的发展应坚持效益为先，兼顾均衡，适当调整产业结构，协调发展。在策略组合上应把握以下四点：首先，根据木薯优势种植区域和加工企业产能布局，对木薯主产区进行品种试验，因地选择不同的品种和种植模式，对加工企业给予适当的政策倾斜，促进我国华南、西南地区木薯产业快速发展。其次，积极推进木薯产业化发展，不仅要联结生产、加工、销售，还应加大科技含量，努力打造生产基地，加快产学研一体化的发展，完成科技成果转化。第三，适度扩大木薯种植规模，逐步推进木薯产业集群发展，根据木薯优势布局，优化品种结构，结合交通区位优势、产业加工发展基础，建设点片相连的木薯高产栽培基地，促进木薯加工产业集群，培育区域经济发展的增长极。最后，通过成立产业组织，制定产业发展整体规划，建立产业技术体系，加快木薯标准化生产。

第二节　中国木薯产业发展的指导思想、基本原则和发展目标

目前中国木薯需求旺盛，但木薯原料供给不足，这已成为木薯加工业发展的瓶颈。同时，产业间的原料分配矛盾日益突出，

木薯淀粉原料成本增加。为此，应全面贯彻落实科学发展观，明确中国木薯产业发展的指导思想、基本原则、总体思路和发展目标，做好木薯产业发展规划和产业布局，从而推动木薯产业区域化、标准化、规范化发展。

一、指导思想

发展木薯产业，应以邓小平理论和“三个代表”重要思想为指导，贯彻落实科学发展观，深入贯彻落实党的十七大和十七届三中全会精神，按照全面建设小康社会和走新型工业化道路的要求，充分利用中国—东盟博览会、中国—东盟商务与投资峰会等平台，坚持“政府引导、市场化运作”的原则，以龙头企业为依托，以基地建设为基础，以农民增收为保障，以体制创新和技术创新为动力，以产业化、规模化、市场化为重点，营造良好发展环境，充分发挥中国木薯优势资源，强化产业发展机制创新，进一步加快木薯产业集群建设，面向健康、农业、环保、能源和材料等领域的重大需求，努力实现关键技术和重要产品研制的新突破，大力引进国内外先进技术，积极推进木薯品种良种化、栽培规范化、经营规模化；坚持走科技含量高、经济效益好、资源消耗低、环境污染少、人力资源优势得到充分发挥的新型工业化道路，大力发展木薯淀粉深加工，开发高科技含量、附加值高、具有国际竞争力的木薯深加工产品，通过扶持培植现有木薯加工优势企业，发展新的木薯加工企业，推进木薯产业化进程，使木薯产业成为我国淀粉作物产业增长速度快、经济效益好、带动效应强的战略性新兴产业。

二、基本原则

（一）坚持循环路线，持续发展

发展木薯产业，应坚持把保护资源和生态环境，实现经济、社会以及生态可持续发展作为木薯产业发展的一条基本方针，贯穿到木薯产业发展各环节中，积极推行标准化生产，使木薯产业发展与农田基本建设、耕地保护、生态环境治理、经济社会发展有机结合起来，走循环经济路线，实现经济、社会、生态效益的有机统一。

（二）坚持市场引导，政府扶持

应积极发挥市场配置资源的基础性作用，健全木薯产品的开发利用体制和机制，鼓励各类市场主体投资木薯淀粉、木薯酒精产业；通过财税、价格、投资、市场准入、行业规范、技术标准等政策激励，逐步完善木薯产业发展政策体系，推动木薯产业健康发展。

（三）坚持科技引领，鼓励创新

应统筹兼顾木薯产业的经济效益和社会效益，提高科技自主创新能力和先进装备制造能力，运用成熟适用技术，扩大木薯淀粉、木薯酒精应用范围；提高企业和农民的科技素质，用先进实用技术武装木薯产业化过程中生产、加工、流通等各个环节，形成有效的“产学研”合作机制，不断提高整个产业链条的科技含量和最终产品档次。

（四）坚持特色优先，因地制宜

从实际出发，因地制宜，扬长避短，依托资源优势、区位优势和现有产业基础，科学确定木薯品种格局，制定产业发展规划。以龙头企业为依托，以基地为纽带，加快企业龙头所在地发展极的产业发展，扩大辐射带动范围，促进木薯资源开发，合理布局木薯深加工品项目，促成木薯产业规模化发展，在多区域合作中，发挥地缘优势，促进木薯边贸发展。

（五）坚持合理布局，优化结构

制定全国性木薯产业发展规划，合理配置城乡资源，做好产业原料分配，优化木薯酒精产业、木薯淀粉深加工业布局，以木薯变性淀粉和木薯燃料乙醇为主要高附加值产品，突出重点，提高各类资源的利用率。

三、总体思路

根据产业经济结构的总体部署，按照建设社会主义新农村、推进现代农业建设的要求，立足于科学发展，以市场需求为导向，以基地建设为中心，以科技投入为重点，立足当地自然资源优势和现有产业基础，因地制宜突出区域特色、品质特色，满足市场多样化和优质化的需求，高标准、高起点进行中国木薯产业的开发。

四、发展目标

（一）总体目标

坚持市场竞争与政策引导相结合，加快木薯品种结构、产品结构、产业结构和企业布局的调整，贯彻落实木薯区域布局规划，提高中国木薯产业化的水平，逐步形成木薯生产区域化、良种化、标准化和产销一体化的格局，淘汰一批技术落后、污染严重的小规模企业，通过企业兼并重组，提高企业自主创新能力，加快产学研一体化的发展，提升木薯产业基地建设、行业技术和装备水平，形成科技创新完善、产业结构优化、区域布局合理、资源利用持续、产业附加值高的可持续木薯产业发展体系，实现木薯产业的全面升级。

（二）具体目标

——引进和选育高产高粉木薯良种，以桂东南、桂中、粤西、琼西、滇南、闽西南优势区域为核心，建设集中连片、具有一定规模的优质木薯原料生产基地，扩大种植规模，对接木薯淀粉加工企业和木薯酒精化工企业。争取到 2015 年，四大木薯优势区域木薯种植面积达到 90 万公顷，鲜木薯产量达到 2 800 万吨，平均单产达 30 吨/公顷以上，新品种和丰产栽培技术覆盖率达 90%，鲜薯平均淀粉含量达 32%以上。

——逐步完善生产基地建设。2015 年，争取在广西、广东地区建设木薯繁育基地 4～5 个，在云南、广西、广东建立木薯高产万亩示范基地 2～3 个，千亩示范基地 4～5 个，全国范围木薯百亩示范基地 15 个以上；在海南建立丰产栽培技术推广基地 2～3 个，木薯品种苗圃保存基地 1～2 个。

——保持产量持续增长。“十二五”期间（2011—2015 年），木薯产量年均增长保持 1.3%左右，木薯需求量保持年均增长 1.5%左右，争取 2015 年木薯原料进口依存度减少到 40%左右；适度控制木薯燃料乙醇的木薯用量，合理分配木薯酒精化工产业和木薯淀粉产业的原料用量，保持基本稳定。

——打造木薯产业带。以桂东南、桂中和粤西木薯主产区为重点，加强木薯生产基地和加工业基地建设。依托泛北部湾、泛珠江三角洲以及西江经济带，打造木薯淀粉产业带和木薯酒精产业带，推动木薯生物质产业、木薯淀粉业、木薯化工业的发展（图 8－3）。

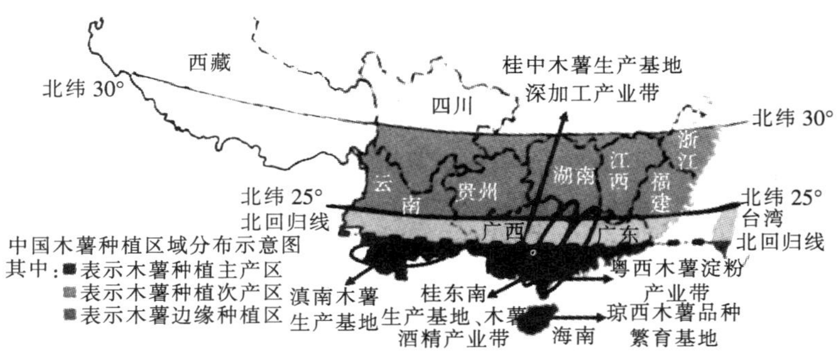

图 8－3　中国木薯产业带布局

——加快木薯淀粉相关技术的研究。木薯原淀粉用途广泛，应当通过加快木薯淀粉用途的研究，提高木薯综合利用效益。今后五年，应着重研究木薯淀粉同步糖化高温浓醪发酵生产乙醇关键技术的研发和产业化关键技术，以木薯淀粉为原料，通过各种进化策略，建立酶改造的高通量筛选技术平台，研制出新型耐酸中温（温度 70～80℃）的 α-淀粉酶和高耐性、发酵速度快、产酒率高的优良酿酒酵母菌，提高乙醇产率与碳源利用率，力争 2015 年木薯淀粉对外需求量减少到 30%，到 2020 年争取减少到 15%～20%。

——不断调整优化产业结构。大力推进企业规模化，加快企业集团化发展进程，有效引导资源要素流向优势企业，培育木薯淀粉、木薯酒精龙头企业。

——建立安全、优质、高效、循环的木薯深加工技术支撑体系和监督体系，增强木薯产业的可持续发展能力。

——促进木薯综合利用率显著提高，副产品得以综合利用，产业链不断延长，产业领域不断拓展。到 2015 年，深加工单位产品原料利用率达 95%以上，木薯净能比（NER）比目前增加 5%左右，木薯产品原料消耗量比目前下降 5%左右，单位产值能耗降低 20%，单位工业增加值用水量降低 30%，主要污染物排放总量减少 20%。

——开拓国外木薯生产基地。利用广西毗邻东南亚的区位优势，争取到 2015 年，在越南、印度尼西亚等国家建立合作联盟，开发 2～3 个百亩、1～2 个千亩木薯生产基地，加快木薯国际化发展进程，减少木薯进口依存度，到 2015 年木薯进口量占需求量的比例减少到 50%以下。

第三节　推进中国木薯产业发展的对策建议

为推进中国木薯产业的进一步发展，提高中国木薯产业的整体竞争能力，促进薯农增收，提出以下对策建议。

一、改变观念，树立发展木薯产业的新思维

第一，要打破木薯产业“效益低下、夕阳产业”的传统旧观

念。随着科技的不断进步和国际市场对木薯的大量需求，木薯产业获得了新的发展契机，重新焕发出生机。产区的各级政府应当加强领导，统一思想，提高意识，转变观念，重视木薯产业发展，将木薯产业作为农业产业结构调整的重要内容来抓。第二，要从我国热作、亚热作地区的长远发展考虑，强调种植木薯和发展木薯产业的重要性；要看到种植木薯的良好基础和优势，坚定木薯产业发展的信心，做好区域木薯种植产业发展规划和技术培训计划，确保木薯的种植、加工和销售环节的联结，提高农户种植收益，推动木薯产业稳定、健康和持续发展。第三，各级政府应有所作为，要从政策、资金、税收、服务等方面予以帮助和支持，鼓励农民尤其是木薯次适宜地区农民通过合理开荒种植木薯和发展木薯产业。此外，广西作为中国木薯最大的主产区，应看到自身具有的优势条件，尤其是与东盟国家的合作关系，认识到木薯产业在南亚热带地区农业经济发展以及对外经济贸易的重要性，真正发挥其与东盟木薯洽谈的主导地位，积极开拓国际市场，为中国木薯产业国际化发展提供合作平台，提升木薯产业的国际地位。

二、继续加大扶持力度，尽快制定木薯产业相关政策

目前我国对木薯产业的扶持力度仍比较弱。木薯产业链长，效益高，应尽快制定相应的木薯产业政策，推动木薯产业持续快速发展。

（一）因地制宜，制定产业发展规划

根据资源禀赋理论，各国资源禀赋的不同构成是国际贸易的基础。各国应该生产并出口密集使用供给相对充裕、价格较为低廉的商品，而进口密集使用供给相对不足、价格较为昂贵的商品，以获得比较利益和更有效地利用本国的生产要素。我国长江以南大部分地区适宜种植木薯，土地资源丰富，但是地域差异所需的品种布局、种植模式理应不同。发展木薯产业，要根据气候

条件、土地资源条件和加工企业生产能力，因地制宜选择木薯种植规模、品种结构、合理布局生产结构，制定产业倾斜的发展规划，这将有利于产区农业经济的发展，增加产区薯农收入。

（二）加大对木薯种植的扶持

对木薯种植方面的扶持应从以下三方面来抓：一是自然灾害补偿。2008 年冰冻灾害已经使得主产区的许多农户在缺乏补偿措施下，实际产量比预期结果低，同时由于木薯品质的下降使得木薯价格跌于成本之下，导致许多专业户受损。为此，我们认为，应当通过设立木薯产业专项发展基金、农业保险以及建立科技服务体系等形式扶持木薯种植，刺激农户种植，提高木薯总产量，适当规避自然灾害带来的风险，从而稳定农户收入。二是种植补贴。目前木薯主产区的普遍做法是对专业种植户按种植面积进行良种补贴，我们认为，同时不应忽略小规模种植户，仍需对木薯种植散户给予一定的种苗补贴，以提高整体良种覆盖率，促进木薯产业健康发展。三是价格补贴。政府应当通过联合有关木薯加工企业，按一定比例划拨部分资金用于木薯价格补贴上，以规避农户面临的市场波动风险。

（三）加大对木薯加工企业的扶持

目前国内木薯加工企业规模虽然较小、加工能力相对较弱，但木薯的综合利用较广、产业附加值较高。为此，应加大对木薯加工企业的扶持力度，这不仅有利于提高产业对木薯的需求，可以有效地保障木薯种植户的利益；而且有利于提高木薯产业的整体效益，为产区区域经济发展奠定经济基础。首先，科技部门应加大对木薯化工产品特别是燃料乙醇、变性淀粉等深加工品的技术资金扶持力度，支持企业研发部门的产品研发，开发一批技术含量高、产品附加值高的产品，延长木薯产业链。其次，环保、税收等部门应在木薯加工企业废水、废渣治理等方面给予更大的优惠政策，鼓励企业学习国内外成功的循环经济模式，支持企业努力形成有效的木薯循环经济模式，促进木薯加工企业发展，推动“两型”社会的建立。第三，在加工业布局上，政府应加大对木薯产业集群的建设，通过调整区域加工业结构，以加工企业为核心，培育龙头企业带动要素集聚，促进城乡资源和要素的流动，加快粤西淀粉产业带、桂东南酒精产业带以及桂中木薯深加工产业带的建设，以重大项目支撑集聚区，辐射带动木薯产区农民增收。

（四）加大产业政策扶持力度

加入WTO以及中国—东盟自由贸易区的建成，给中国木薯产业带来机遇的同时，也使得木薯产业在开放的经济中面临一系列挑战。为确保木薯产业得以健康快速发展，政府应利用WTO规则允许的“国内支持”政策加大对木薯产业的支持力度，提高木薯产品在国内、国际市场上的竞争力。同时，充分利用“绿箱”政策，加大对木薯科技（包括木薯品种选育与繁殖、产品加工开发研究等）、技术培训与推广、市场开拓与营销、信息和流通体制的建立健全、环境污染的治理、基地建设等方面的支持力度，增加资金和技术力量的投入，提高木薯生产和深加工的科技含量，创立木薯产品品牌，增强木薯产品在国内外的竞争力，增加国家创收。同时，农业发展银行等的政策性银行也应该通过支持企业，扶持木薯产业化的发展，带动木薯原料及产品流通等上下游产业的发展，增加农民收入。

三、加强木薯原料生产基地建设，完善基地社会服务化体系

目前中国木薯产业的基地建设规模仍较小，档次仍较低，配套性较弱。这使得木薯的生产和加工衔接不通畅，一方面造成农民收入不能提高，一方面抑制了木薯加工企业的发展。为此，加强生产基地建设对木薯产业发展起着基础性作用。应坚持以科技为导向，以实现薯农增收，木薯增产为目标，努力形成木薯品种良种化、栽培科技化、经营规模化的基地示范片，加快产业基地

的标准化建设。

（一）推广良种良法种植模式

虽然木薯适宜广泛栽培于热带亚热带地区，是基本无病虫害、易于管理的经济作物，即使在干旱、贫瘠、酸性的山坡、低谷、边际地区上也可高产，全国有12个省（自治区）的全部或局部地区可以种植。然而，多年来，由于木薯良种化问题没有得到应有的重视，尤其在一些贫困地区，木薯的种茎几乎是自己留种或以传统品种为主，良种覆盖率很低，平均公顷产仅12吨左右，淀粉含量25%左右。同时，种植和管理技术的落后，导致木薯产业经济效益较差，许多地区已经逐渐减少播种面积。因此，在基地建设上，龙头应对接木薯生产基地，极力推动良种良法的科技种植模式。通过结合区域特点，研发和推广适宜当地种植的木薯良种，合理布局区域品种结构，引导农户进行良种种植，实施间套种种植模式，提高土地产出。农户也应从整体出发，放远眼光，结合自身条件，积极学习和使用良种良法技术，从而提高单位产量以及木薯品质。

（二）建立木薯示范基地，辐射带动农户种植

首先，应通过区域布局，建立木薯品种选育基地示范片。选择气候条件好、土地资源丰富的地方建立县级、市级、省（自治区）级的木薯品种选育基地，进行木薯的杂交育种，种质资源保护与繁育，品种评比鉴定，培育适合12省（自治区）生产推广的新品种，观察、品比引进的新品种，保存木薯基因材料。其次，以示范片样板带动当地木薯产业发展。通过建设良种示范繁育基地、高产良种木薯繁育基地存片，百亩木薯种植示范片、千亩示范片、万亩示范片，品种筛选示范片、木薯间套种种植模式示范片，形成层层办样板、村村有示范的局面，辐射带动当地农户木薯种植。第三，合理使用木薯栽培技术。基地建设中，应当通过普及先进木薯种植技术，因地制宜，积极探索适合当地区域的科学种植技术，结合自身条件，灵活应用木薯纯种栽培技术、

木薯间套种栽培技术以及木薯跨年度种植和沙地种植技术，建议制定一定的种植规范（如每亩疏植 450～500 株，株行规格 1.2 米×1.5 米，利用宽阔行间种植低矮早熟作物等），通过不同区域示范片进行正确的引导。第四，做好用地养地和防止水土流失。示范基地的建设应当按照生态条件的要求，不能盲目开荒种植。在 25°以上的荒坡荒山，应禁止垦荒种植，防止水土流失。

（三）完善基地社会化服务体系

围绕基地建设健全完善社会化服务体系，是基地建设实现规模化、集约化的重要保证。因此，可通过木薯产业化发展战略，健全以家庭经营为基础，以基地建设为纽带，以科研单位和木薯加工企业为依托，以农民自办服务组织为补充的多种经济成分、多渠道、多形式、多层次的服务体系，从良种研发、种苗提供、技术服务、加工、运销、信息等各方面为基地提供服务。同时，应加强合作组织的建设。通过农民自办组织，社员共同参与，形成“风险共担，利益均沾”的利益共同体，提高农民进入市场的能力，推进木薯产业化经营。

四、大力推进木薯产业化经营，提高木薯产业效益

产业化经营是农业产业发展到一定阶段必然出现的结果。发展木薯产业，应当通过以加工企业为依托，以市场为导向，突进木薯产业化经营，提高木薯产业效益。

（一）加强龙头企业建设

木薯加工企业应不断拓展自身经营能力，联结好产前、产中、产后关系，确保产品研发、生产、加工和营销 4 个环节的协调发展。在生产环节，企业要加强现今生产技术的改进，形成技术改进和技术研发互相依存、相互促进的良性循环。在加工方面，要坚持“抓大放小”的方针，通过培植、引进、联合、重组，着力培育经济实力雄厚、市场竞争力强的大企业，淘汰工艺设备落后、产品质量不合格的小企业，提高行业生产经营集中度

和专业化协作水平，推进木薯产业生产经营的集约化、规模化，从而实现大型企业集团化、中小型企业特色化，以利于获取经济规模，培育创新能力，提高木薯淀粉和酒精企业在国际淀粉行业和酒精行业的竞争力。在营销方面，企业应注重引进先进的营销理念、手段和技术，建立和健全企业购销信息服务体系，充分利用木薯期货贸易和远期交易，沟通电子交易平台，以避免和减少销售风险。加快将龙头企业建成生产加工、信息、科研和服务中心，对生产基地进行有效的监督和管理，完成联结农户与市场的中心纽带。在建立木薯龙头企业时，应坚持龙头企业向外扩张、产品向外销售，与国内外相关企业形成战略联盟。此外，应加大木薯深加工品的开发和生产，延伸产业链，提高木薯附加值。

（二）提高产业合作力度

应通过成立产业协会、合作社等合作组织，提高农户进入市场的谈判能力，切实维护农民利益，形成有效的利益共同体。同时，应通过行业协会，制定木薯产品的标准和产业的行规，规定行业准入标准，建立标准化、规范化的木薯生产加工体系，提高木薯产业竞争力。达到一定发展程度时，应结合地区加工能力和产业布局，通过联合木薯种植业、淀粉加工业、酒精加工业等，加快产业集团的建成，形成具有辐射效果的核心产业带，真正做到基地农户一体化、生产加工一体化的纵向产业化的延伸，以发挥区域特色产业优势，推进我国县域经济的进一步发展。

（三）加大产学研的联合

应通过鼓励龙头企业与高校、大专院校、科研单位等科研力量紧密结合，建立产学研紧密结合型的木薯深加工研发中心，实现以企业为主体，以市场为导向，产学研相结合的技术创新体系，引导和支持创新要素向企业集聚，有效配置城乡生产要素，促进科技成果向现实生产力转化，提高自主创新能力，形成企业的核心竞争力。同时，通过校企联合、产学结合，培养和引进一批木薯产业开发的高层次的专业技术人才，建立企业文化和人才队伍，提升企业竞争地位。在联合过程中，应通过产业组织进一步发挥其在产学研合作中的桥梁纽带作用，支持企业作为技术创新的主体，促进区域与行业技术创新战略联盟的建立，推动投融资和产学研合作基金的建立，形成产学研合作的经验和新理念、新模式、新方法。通过产学研合作，正确引导社会资金，搭建产业合作和信息整合服务平台，促进国内外产学研合作与交流，提高产业效益。

（四）提高农民意识

农民作为产业化经营的重要参与者。现阶段，应通过宣传、示范等方式使农民认识到木薯产业化发展对保证木薯产业经济效益的重要作用。同时，应通过维权、合作等方式，提高农民自身的谈判地位，主动争取在产品交易中的话语权，以自身的行动融入木薯产业化价格体系，真正体现农民是产业化过程中必不可少的参与者，从而提高农民种植木薯的比较收益。

（五）加强国际合作交流

应加强木薯科技、种植和加工等方面的国际交流与合作，提高中国木薯产业化的整体水平，提升产业的国际竞争力。加强政策引导和科技支撑，通过双边或多边合作，按互惠共赢原则，选择国外木薯适宜种植区发展木薯生产基地，引导带动中国木薯新品种、科技和成套加工设备的出口，降低国内木薯进口依存度，形成有效的农工贸一体化经营方式，保障中国木薯产品的需求和土地可持续利用。

五、创新木薯产业区域合作机制，提高木薯产业竞争水平

对外，应利用木薯主产区广西的毗邻东盟国家，位于泛北部湾区域，地处“两廊一圈”中的环北部湾经济圈的优越地理位置；对内，应挖掘木薯适宜区大部分位于泛珠江三角洲地区的区位优势。发展木薯产业，应实施以面向东盟和泛珠江三角为重要

的国际国内合作战略，充分利用“两个市场、两种资源”，扩大区域战略市场，坚持“引进来”与“走出去”相结合，拓宽产业开发领域，优化开放结构，创新合作机制，提升合作层次，加快发展开放性经济。

（一）继续加强国内区域间的合作

对内，产区间应坚持深入推进区域间的合作，有效利用国家木薯产业技术体系信息平台，坚持木薯产品市场应立足华南，联合西南，面向东南，继续加强产区与泛珠江三角区域、长江三角洲以及港澳台重要区域的合作，建立有效的木薯产销对接机制，形成良性互动、互利共赢、共同发展的区域开放合作格局，通过区域间资金的引导、分流，扩大木薯加工贸易规模，推进木薯加工贸易转型升级，提升木薯产业区域竞争水平。

（二）积极拓宽东盟市场，创新国际合作机制

对外，首先应以中国—东盟博览会、泛北部湾经济合作论坛为平台，通过会展参展，吸引更多的资金、技术、人才投资，鼓励有实力的企业与东盟国家合作，到东盟国家投资办厂、开发木薯资源和承包工程，积极拓宽东盟木薯产品市场，增加木薯原料流入量和木薯产品的流出量，确保产业原料得到有效分配。其次，应极力开拓西欧、拉丁美洲以及非洲市场，建立多元化的木薯贸易格局。第三，深化拓宽务实合作，发挥政府主导作用，建立金融支持经贸合作机制，联合专家、大学院校、科研院所、龙头企业等主体，参与国际产业化合作机制，创立木薯产品品牌，从而提升木薯产业国际竞争力。

（三）促进产品质量标准国际化

面对日益激烈的国际竞争，除在国际合作中加强联合外，还应加大产业核心竞争力的形成。在发展木薯产业中，应当注意将木薯产品质量提高到核心竞争力层面，通过标准化、规范化生产，提高木薯产业竞争水平。这需要在生产环节中，将产业融入国际经济体系中，建立一套符合我国实情的同时，又能与国际接

轨的木薯产业质量标准体系。从生产、加工到销售整个产业链中完全实施标准化攻略，引导木薯产业的开发研究，拉动结构调整，增加农民收入，提高农业生产力水平，从而将木薯产业真正建设成为我国南亚热带地区的支柱产业，能够有效应对国际贸易中的“产品范围”、“市场准入”、“出口禁止与限制”等有关界定和承诺。此外，应借鉴东南亚国家的成功经验，建立健全我国木薯产业技术法规与标准体系和产品认证制度，从制度与技术方面构筑起技术壁垒防范体系，使我国木薯企业在这一领域的技术处于领先，尽快通过国际标准与质量认证，获得竞争优势及产品技术标准方面的发言权，促使外国减少对我国木薯贸易出口歧视性的技术规定，打破国际贸易中的技术壁垒。

六、推进主产区沿海沿江率先发展，完善木薯区域发展布局

中国木薯主产区沿海沿江区位优势明显，可通过推进沿海沿江地区木薯产业发展，形成产业集群，中心地区木薯产业示范发展极，完善区域发展总体布局。

（一）充分发挥北部湾经济区木薯产业带动作用

自广西中粮集团落户合浦工业区以来，北海地区木薯产业得到较快发展。北部湾地区木薯加工企业比较集中，应依托该经济区的木薯加工企业（如北海的广西中粮、钦州的广西新天德能有限公司、广西明阳生化科技、广西农垦），以武鸣、合浦木薯产业基地为示范，开拓北部湾地区木薯规模化生产，打造北部湾木薯产业带，形成发展极，辐射带动整个区域木薯产业的发展。

（二）积极推进西江经济带木薯产业的发展

桂东、桂中、桂北沿西江地区，面向珠江三角洲，背靠西南腹地，交通运输便利，区位优势明显，产业基础较好，应进一步整合资源、集聚优势，加快形成西江木薯产业经济带。贵港地区的桂平市木薯产业发展较快，基地示范效果强，金源酒精公司企

业规模大。应以桂平市为核心，通过基地示范，企业带动，向梧州、玉林、贺州地区辐射，加快西江经济带与珠江三角洲的市场对接，依靠黄金水道，积极开拓华南地区、港澳台地区木薯产品市场，改善投资环境，增强配套能力，壮大经济带木薯产业规模，提升产业发展水平。

（三）有效开拓桂西地区木薯产业的自我发展

崇左、百色、河池地区木薯产业发展虽然较晚，但是土地资源比较丰富，尤其崇左地区的凭祥市丰浩酒精有限公司产业基础好。应依托该企业，有效利用桂西地区的木薯资源，利用凭祥、百色沿边区位优势，通过开发东南亚地区木薯资源，结合当地产业基础，重点发展木薯酒精深加工，淀粉深加工，加快发展木薯产品贸易。

附件一　调研报告

调研报告一　广西平南县木薯产业发展调研报告

为了解广西主产区木薯产业发展情况，我们课题组选择了2008年木薯产量位居广西第四的平南县，对该县木薯种植户、合作组织、产业化模式等方面进行了调研。

一、平南县木薯产业发展概况

平南县位于广西自治区东南部，黄金水道西江上游，居北纬23°2′19″～24°2′19″，东经110°3′54″～110°39′42″，面积2 988平方千米，隶属于广西壮族自治区贵港市。全县气候温和，年平均气温21.5℃，雨量充沛，年降雨量1 630毫米，光热充足，年平均日照1 712小时，年无霜期为340天，十分适宜农业发展，属于我国桂南—桂东—粤中木薯优势区域。近年来，平南县农民人均纯收入得到快速增长，2008年达到3 919元，比2000年增长了108.47%，年均增长9.62%，尤其在2006—2008年间增长速度加快，年均增长16%（见附图1），这在一定程度上体现了木薯产业发展对农户收入的拉动作用。

（一）2007年以前平南县木薯产业发展情况

虽然平南县具有天然的木薯种植优越资源，但由于意识观念薄弱，在2007年以前，平南县全县木薯种植面积基本维持在4万～6万亩，鲜木薯总产量约2.48万～4.7万吨，平均单产只有0.55～0.78吨/亩。多年来，由于该县木薯价格一直徘徊在0.30

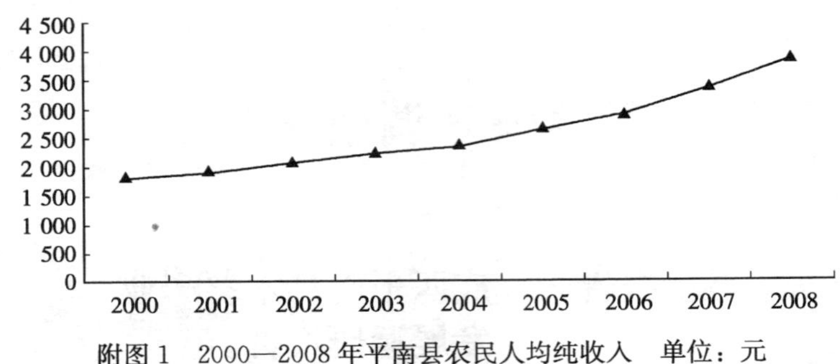

附图 1　2000—2008 年平南县农民人均纯收入　单位：元

元/千克的低价、品种单一、管理粗放、广种薄收、单产低、缺乏木薯加工企业等原因，当地木薯产业发展落后，农户种植积极性低，生产得不到重视，面积、产量和发展速度远落后于周边市（县）。

平南县的木薯种植主要分布在同和、马练、大鹏、国安、安怀、平山、六陈、寺面、大坡、大洲等南北山区乡镇及大安、镇隆、上渡、平南镇、官成、思旺等部分中部乡镇。栽培品种均以当地品种南洋红为主，占全部栽培面积 85%以上。

（二）2008—2009 年平南县木薯产业发展情况

2007 年以后，由于该县引进了木薯企业，企业发展对木薯需求的不断增加使得全县木薯种植面积大幅提升，加上 2008 年冰冻灾害天气对老品种的更新换代，更推进了该县木薯产业的发展。2008 年全县木薯种植面积 15.5 万亩，比 2007 年增长 94%，全县木薯平均产量达 1.68 吨，总产达 26 万吨，总产值 1.3 亿元，农民人均木薯种植收入 108 元；2009 年木薯种植面积为 16.3 万亩，比 2008 年增长 4.5%，预计全年木薯平均产量达 2 吨，总产量达 32.4 万吨，预计总产值 1.62 亿元，比 2008 年增加 3 200 万元；木薯产业预测实现农民人均木薯种植收入 130.6 元，比 2008 年增加 22.6 元。

在良种良法推广方面，该县的最大推广力度在于 2008 年冰冻灾害后，对各乡镇的种茎调种上。通过从各地调种华南 5 号、华南 205 号、新选 048 等优良木薯种苗，有力地推动了平南县的木薯生产运作。目前，该县推广华南 205、华南 5 号等高产优质木薯良种面积达 15.3 万亩，良种覆盖率达到 94.4%；同时，推广深松垄作高效新技术 11.4 万亩，推广覆盖 70.4%；科学间套种 13.2 万亩，良法覆盖率达 81.5%。良种良法的农业技术推广的普及，促进了该县木薯产业增产、农民增收。此外，该县还通过推广木薯杆（蔸）培育食用菌技术，延长了产业链，提高了当地农户的收益。

二、平南县木薯产业发展的实地调研

2009 年 12 月 7 日我们课题组赴平南县上渡镇和滑河镇随机调查了 42 户农户，其中 13 户非木薯种植户，29 户种植户，1 家木薯合作社。

（一）家庭纯收入以务农为主，外出务工为辅，劳动力文化程度偏低

调查户中，家庭纯收入最大值为 68 000 元，最小值为 2 000 元，平均家庭纯收入为 21 026.19 元。其中家庭经营收入最大值 29 400 元，最小值为 3 540 元，平均每户家庭经营总收入为 10 224.29元。劳动力平均外出务工天数最大值为 330 天，最小值为 0，户均劳动力平均外出务工天数为 89.93 天；平均劳动力文化程度最高为 6 年，最低为 0.8 年，户均劳动力文化程度为 2.42 年。

（二）旱地面积的多少对木薯种植规模有显著影响

在 42 户调查户中，耕地面积最大值为 18 亩，最小值为 0.8 亩，户均耕地面积为 6.15 亩。在 13 户非种植户旱地面积最小值为 0，最大值为 2 亩，户均旱地面积为 0.38 亩；29 户种植户的旱地面积最大值为 10 亩，最小值 1 亩，户均旱地面积 4.29 亩。

（三）良种良法覆盖面积较高

在 29 户种植户中，木薯种植均采用良种，其中 24 户农户采用木薯间套种模式，覆盖率达到 82.76%，其中主要为木薯套种花生和黄豆。

（四）木薯价格逐年增长，木薯扶持力度加大

在调查户中我们知道，平南县 2006 年鲜薯收购价格为0.3～0.36 元/千克、2007 年为 0.24～0.35 元/千克、2008 年为 0.35～0.4 元/千克、2009 年为 0.5～0.6 元/千克。在 29 户种植户中，有 12 户得到木薯良种补贴（均为签约户），其他种植户均得到政府给予的一些技术指导及培训讲座。

三、平南县推进木薯产业发展的推动策略和主要做法

平南县木薯产业的较快发展，主要有三大驱动力。最大一个驱动力是政府的拉力作用。主要体现在种植、信贷、产业基金、科技服务体系以及基地建设。二是产业化发展步伐的加快，提高了木薯产业效益。三是意识观念的转变和产业宣传的覆盖。

（一）政府引导，多方扶持，推动了木薯产业的较快发展

平南县木薯产业的快速发展，得益于政策的强力拉动和多方的大力扶持。2008 年 3 月平南县出台了《关于加快木薯产业发展的决定》（平发〔2008〕11 号），提出把建立木薯高产栽培示范样板作为木薯产业发展的突破口来抓，进一步加快了该县木薯产业的发展。平南县的政策扶持措施主要体现在以下四大方面：

1. 种植补贴。种植补贴主要分为种植面积补贴和种苗补贴。一般而言，木薯种茎可以自己留种，但是由于 2008 年的冰冻灾害使得木薯种苗紧缺。为此，平南县政府和农委通过联络当地木薯龙头企业，筹资了 480 多万元（其中财政出资 200 万元，市区各相关单位 80 万元，企业补贴 200 万元），分别从南宁、湛江、茂名、海南等地共调运木薯种苗（华南 205、华南 5 号）3 844.79吨，对种植户的良种给予 400 元/吨的良种补贴，改善

了木薯的品种。其次，种植补贴。政府为了鼓励农户规模种植，规定连片种植木薯 100 亩以上的，每吨种苗增加扶持补贴 100 元。

2. 信贷支持。县信用联合社给予 1 000 万元优惠贷款，支持群众购买肥料等生产资料，为木薯产业发展提供了充足的资金支持。同时，政府通过对农户的行为分析和了解，对村里能人在向信用社贷款时给予信贷担保，解决农户贷款难问题。

3. 产业发展基金。为推进木薯产业的发展，平南县财政通过设立木薯产业发展专项基金，以解决产业资金问题。这一做法主要体现在四点：一是设立专项财政资金。如 2008 年，该县财政安排 200 万元，作为木薯生产技术研究、宣传、推广、品种引进、农民培训、种植扶持以及相关奖励（如擂台赛）等。二是相关单位、部门实行对口扶持，在资金上大力支持乡镇木薯种植示范样板建设。如 2008 年该县制定了各乡镇的木薯产业发展任务（附图 2），以推动木薯产业的规模化经营。三是企业提取一定比例的发展基金。四是把种植木薯作为县扶贫的重点任务，安排扶贫资金。

4. 科技服务体系。通过联合县农委、农业产业化办公室、木薯产业龙头企业等相关部门，平南县组成了一支科学技术指导服务队伍，形成了木薯栽培技术推广服务体系，进一步加强对全县木薯生产的技术指导和服务，通过技术培训、推广，提高了农户木薯栽培技术，加快了全县木薯产业发展速度。

5. 基地建设。基地建设方面的政策扶持，平南县提出了抓“千、百、十”三级样板建设的措施和办法，通过典型引导和激励农民应用新技术建立木薯高产栽培技术发展木薯产业。首先，高标准建设 10 个千亩以上示范样板。该县主要在平山镇、国安乡、马练等 9 个乡镇建立 10 个连片面积均在 1 000 亩以上的木薯高产栽培中心示范样板；其次，做到每个镇建立 1～2 个连片 200 亩以上、每个村 1～2 个连片 20 亩以上的示范样板，通过示范带动、以点带面，形成乡乡村村推进木薯高产栽培示范样板建

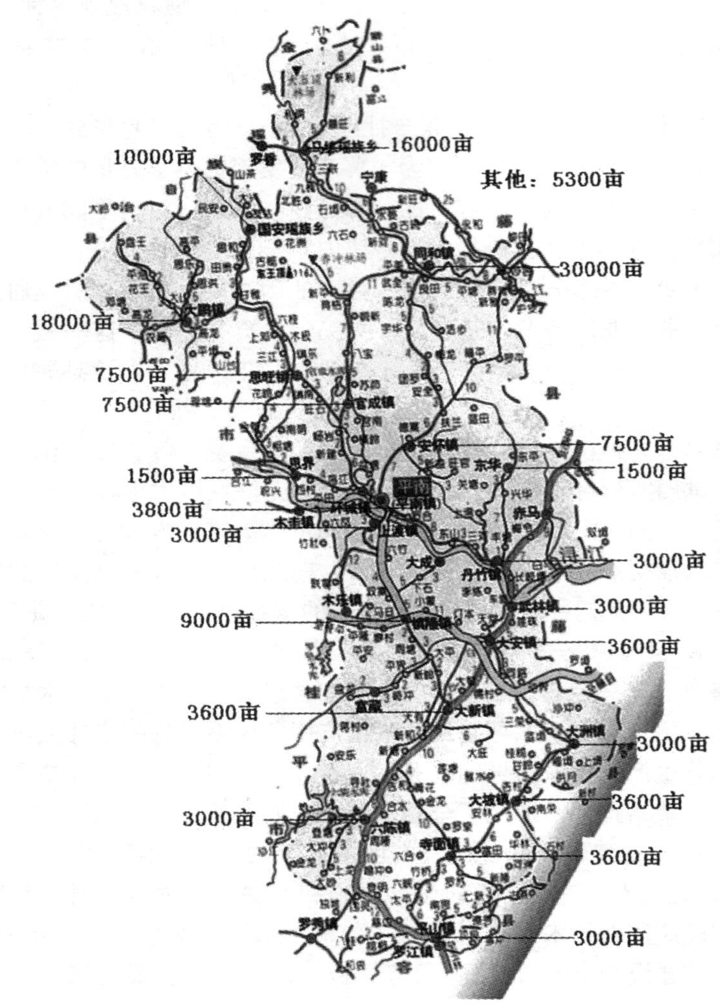

附图 2　平南县木薯产业发展任务

资源来源：平南县农业局。

设的新局面。2009 年全县各乡镇共建立 150 亩以上的高标准木薯高产栽培示范样板67个，覆盖面积2.32万亩。

（二）产业化经营，规模化管理，提高了木薯产业效益

为解决农民发展木薯生产的交易风险问题，平南县各相关单位通过推动木薯生产组织化、集约化、基地化、标准化、商品化的产业化发展，加快以最低保护价为契约形式的“公司＋基地＋合作社＋农户”的产业化发展模式的形成，联结了农户与市场，提高了木薯产、加、销纵向一体化的深度，延长了木薯产业链。

1. 政府拉动。政府通过招商引资，引进以木薯为加工原料的生化能源龙头企业——广西金茂生物化工有限公司，为解决当地木薯销售提供了必要的渠道。同时，政府通过宣传、典型引导，产业化扶持等措施激励农户投产基地建设、推广木薯高产栽培技术、扩大种植规模、参与产业化经营（如“凡是与企业签订产销合同，资金不足的农户，由政府联系金融部门给予贷款支持”），提高了农户的比较收益。

2. 企业带动。企业通过与合作社或种植大户签约最低收购价，每吨鲜木薯保价500元，木薯干片每吨保价1 200元。如市场价高于保护价，则按市场价收购，保证价格不低于全区同类企业的价格。同时，企业联合政府相关部门，对签约的合作社或农户给予种苗、肥料、农药等生产物资的扶持，通过建立“风险共担，利益共享”的机制，推动木薯产业化发展。此外，企业在基地建设方面提供资金，示范片开发，提高了木薯种植技术水平，有效地将基地生产纳入产业化经营的一体化过程中。

3. 合作社促动。平南县通过实行组织化、集约化、基地化、标准化、商品化发展，以“加工龙头企业＋合作社＋基地＋农户”的产业化发展模式，实现了从基地到生产、从生产到加工、从加工到销售的产供销一体化，推动了平南县木薯产业化发展。据统计，2008年，平南县签订木薯“产销”协议书59 000多份；为进一步提高木薯生产组织化、集约化程度，合作社通过与金茂生物化工有限公司签订生产合同，直接带动农户596户，签订生

产合同面积达 2.32 万亩。此外，合作社还通过示范带动，在镇隆古带村创建了一个连片 1 000 多亩木薯高效栽培示范基地，实行深松垄作，引进了新选 048，华南 5 号，华南 205，桂热 3 号等高产优质新品种，直接激励了该县农户种植的积极性。合作社的参与，不仅推动了木薯产业的发展，更是成为当地农业产业化发展的最有成效的做法。

平南县金茂木薯种植专业合作社简介

平南县金茂木薯种植专业合作社，由平南镇经济能人李灿荣牵头，联合 6 户种植大户，其中农村户口 5 人（占 83%）、城镇户口 1 人，并在平南县工商管理局登记注册成立，社员出资总额 17 万元，本着“自愿、民主、平等、互利”的办社原则，采取“公司＋合作社＋基地＋农户”的模式，以“引进优质品种，提供优质服务，循环发展，促进薯农增收”为目标，统一规划，统一生产，统一销售，风险共担、利益共享。并经平南县工商管理局于 2009 年 5 月登记注册成立，社员出资总额 17 万元，木薯种植面积达 6 000 多亩。依托合作社大力推广多项木薯优良品种及高产高效栽培管理技术，为薯农提供种苗、化肥、农药、技术培训、贷款申请、销售、食用菌等产、供、销“一条龙”服务，延长产业链，为木薯产业大发展提供有效的技术支撑和服务保障。2008 年成功引进华南 205 和华南 5 号在平南县种植，增产效果明显，为平南县木薯生产和农民增收作出巨大的贡献。2009 年又引进了新品种华南 8 号和华南 9 号、桂热 3 号、新选 048 在平南种植，引种成功后将大力推广种植，不断丰富平南县的木薯种植品种。为开发利用木薯老蔸，变废为宝，在木薯老蔸上打孔栽培绿色无公害木耳、凤尾菇、金针菇、灵芝等食用菌，大大提高了种植户的经济效益。把木薯食用生产作为农民增收致富的重要途径，走“循环经济，变废为宝”的发展道路，金茂木薯种植专业合作社带领广大农民通过集约化、标准化、规模化、专业化经营走上共同致富，奔小康的道路。

资料来源：平南县农业产业化办公室

（三）产业宣传，提高了农民科技种植的意识

针对农民对大面积种植木薯及“产业化订单做法”认识水平较低、思想较保守、顾虑较多等的意识，平南县通过技术培训和宣传发动工作，印发了关于木薯产业的宣传资料共 25 多万份，录制光碟 5 000 多张，田间管理技术资料 40 000 份，分发到各乡镇，使县委、县政府关于发展木薯产业的决定及优惠政策、市场前景、种植技术进入千家万户，及时送到全县广大人民群众手中，使农民及时了解当前政策倾向，打消农民的顾虑心态。同时通过建立好木薯高产栽培示范样板，以示范带动农户，转变农户意识，提高薯农对木薯栽培技术的认识，激发农民使用良种良法的积极性，从而提高木薯产量，促进农业结构调整，推进木薯产业又好又快发展。

四、启示

平南县木薯产业发展取得了显著的成效，其推进木薯产业发展的策略和做法对周边地区发展木薯产业具有重要的启示意义。

（一）应着力抓好基地建设，推广良种良法种植模式

发展木薯产业应坚持以科技为导向，以实现薯农增收、木薯增产为目标，努力形成木薯品种良种化、栽培科技化、经营规模化的基地示范片。

1. 示范带动。发展木薯产业应极力推动良种良法的科技种植模式，以示范片样板带动当地木薯产业发展，通过建设良种示

范繁育基地、高产良种木薯繁育基地存片，百亩示范片、千亩示范片、万亩示范片，品种筛选示范片、木薯间套种种植模式示范片，从而形成层层办样板、村村有示范的局面，推动木薯种植的规模化、良种化发展。

2. 规划促动。木薯耐贫瘠、耐干旱，因此对于一些符合木薯种植的区域，应按“统筹规划、因地制宜、合理布局”的方针，通过开荒或利用部分边际性土地种植木薯，同时还可以利用果树、速生丰等生长周期较长的属性，在果树（速生丰）生长头一两年，实现木薯套种，从而调整农业产业结构，提高土地利用效率。

3. 服务推动。发展木薯产业应健全以家庭经营为基础，以科研单位和木薯加工企业为依托，以农民自办服务组织为补充的多种经济成分、多渠道、多形式、多层次的服务体系，从良种研发、种苗提供、技术服务、加工、运销、信息等各方面为基地提供服务。

（二）应大力推进产业化经营，提高木薯产业效益

产业化经营是农业产业发展到一定阶段必然出现的结果。应当通过以加工企业为依托，以市场为导向，推进木薯产业化的发展，从而提高木薯产业效益。

1. 加强加工企业建设。木薯加工企业应不断拓展自身经营能力，联结好产前、产中、产后的关系，确保产品研发、生产、加工和营销 4 个环节的协调发展。应将龙头企业建成生产加工、信息、科研和服务中心，对生产基地进行有效的监督和管理，完成联结农户与市场的中心纽带。在建立木薯龙头企业时，应坚持龙头向外扩张、产品向外销售，与国内外相关企业形成战略联盟。此外，应加大木薯深加工品的开发和生产，延伸产业链，提高木薯附加值。

2. 提高产业合作力度。应通过成立产业协会、合作社等合作组织，提高农户进入市场的谈判能力，切实维护农民利益，形

成有效的利益共同体。应当通过联合木薯种植业、淀粉加工业、酒精加工业等，促就一个产业集团，形成产业带，真正做到基地农户一体化、生产加工一体化的纵向产业化的延伸，以发挥区域特色产业优势，推进县域经济的进一步发展。

3. 强化农民产业化意识。农民作为产业化经营的重要参与者，现阶段，应通过宣传、示范等方式使农民认识到木薯产业化发展对保证木薯产业经济效益的重要作用。同时，应通过维权、合作等方式，提高农民自身的谈判地位，主动争取在产品交易中的话语权，以自身的行动融入木薯产业化价格体系，真正体现农民是产业化过程中必不可少的参与者，从而提高农民种植木薯的比较收益。

（三）应强化政策扶持力度，推进木薯产业发展

木薯在酒精、淀粉、化工等众多工业、能源领域有着广泛的应用。作为新一代非粮燃料乙醇产业的原料，木薯有着较大的市场潜力，应强化政府对产业木薯产业发展的扶持力度。

1. 木薯种植方面的扶持。主要体现在三方面：一是自然灾害补偿。2008 年冰冻灾害已证实在缺乏补偿措施下，农户不仅在产量上得不到预想结果，同时由于品质的下降使得木薯价格跌于成本之下，导致许多专业户受损。为此，我们认为，应当通过设立产业发展基金、农业保险以及建立科技服务体系等形式扶持木薯种植，以提高木薯产量，适当规避自然灾害带来的风险，从而稳定农户收入。二是种植补贴。目前国内的普遍做法是对专业种植户按种植面积进行良种补贴，我们认为，对木薯种植散户也应当给予种苗补贴，以提高当地良种覆盖率，促进县域农业经济加快发展。三是价格补贴。政府应当通过联合有关企业，按一定比例划拨部分资金用于木薯价格补贴上，以规避农户面临的市场风险。

2. 木薯加工企业的扶持。目前国内木薯加工企业虽然规模较小、加工能力相对较弱，但木薯的综合利用较多、附加值较高。为此，应加大对木薯加工企业的扶持力度，这不仅有利于提高对木薯的需求，有效地保障了木薯种植户的利益；而且有利于提高木薯产业的整体效益，为区域经济发展奠定经济基础。首先，科技部门应加大对木薯化工产品特别是燃料乙醇、变性淀粉等深加工品的技术资金扶持力度，开发一批技术含量高、产品附加值高的产品，形成产业集群。其次，环保、税收等部门应在木薯加工企业废水、废渣治理等方面给予更大优惠政策，努力形成循环经济的有效形式，促进木薯加工企业增收，推动“两型”社会的建立。

（四）应加强领导，转变意识

平南县木薯产业的发展经验已表明木薯产业发展的综合效益好、产业链长，是我国华南、西南地区的优势产业，对适宜种植木薯地区的农业增效、农民增收、县域经济发展有着重要意义。因此，各级领导应当加强领导，统一思想，提高意识，转变观念，重视木薯产业发展，将木薯产业作为农业产业结构调整的重要内容来抓。对区域木薯种植，应做好产业发展规划和技术培训计划，通过任务划分、指标量化等方法来抓，确保木薯的种植、加工和销售环节的联结，提高农户收益，从而推动木薯产业稳定、健康和持续发展。

调研报告二　广西武鸣县木薯产业发展调研报告

一、武鸣县基本概况

武鸣县位于广西中南部，是广西南宁市辖县，是壮族聚居最集中的地区之一。武鸣县位于北纬 22°59′58″～23°33′16″，东经 107°49′26″～108°37′22″，总面积 3 366 平方千米，地处我国桂南—桂东—粤中木薯优势区域。武鸣县城距南宁市区 32 千米，距钦州港、防城港和北海海港分别为 138 千米、210 千米和 241

千米。武鸣县地处亚热带季风区，气候温和，雨量充沛，年平均气温 21.7℃，年平均日照时数 1 660 小时，年平均降雨量 1 300 毫米。近年来，武鸣县农民人均纯收入得到快速增长，2008 年达到 4 888.8 元，比 2000 年增长了 116.51%，年均增长 10.14%，尤其在 2004—2008 年间增长速度加快，年均增长 12.8%（附图 3）。

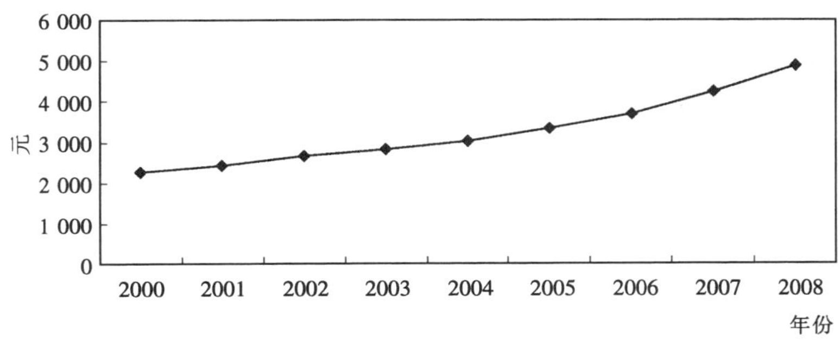

附图 3　2000—2008 年武鸣县农民人均纯收入

二、武鸣县木薯产业发展概况

武鸣县的土地形势和气候资源十分适宜木薯种植，木薯种植内部优势明显、外部发展机遇大。20 世纪 90 年代以来，武鸣县木薯产业发展迅速，当前木薯种植面积和产量位于广西首位，形成了年种植木薯 20 万亩、年产木薯淀粉 20 万吨、木薯酒精 3 万吨的生产能力，木薯产业已成为武鸣县的一个支柱产业。尤其是 2003 年《武鸣县木薯产业发展规划（2003—2008 年）》颁布和实施以来，木薯种植技术不断突破，木薯加工业“三废”处理技术日臻完善。武鸣县太平镇凤阳村建立了木薯专家大院，开展了木薯技术培训，组装配套了木薯秆粉碎还田、木薯废水还田、机械化深耕深松、木薯起畦种茎斜插、木薯地膜覆盖栽培等先进适用的高产栽培技术；武鸣县还在“三月三”歌圩节举办了木薯淀粉、酒精技术交易洽谈会、木薯产业发展论坛等。当前，武鸣县木薯产业发展速度加快，成效显著，成为周边地区发展木薯产业的示范样板。

（一）木薯种植情况

木薯是武鸣县种植面积仅次于水稻、甘蔗的第三大作物。2008 年全县木薯种植面积 34 万亩，生产鲜木薯 83 万吨，产值 2.71 亿元，平均亩产鲜薯 2.45 吨。武鸣县木薯种植面积约占广西的 10%，木薯产量约占广西的 15%，居广西首位。2009 年木薯种植面积达 36.32 万亩，比 2008 年增长了 6.28%（附图 4）。

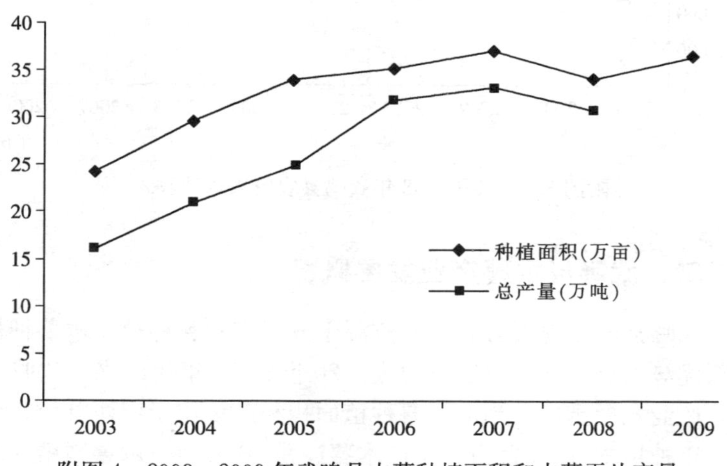

附图 4　2003—2009 年武鸣县木薯种植面积和木薯干片产量

（二）木薯品种及分布

武鸣县种植的木薯品种主要以华南 205 为主，约占全县木薯种植面积的 90%。其次是南植 199，主要分布在陆斡、罗波、马头、两江等镇，种植约 2 万亩，是该县今后重点推广的品种之一；还有其他一些品种，如 GR911、GR891、华南 201 和华南 5 号等品种。

（三）木薯栽培技术

武鸣县结合农业产业结构调整，加大了对木薯生产扶持力度，通过试验示范、引进、培育木薯优良品种，推广高产栽培技术，2009 年采用地膜覆盖种植的木薯面积达 30%，地膜种植技术可以使木薯产量有较大幅度的提高，平均亩产鲜薯可达 3.3 吨。如果结合配方施肥、深耕深松技术，木薯单产最高可达 5 吨/亩。此外，武鸣县木薯间套种西瓜、香瓜、花生、黄豆等瓜豆类作物覆盖率达 40%。该县还开发木薯收获机，逐步推广机耕、机收以及木薯种茎还田技术，大大提高了木薯生产效率。一般而言，农民种植 1 亩木薯可增加收入 800～1 000 元左右，具有较高的综合经济效益。

（四）加工和利用情况

武鸣县是广西木薯加工大县，县政府对发展木薯产业也非常重视，提出了将木薯产业发展成为武鸣的支柱产业和特色产业的目标。县政府鼓励木薯私营企业走新型的工业发展道路。2008 年底，全县木薯加工企业 31 家，全部属私营企业、合资企业，主要生产木薯原淀粉、酒精、变性淀粉，从业人员 6 000 多人。尤其在 2005 年后，变性淀粉产业发展加速，提高了木薯的经济附加值。当前武鸣县木薯淀粉生产能力为 400 吨/日，变性淀粉生产能力 380 吨/日，酒精生产能力为 290 吨/日，分别占广西木薯淀粉生产能力的 40%，变性淀粉生产能力的 15%，酒精生产能力的 20%。2003—2008 年木薯化工产品及产量、工业总产值、财税收入逐年递增（附表 1）。目前，全县已有宁泰、灵生、安宁、皇妃、红枫、恒星等淀粉品牌，产品畅销全国各地。

附表 1　2003—2008 年武鸣县木薯加工情况

年度	木薯淀粉（万吨）	变性淀粉（万吨）	酒精（万吨）	工业总产值（亿元）	税收（万元）
2003	17.16		1.69	2.30	826

（续）

年度	木薯淀粉（万吨）	变性淀粉（万吨）	酒精（万吨）	工业总产值（亿元）	税收（万元）
2004	20.23	0.38	1.08	4.06	870
2005	22.00	1.50	2.94	5.70	1 220
2006	25.77	2.19	5.23	7.17	1 833
2007	28.60	2.10	5.50	8.20	2 000
2008	32.13	3.60	6.03	9.21	2 200

资料来源：武鸣县木薯产业办公室。

三、武鸣县木薯产业发展存在的主要问题

当前武鸣县木薯产业发展还存在许多制约因素，只有克服这些劣势和不足，才能推进木薯产业又好又快发展。

（一）产业化力度有待加大

武鸣县木薯加工企业虽多，但规模较小、经营较分散、产能低、产品附加值不高，仅靠少数的龙头企业，难以形成有效的竞争环境。同时，武鸣县木薯原料丰富，收获季节较长，并且可晒干贮藏，农户在销售上存在惜售现象，导致木薯生产和加工脱节。同时，由于农户种植规模较小，企业与小规模经营的农户进行订单生产的意愿不强烈，只与少数专业户进行订单生产。此外，由于合作组织较少，仅是通过经纪人或者商贩进行交易，往往容易出现信息不对称、“店大欺小”现象，使得农户木薯销售价格低于市场价格。

（二）木薯加工业发展有待完善

武鸣县木薯淀粉酒精加工企业在节能减排方面已取得了较大成效。2008 年底，为实现木薯淀粉酒精加工企业“三废”排放达到国家标准，武鸣县强化对木薯加工企业的监督力度，积极引导企业加大治污的技术、资金投入，厌氧工程已逐步普遍。然

而，当前木薯渣综合利用效益比较低，沼气产出也较低，废水还田方面仍需加强改善；在深加工方面，除变性淀粉外，其他一些附加值较高产品较少，产业链不够长；在综合用方面，除对木薯根茎的利用外，如木薯秆、木薯叶以及木薯皮的综合利用还没开发，木薯产值较低；在木薯高产低能栽培技术方面，虽然研究力度已逐渐加大，但是在推广方面的力度还比较薄弱，良种覆盖率和间套种技术覆盖率还较低。

（三）农户意识观念淡薄

木薯产业发展对南亚热带山区农户增收有着重要的推动意义。然而，当前农户对木薯种植方面的意识观念仍然较为淡薄，认为木薯是一种贫穷的象征，对一些低产田、干旱地更多的是采用撂荒，或者只是粗耕烂种，不讲究田间管理，不注重良种良法和科学的测土配方技术，广种薄收。此外，农民对规模种植木薯及“产业化订单做法”认识水平较低，思想较保守，顾虑较多，产业化经营主体地位不明显，自身建设（如合作社发展）相对滞后，抑制了武鸣县木薯产业化的发展。

四、加快武鸣县木薯产业发展的对策建议

加快木薯产业发展可以带动武鸣县化工产品加工业、养殖业、种植业、饲料加工业的发展，解决部分农村劳动力就业问题，这对武鸣县农民增收和社会主义新农村建设具有重要意义。

（一）进一步加大政策支持力度，着实推动木薯产业发展

政府在木薯产业发展中具有至关重要的引导作用。首先，政府应通过资金支持，建立木薯产业基金用于木薯品种科研、种植环境改善、自然灾害救济、种植技术研究、基础设施改善等相关“绿箱”政策的同时，培育木薯产品市场机制，健全木薯原料市场、加工品市场以及劳动力市场，对恶性竞争现象进行必要的规避，稳定木薯的供求，保证木薯产品市场的稳定，从而提高市场

透明度，促进木薯产业的较快发展，稳定农户收入。其次，政府应适当调整产业结构，做好薯类作物和甘蔗之间的替代关系评估分析，稳定淀粉、酒精业的原料来源。第三，保障木薯产品质量标准，建立必要的木薯加工品质量检测检验体系。在这一环节上，政府应当引导企业以品牌、标准、服务和效益为重点，健全质量管理体系，强化社会责任。同时，鼓励建立行业协会和合作组织，通过协会的规范作用以及合作组织的牵引作用，建立标准行规，对木薯的生产、加工、销售进行规范化、标准化、信息化管理。第四，适当制定木薯企业税收减免政策，促进企业自身建设，提高产业效益。

（二）积极推进产业化经营，提高木薯产业效益

产业化经营是农业产业发展到一定阶段必然出现的结果。木薯产业发展最重要的是加工企业的建立。因此，应当通过以加工企业为依托，以市场为导向，推进木薯产业化的发展，从而提高木薯产业效益。在武鸣县木薯产业发展中，应当通过加强加工企业建设，完成企业产品市场开拓，有效监督和管理木薯生产基地，联结好产前、产中和产后关系，加快武鸣县木薯种植业、淀粉加工业、酒精加工业的联合，促成产加销一体化的形成，完成从生产和加工的一体化延伸，发挥区域特色产业优势，推进县域经济的进一步发展。

（三）完善化工业废水治理技术，积极推进循环经济

当前的木薯加工企业在废水处理上，基本上是 1 吨废水生产 10 立方米沼气（按酒精加工核算，生产 1 吨酒精会产出 13 吨废水，那么将得到 130 立方米的沼气），但很多小企业是第一年的沼气池可以用，第二年就下降了，第三年基本上报废，循环利用较弱。因此，在“三废”处理上，企业应当改善设备，提高木薯产业循环利用率和无害化处理技术，引进一批资源综合利用、节能节水技术改造、废物资源化和再生循环利用高的项目，通过沼气发电或回馈锅炉，节约电、煤；将废渣生产有机肥、还田施肥

耕作或生产动物饲料，净化环境，横向扩张产业，有效达到循环利用、节能降耗的目的。

（四）深入挖掘木薯综合利用，有效提高产业附加值

目前对木薯的利用绝大部分局限于木薯根块的利用，木薯杆的利用尚处于起步阶段，对木薯叶的利用基本没有。然而，木薯用途很广、综合效益高，木薯根块深加工品很多，除了可加工成木薯原淀粉、变性淀粉、木薯酒精外，还可加工成淀粉糖、葡萄糖、山梨醇等产业附加值很高的化工品，因此，应当通过把握好市场信息，做好产业发展规划，延长产业链；对于木薯秆而言，当前的木薯篼栽培木耳等菌类技术已不断完善，1 亩地产木薯秆 1 吨，武鸣县应在发展木薯种业的同时，适当调整产业结构，培育菌类作物以适应不同人群消费结构；对于木薯叶而言，可用于鱼、猪等动物饲养，可通过发展养殖业，壮大木薯产业，提高产业的横纵向整合。

（五）提高意识，加强领导，坚定木薯产业发展的信心和决心

武鸣县具有良好的木薯种植环境和加工环境，相关部门要进一步统一思想，提高认识，加强领导，应站在“实现农民增收、财政增长、农村经济和县域经济发展”高度，以市场为导向，加大木薯种植技术和加工技术推广力度，加快木薯产业发展步伐。同时，要将木薯这一优势产业摆在武鸣县县域经济发展的重要地位，通过“科研单位联结政府，政府联结农户，农户联结企业，企业联结市场”方式，协调各利益相关者，坚定木薯产业发展的信心和决心，培育规范化、标准化、规模化的木薯产业，推进木薯产业持续、稳定、健康发展。

调研报告三　广西合浦县木薯产业发展调研报告

合浦县是广西木薯种植大县，为了解该县木薯产业发展情况，我们课题组于 2009 年 7 月份对该县木薯种植户进行了调研。

一、合浦县种植概况

合浦县位于广西南端，北部湾东北岸。合浦县属北回归线以南过渡热带的沿海平原地区，县境北部为丘陵，南部为台地和滨海平原，中部为南流江冲积平原，地势平坦，带海洋性季风气候，平均日照总时数为 1 921 小时，年均气温 22.6℃，年总积温 8 181℃，无霜期 358 天，年均降雨量 1 663 毫米，相对湿度 75％～86％，拥有适宜木薯种植的气候资源和土地资源，木薯种植业的发展潜力巨大。

合浦县木薯播种面积和产量自 1998 年开始逐年增长，尤其到 2004 年以后，增长速度加快，单产逐年提高（附图 5）。

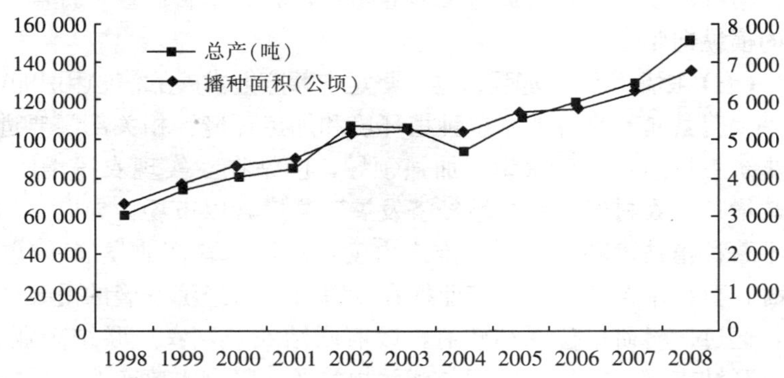

附图 5　1998—2008 年合浦县木薯播种面积和产量

数据来源：广西合浦县农业局。

1998 年，该县木薯种植面积为 3 307 公顷，总产为 5.93 万吨，平均单产为 17.94 吨/公顷；到 2002 年，木薯播种面积增长到 5 199 公顷，比 1998 年增加了 57.21％，总产达到 10.62 万吨，比 1998 年增长 79.07％，平均单产提高到 20.43 吨/公顷，比 1998 年提高了 13.90％；2003—2005 年由于播种面积和自然灾害等原因，该县木薯产量有所下降，直到2005年得到恢复，并且单产快速增长。2005年，该县木薯播种面积为5 719公顷，比2004年增加了10%；总产达到11.13万吨，比2004年增长了18.29%；鲜薯平均单产达到19.47吨/公顷，比2004年提高7.52%。2008年，全县木薯播种面积达到6 829公顷，比2005年增加了19.47%；总产达到15.09万吨，比2005年增长了35.57%；鲜薯平均单产为22.10吨/公顷，比2005年提高了13.48%。

近5年来，合浦县的木薯品种也在更新换代，为确保木薯产量和淀粉含量，已淘汰了华南201，华南124等品种，并新增了GR911、GR891、华南5号以及华南7号。2008年全县主要木薯品种有华南5号、华南205、GR911、南植199等，其中华南205号产量最高，占总产量80%以上。木薯种植主要分布在山口、白沙、乌家、西场、常乐、石康、沙田、星岛湖等乡镇，主要采用深松、测土配方施肥以及地膜覆盖等栽培技术，并逐步推广“三避”木薯间套种豆类、瓜类作物技术。2008年全县木薯应用“三避”技术间种豆类、瓜类作物面积约833.33公顷，预计2009年面积达到966.67公顷以上。

合浦县现有耕地面积53 000公顷，旱坡地29 866公顷。旱坡地适宜种植高产木薯，2009年木薯种植面积9 866.67公顷，主要种植品种华南5号、华南205等，预计总产量达29.6万吨。

二、合浦县木薯加工和利用情况

合浦县木薯主要用于淀粉加工行业和饲料喂养。但自2008年广西中粮生物质能源有限公司落户合浦县工业区后，该地区的木薯燃料乙醇产业发展迅速，2008年用于乙醇加工的木薯占8.8%，而此前并没有用于酒精加工。1998年，该县60%的木薯用于淀粉加工，39.6%用于晒干作饲料喂养家畜；到2003年，随着淀粉行业发展的加快，该县木薯用于淀粉加工比例增加到75%，用于饲料的比例减少到24.5%，用于食用的减少到

0.13%；到2008年，为平衡木薯乙醇产业对木薯的需求，用于淀粉加工的木薯比例有所下降，为61.6%，饲料用减少到11.76%，食用减少到0.01%（附图6）。

合浦县木薯加工企业主要有淀粉和酒精加工企业，2004年木薯淀粉加工企业只有4家，到2008年增加到6家，酒精加工企业1家。加工企业所需木薯来源主要来自本县，尤其是淀粉加工企业，全部来自本县，木薯乙醇企业部分原料来自越南等地区。2008年合浦县鲜木薯市场价格为280～420元/吨，2009年提高到520元/吨。

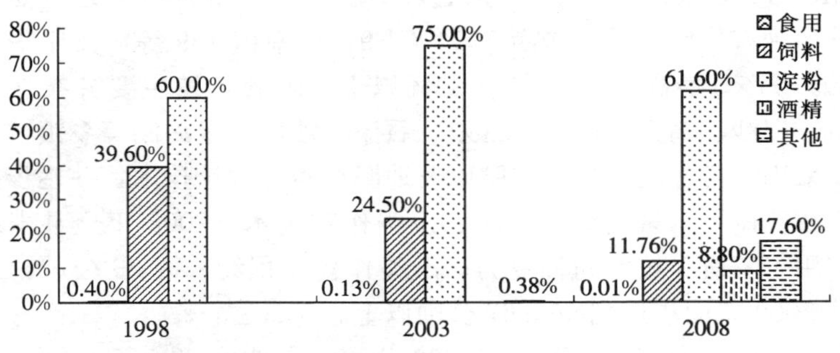

附图6　1998—2008木薯根块的用途变化

三、合浦县木薯产业发展实际调研

为了解当前木薯种植户产业化参与行为、加工业对木薯产业推动效应，我们不仅调查了木薯种植户的生产生活情况，同时我们还调查了木薯燃料乙醇企业的生产经营情况，以及企业与农户之间的相互影响关系。

（一）木薯种植业

合浦县是广西重要的木薯生产区，其生产水平、科技推广技术较高。

1. 木薯生产的成本—收益。根据我们对合浦县21户农户的典型调查，我们用简单的加权平均方法总结出了合浦县木薯生产的成本收益，见附表2。

附表2　合浦县农民木薯生产成本—收益情况

成本—收益	每亩成本					收益		
	用工（工日）	化肥投入（元）	农药投入（元）	种茎投入（按市价折）	机耕/播（人工工价计算）	单产（斤）	销售单价（元/斤）	茎秆产值（按市价折）
	8	150	25	120	50	3 600	0.17	200
合计（元）	620					912		
每亩纯收入（元）	292							

数据来源：笔者实地调研。

2. 木薯间套种栽培技术推广情况。近年来，合浦县木薯间套种技术推广成绩显著。据调查，2007年木薯实施间套种推广面积仅有0.3万亩，到2010年达到2万亩，年均增加88.21%。目前合浦县的木薯间套种栽培主要有木薯套种豆类和木薯套种西瓜，详细情况如附表3。

附表3　2008年合浦县木薯间套种技术推广情况

模式	推广面积（万亩）	成本—收益			木　薯			套种作物		
		每亩用工（工日）	每亩投资（元）	每亩产值（元）	栽培时间	收获时间	平均亩产（千克）	栽培时间	收获时间	平均亩产（千克）
木薯间种豆类	0.5	14	1 280	1 425	2月中旬	12月下旬	2000	2月下旬	5月下旬	100
木薯套种西瓜	0.05	20	2 470	4 350	2月中旬	12月下旬	2000	2月中旬	5月上旬	1 800

数据来源：合浦县农业局。

（二）木薯加工业——主要以广西中粮生物质能有限公司为例

1. 企业简介。广西中粮生物质能源有限公司是在2005年12月份申请注册成立的，注册资金1亿元人民币，其出资人分别是中国粮油食品（集团）有限公司和中国粮油食品进出口有限公司。其中中国粮油食品（集团）有限公司出资7 000万人民币占注册资本总额的70%，中国粮油食品进出口有限公司出资3 000万人民币占注册资本总额的30%，企业员工数量为876人。2008年，年产20万吨的燃料乙醇的项目开始投产，该项目坐落于广西北海市合浦工业园区，占地36万平方米，投资总额7.5亿元，建有一条燃料乙醇生产线、一条铁路专用线、一座自备电站及一座污水处理系统。企业每年需60万吨木薯干片，折鲜木薯150万吨；年产燃料乙醇20万吨、木薯渣6.7万吨、沼气2 400立方米。自广西中粮生物质能源20万吨的燃料乙醇生产线投产以来，企业生产运行良好，全年实现产值6.23亿元，纳税3 200多万元。

2. 企业生产销售情况。2008年，企业收购木薯65万吨（折干），其中从当地农户收购15万吨，区内收购50万吨，收购价格达到1 578元/吨，比其他地区同期价格高。

2008年，广西中粮木薯燃料乙醇产量为20万吨/年，生产成本5 612元/吨（其中原料成本4 200左右）。乙醇全部按10%比例添加汽油制成混合汽油，全部在广西销售，以实现E10乙醇汽油的试点。

3. 企业与农户之间的关系。为稳定原料来源和更好地为"三农"服务，企业与当地的1 600户农户签订合同期限为一年的木薯收购合同，形成"公司＋基地＋农户"的产业化一体化经营方式（附图7），促进了当地木薯产业的发展。

如附图7所示，农户与企业签订收购合同（鲜薯按450元/吨的最低保护价收购），企业通过与海南中国热带农业科学院、广西亚热带作物研究所、广西大学、广西农业科学院等科研单位合作，培育和研发良种、拓展科学种植方法；然后向农户免费提供良种、讲座、科技人员入户培训，开展基地试验（企业自己的生产基地120亩，主要用于良种培育、繁殖），向农户推广良种良法耕作，如推广木薯间套种、测土配方施肥管理等技术，对有

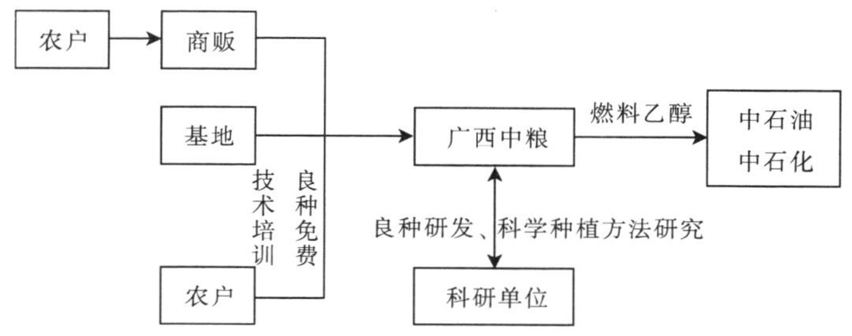

附图 7　广西中粮“公司＋基地＋农户”产业化经营

困难的农户还提供化肥、机耕等，促进了科技成果转化，确保了当地木薯增产和农户增收。同时，企业还联合政府，通过扶持农民开发荒瘠地，增加木薯种植面积；实现不与民争粮、不与粮争地，促进农民增产增收的目的。

四、合浦县促进木薯产业发展的主要做法

合浦县一直是广西区木薯产业的重要产区，其生产和发展在广西木薯产业中占据重要地位。纵观近几年合浦县木薯产业发展的推动策略，合浦县木薯产业发展主要有以下几点做法：

（一）建立木薯良种良法示范基地和优质原料基地

自 2006 年中粮集团非粮燃料乙醇项目落户合浦以来，合浦县积极实行“公司＋基地＋农户”的产业化经营模式。2007 年，合浦县在全县 8 个乡镇建立了“广西双高木薯新品种中心示范（合浦）基地”，与广西中粮集团在乌家镇建成了千亩以上的良种（包括华南 205、华南 5 号等 6 个优良木薯品种）示范园区，在进行品种试验的同时进行测土配方施肥示范试验和“3414”试验①。2008 年，面对冰冻灾害天气，合浦县通过引进新品种，改

① “3414”试验是测土配方施肥工作中的一个重要环节，它既是获得各种作物最佳施肥比例、施肥量、施肥时期、施肥方法的首要途径，也是筛选土壤养分测试方法、建立测土配方施肥指标体系的基本环节。

善了全县木薯的品种结构。同时，为使这些优良的木薯新品种真正用于生产，合浦县通过筛选出适应该县大面积种植的木薯良种，建立了优质木薯品种示范基地，示范引导农民种植木薯新品种，这使得全县木薯良种覆盖率达到了90%以上，既优化了合浦县木薯品种结构，又提高了全县木薯产量。此外，合浦县还开展了木薯产业技术体系培训班、木薯原料基地建设协调会，通过培训、协调、引导、规范的方式，提高了农户科学种植水平，促进了木薯生产。

（二）推广农机械化示范项目

木薯广泛种于山坡地，需要投入较大的人力、畜力，机械化生产有一定的难度。因此，合浦县在乌家镇启动了“合浦县农机械化试验示范项目”大型基地建设，项目示范面积1 500亩，其中木薯700亩。项目计划投资100万元，投入示范机械16个种类包括：拖拉机、深耕犁、旋耕机、深松机、割草机、起垄机、中耕培土机、施肥机、喷淋机、灌溉设备、排种机、覆土机、收获机、提升机、运输车、茎秆叶苗粉碎还田机。同时，通过专家引导、签订种植技术合作协议等方式，形成了“木薯专家+基地”的产业模式，逐步推广和普及全县木薯机械化生产，形成了高效的农业生产模式。

（三）制定木薯产业发展规划

合浦县自然条件优越，适合木薯生长的土地资源丰富。2007年，合浦县未利用荒坡地30万亩，适宜开垦种植木薯的有20万亩，该县针对全县种植业发展及耕地结构和利用，扩大木薯种植生产用地，主要以可开发利用的旱地及山地为主，尽量不占用粮油和原料蔗生产用地。通过对木薯种植进行规划布局，积极引导和发动群众开荒种植木薯，进一步扩大了木薯种植面积。

（四）政府鼓励，企业引导

为推进木薯产业的发展，合浦县成立了领导机构，主要用于加强对木薯种植计划、生产布局、结构调整和木薯加工企业等方面的宏观指导、管理与协调。同时，通过建立木薯生产发展基金，用于全县农户技术的培训和科技的投入，促进了木薯产业的发展。在政府的鼓励下，企业在合浦县建立了高产示范基地分布点，通过建立生产基地，与农户签订最低收购价，推广“公司+基地+农户”的经营运作模式，建立农户与企业的契约关系，鼓励农户利用边际性土地种植，并给予一定的补贴。

四、启示

合浦县木薯产业的快速发展，主要得益于政府的正确引导以及企业的大力推动，对周边县市和其他资源禀赋相当的地区发展木薯有以下几点启示：

（一）应加强木薯生产基地建设，完善社会化服务体系

基地建设对调动农户积极性有着重要作用。相关县市应当通过建立“三高一优”基地，以示范带动农户，力推良种良法，并建立新品种示范展示平台，保证土地有效产出。在木薯产业化发展中，应当坚持以家庭经营为基础，以科研单位和企业为依托，以农民自办服务组织为补充的多种经济成分，多渠道、多形式、多层次的服务体系，并根据“统一播种，统一管理”的要求，从良种研发，种苗供应、技术服务、加工运销、信息共享等各方面为基地提供服务，制定各个示范展区的具体实施技术方案，制订适合该县实际情况的木薯生产技术规程，实行科学指导，充分发挥各品种的特点和增产潜力，推动木薯种植的规模化、标准化生产。

（二）应提高政府支持力度，制定木薯产业发展规划

相关政府应当提高对木薯产业的支持力度，加大对木薯科技、技术培训、市场推广、信息和流通体制的建立，同时对企业生产和环境污染处理过程给予相应的减免税政策和补贴措施，增加对基地建设的资金投入，提高木薯生产和加工的科技含量，增强中国木薯产业的国际竞争力。对不同地区要进行土地资源、气

候资源等条件的分析，充分发挥区位优势，合理布局品种格局，优化产业结构，针对地区内部优势和外部环境，制定木薯中长期产业发展规划，积极挖掘木薯的生产潜力。

（三）应以市场为导向，加强龙头企业建设

应始终坚持以市场为导向，分析木薯产品市场潜力，积极拓宽木薯产品市场区域，并以龙头企业引导木薯产业链的延伸和优化，坚持龙头向外扩张、产品向外销售，在形成一定的产业集群和规模后加强企业双向整合，联结好产前、产中、产后关系，确保产品研发、生产、加工和营销四个环节的协调发展，培育出适合地区发展的木薯产业。

调研报告四　广西桂平市木薯产业发展调研报告

广西壮族自治区桂平市是广西人口最多的县级市，也是广西传统农业大县（市）、全国粮食生产先进县（市）。木薯是桂平市种植面积仅次于水稻、花生、蔬菜、红薯的第五大作物。桂平市的木薯种植面积、产量均位居广西壮族自治区中上等水平。为了解广西桂平市木薯产业发展情况，我们课题组于 2009 年 7 月、10 月和 12 月先后三次赴桂平市进行实地调研，调查了 34 户农户、广西木薯产业协会以及广西金源生物化工有限公司。

一、桂平市木薯生产基本情况

桂平市位于广西壮族自治区东南部，介于北纬 22°52′～23°48′与东经 109°41′～110°22′之间，北回归线横贯市境中部，属南亚热带季风气候。桂平市气候温和，雨量充沛，阳光充足，全年无霜期长达 339 天以上，年日照 1 700 小时，年平均降雨量 1 726.7毫米，年平均温度 21.4℃，相对湿度 80%，是广西最大的冲积平原，为重要的糖、粮基地。桂平市大部分土壤表层为花岗岩风化后的黄红壤，pH4.5～6.5，气候条件十分适宜开发木薯生产，木薯资源丰富，具有发展木薯产业的良好基础和优势条件。桂平市是国务院批准的全国最早对外开放县之一，既是西江工业走廊和红水河能源工业带的结合部，又是连接华南经济区和西南经济区的西江航运大通道上的重要城市，区位优势明显。

目前木薯已成为桂平市种植面积仅次于水稻、花生、蔬菜、红薯的第五大作物。桂平市优越的气候条件非常适合木薯生长，而且可发展木薯的土地潜力大，这为规模发展木薯生产提供了良好的条件。据调查，全市土地总面积611.07万亩，其中山丘、台地288.56万亩。全市耕地面积104万亩，其中水田总资源75多万亩，旱地28.9万亩。又据调查，全市适宜发展水果生产的25度以下坡山地总面积超过40多万亩，这些都可以发展木薯生产，而且不与甘蔗争地。此外，还有众多的幼林果地、豆类旱地作物地可以开展木薯间套种，可用于木薯开发的土地潜力巨大。

桂平木薯种植具有悠久历史。20世纪80年代以前，桂平市木薯产量低，效益差；80年代以后，随着良种的引进推广，木薯产量大幅度上升，面积不断发展，特别是利用幼林果地种植和实行花生或黄豆间套种木薯技术，面积发展很快。尤其到90年代后，桂平市木薯产业发展迅速，年种植木薯20多万亩，并形成了木薯淀粉、木薯酒精一批木薯深加工产品，木薯产业已初步成为桂平市的一个支柱产业。近年来，桂平市委、市政府非常重视木薯产业的发展，将木薯产业列为“十一五”规划优先发展的项目，并作为桂平市在全区率先实现跨越式发展的重要产业。该市依托区位和资源优势，走农业资源型工业发展道路，通过“公司＋基地＋农户”的木薯产业模式，延长了木薯的产业链，进一步做大做强做优木薯特色产业，增加了农民的收入。据统计，2008年全市种植面积达18.3万亩，全市平均亩产鲜薯1.52吨，年产鲜薯27.8万吨。2009年，该市木薯种植面积达到了21万亩，预计产量达到37万吨，产量达16 650万元，位居广西自治区前茅，贵港市第一。仅木薯一项种植户户均收入超过 3 000 元，已成为山区和丘陵地区农民收入渠道之一。按照桂平市土地面积及分布情况，特别是宜林地的开发，预计木薯种植面积可以发展到 40 万～45 万亩，可年产鲜木薯 90 万～100 万吨。

目前，桂平市木薯种植主要分布在石龙、大湾、下湾、石咀、油麻、蒙圩、白沙等县，栽培的主要品种有：华南 124、南植 199、GR891、GR911、ZM9057、ZM8638 等。

附表 4　2005 年桂平市各乡镇适宜种植木薯的土地面积

乡镇名称	适宜木薯面积（亩）	乡镇名称	适宜木薯面积（亩）
木乐镇	1 000	中沙镇	47 000
木圭镇	18 000	大洋镇	8 700
石咀镇	1 500	大湾镇	5 000
马皮乡	500	白沙镇	2 000
油麻镇	13 000	厚六乡	650
社坡镇	7 000	石龙镇	8 000
寻旺乡	4 200	蒙圩镇	4 500
罗秀镇	3 500	西山镇	500
麻垌镇	6 000	南木镇	5 000
社步镇	15 000	江口镇	6 000
下湾镇	16 000	垌心乡	2 000
罗播乡	800	金田镇	7 200
木根镇	8 000	紫荆镇	20 000
小　计	94 500	小　计	116 550
合　计		211 050	

资料来源：广西壮族自治区桂平市农业局。

二、桂平市推进木薯产业发展的主要做法

桂平市发展木薯产业的做法主要体现在示范基地建设、良种

培育、种植模式转型、产业协会联结、龙头企业依托等方面推动策略。

（一）加强组织领导，提高木薯产业意识

一是成立木薯产业领导机构，加强木薯产业的领导。市委、市政府为了进一步加强对木薯产业的领导，成立了桂平市木薯产业发展领导小组，制订木薯产业发展规划，出台相关扶持政策，为木薯生产、加工和产品流通开展全程服务。二是出台相关政策，开展强势扶持。为了进一步加快木薯产业发展，桂平市出台了“关于扶持木薯生产工作意见”，明确规定：在该市辖区内连片种植木薯面积在30亩以上（含30亩）的大户，按实际种植木薯面积，由市财政给予木薯种茎补贴。按木薯种茎现行价格每吨500元计算，以各种植大户实际调种量或用种量，每吨补贴40%，即每吨补贴200元。自留种的种植大户，按每亩75千克用种量，计算补贴额。此外，对木薯种植大户实行农机具实物奖励，即在木薯王评比中设立一等奖1名、并奖励1万元的农机具一套，二等奖2名并、奖励七千元的农机具一套，三等奖3名、奖励三千元的农机具一套，补贴和奖励资金达到了300多万元。

（二）依靠农业科技，推动木薯良种化发展

桂平市通过引进良种，推广高产栽培技术，建立示范基地，形成了“层层办样板，乡乡有示范”的良好局面，促进和推动了全市木薯产业的发展，取得了良好的经济效益。据桂平市农业局统计，2008年桂平市在20多个乡镇，建立良种示范繁育基地65个，建立千亩以上示范片1个，品种筛选千亩示范片1个，木薯套种西瓜模式示范片12个，30亩以上的木薯示范片250多个。其中在石龙、南木、白沙等乡镇建立了测土配方施肥、新品种展示和高产栽培攻关等示范板，并建立高产良种木薯繁育基地275个村片。通过大力推广华南205、南植199、华南5号、新选048、辐选01等良种，使全市良种更新率达到80%以上，最高亩产5吨以上，提高了全市的木薯产量。在抓好木薯良种引进的

同时，推广深耕深松、增施有机肥、农膜覆盖“三避”技术。推广测土配方施肥、病虫鼠草害综合防治、多效唑促薯增粉技术以及木薯间套种，提高木薯种植效益，重点推广“木薯套种西瓜”、“木薯间种花生”、“木薯间种黄豆”、“木薯套种中药材（穿心莲）”、“木薯间种玉米”、“木薯套种南瓜”等六种木薯间套种模式。据统计，2008年全市木薯套种西瓜6.8万亩、木薯套种花生7.8万亩、木薯套种大豆0.2万亩、木薯套种玉米4.6万亩。其中白沙镇仅木薯套种西瓜面积就达到了2.8万亩，仅套种西瓜一项，当地瓜农一年就增加收入3 500多万元。2009年木薯间（套）种面积达15.78万亩，占木薯种植面积的75%。其中木薯间种西瓜4.12万亩、间种南瓜0.27万亩、间种花生8.13万亩、间种黄豆0.51万亩、间种玉米2.7万亩、间种中草药0.05万亩，建立间套种高产高效中心示范片11个2.12万亩，发展木薯间套种模式已经成为桂平市扩大种植面积、提高复种指数、增加农民收入最有效种植模式。

为推广良种良法，桂平市组织农业技术人员开展木薯高产攻关栽培试验，木薯新品种筛选试验，多效唑喷施木薯试验等科研攻关，推动了木薯种植水平的提高。积极组织科技人员深入各乡镇村屯，结合“广西百万农村党员大培训”、“新型农民科技培训”、“农家课堂”等形式，进行木薯高产栽培技术培训，有效地提高农民种植木薯的技术水平。

（三）龙头企业依托，发展订单农业

桂平市一个很重要的木薯产业推动策略则是发展订单农业。桂平市通过采取政府引导，企业参与，群众种植的形式，大力发展“订单种植”、“大户种植”，走“公司+基地+农户”的木薯产业化发展道路，木薯种植大户与公司订立协议保底价收购，进一步调动了农民种植木薯的积极性。其产业化运作模式见附图8。对于农户而言，通过与加工企业签约，建立示范基地，培育良种，不仅稳定了木薯销售渠道，还可通过公司提供的木薯良

种，提高了木薯产量。对于企业而言，企业可以得到稳定的原料来源，减少了不少市场谈判成本，同时还通过基地建设，完善了社会化服务体系，提高了木薯附加值。

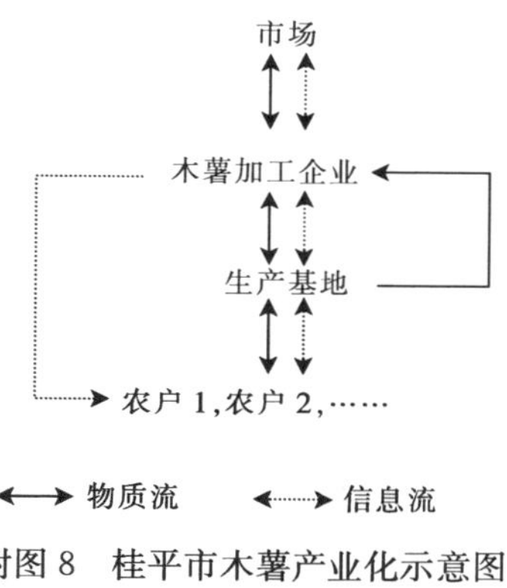

附图 8　桂平市木薯产业化示意图

2005 年，桂平市通过招商引资成功引进了广西金源生物化工责任有限公司，公司投资 1.5 亿元，以木薯（或甘蔗、红薯等）为原料，采用生物发酵技术，开发和生产生物能源化工产品，每年消耗木薯干片约 30 万吨，已初步形成了生物和能源化工领域系列化产品，延长了木薯加工的产业链。目前已建成以木薯（或甘蔗、红薯等）为原料年生产 6 万吨醋酸乙酯、3 万吨醋酸丁酯（该两种产品填补了自治区空白）、5 万吨丙酮丁醇总溶剂、8 万吨乙醇、3 万吨蛋白饲料及 6 万吨有机复合肥等生物质原料、清洁能源及其相关生物化工产品为主的民营企业。近年来，公司通过产业化模式发动农民种植木薯，投入 100 多万元与农民合作建立良种木薯示范基地，通过提供良种、肥料，签订合同，实行保底价回收，极大地促进了木薯产业的发展。2006 年，该公司引进广西大学专家教授研发的“新选 048”、“辐选 01”木薯新品种，在油麻镇郑村建立良种繁育高产示范基地 200 多亩，一举获得成功，平均亩产达到 3 吨以上，最高达 5

吨多，单株最高产量达到 27 千克，成为桂平市有史以来最高产的木薯品种。此外，该公司积极引导农民大力发展木薯套种西瓜、木薯套种花生、木薯套种大豆等高效种植模式，取得了良好的经济效益。

（四）发展循环农业，促进两型社会的建设

如何对木薯深加工过程进行节能改造，一直是中小型木薯乙醇企业面临的一道难题。广西桂平金源酒精实业有限公司采用木薯乙醇深加工技术较好地解决了这一问题，公司将乙醇生产过程中的蒸煮、蒸馏等主要用汽工序的余热交换回收，变传统的水冷却为料浆冷却，通过螺旋板式换热器对热、冷两种不同温度醪液进行热交换及回用，不但节约了大量蒸汽、节煤 10%，还节约大量的冷却水，日减少水资源消耗 8 000 立方米。此外，为解决传统乙醇生产中高浓度、高 COD 含量的乙醇糟排放问题，公司实施废水治理及沼气回收发电技术改造工程，采用固液分离和上流式厌氧污泥床反应器技术，对废液进行二次厌氧处理，日处理能力达 6 000 立方米，并回收由此产生的大量沼气供锅炉使用。然后采用序批式活性污泥法技术对经厌氧后的废液进行二次好氧处理，进一步处理废液中的 COD 及其他有机物，实现水质达标排放。通过实施上述技术，该公司每年减少温室气体 CO_2 排放量 83 840 吨、冷却水消耗近 264 万吨、COD 排放量 8.89 万吨，年用煤量降低 40%，年节煤 32 000 吨，减少二氧化硫排放量 400 吨以上。

（五）成立产业协会，发挥信息流通作用

为了进一步做大做强木薯产业，协调各方面力量加快木薯产业发展，2005 年 6 月，由木薯加工企业、木薯种植大户、木薯流通经纪人和农业科技人员组成桂平市木薯产业协会，至 2008 年，协会共有会员 233 名，协会建设有共享库房 210 平方米，共享晒场 515 平方米。协会的成立，将木薯生产、流通、加工各领域各方面的力量组织起来，发挥信息、协调、咨询、服务作用。

协会与当地农业局及农业厅共同协调，多方面、多渠道地调进华南 205 等良种，推广良种良法。此外，协会通过开展高产栽培技术培训，进行技术入户、基地试验，使农户提高了木薯栽培技术，有效地解决了种植模式单一、产量低下、良种覆盖率低等局面。在有效解决信息流通的同时，协会通过讲座等形式对农户进行种植技术宣传和培训，大大增强了薯农的种植积极性，提升了木薯品种的质量，减少了当地农户进入市场的风险和提高了农户的种植效益。桂平市木薯产业协会的成立，对促进桂平市产、供、销、加工一体化木薯产业健康发展，增加农民收入，起到了极大的推动作用。2009 年 7 月，桂平市又以广西金源生物化工公司为龙头，成立了桂平市富民木薯专业合作社，进一步形成由科技、种植、加工强强联合的一体化的合作组织，有利于进一步延长木薯产业链，进一步增强市场风险的抵御能力，更好地提高农产品的附加值，增加农民收入。

（六）加大宣传培训，扩大影响促发展

为了加快木薯产业发展，促进科技推广和应用，该市充分利用互联网、广播、电视、报纸和手机短信、出版墙报、印发“明白纸”，进村入户开展宣传培训，通过宣传典型户、举办技术讲座、开展技术咨询等，进一步扩大了木薯科技推广应用的影响。2008 年，在市农业部门和木薯协会的努力下，推广了良种良法，开展高产栽培技术培训，成效显著，全年共举办木薯高产栽培技术培训班 320 多期，培训 3.5 万多人次。

三、桂平市木薯产业发展存在的主要问题

虽然近年来桂平市木薯发展已跃居广西木薯前列，并为许多地区发展木薯产业提供了重要的经验借鉴，但目前桂平木薯产业发展中仍存在一些制约因素。

（一）农民科学种植技术水平低

农民种木薯的方式多习惯于粗耕烂种，管理不到位，少施肥

或不施肥，不讲究良种良法和科学配方施肥，导致产量低、品质差、效益低。目前全市木薯种植专业户、科技示范带头户和参与培训的农户，能按照木薯生长长势进行配方施肥管理，木薯长势较好，其他农户种植的木薯长势都较差。

（二）良种覆盖率低

受2008年初冰冻灾害的影响，桂平市木薯种茎较为缺乏，部分农民在调种时只要求木薯种茎能够种植便调运回来。因此，除通过桂平市农业局调回的木薯种茎外，其他个体调运回的木薯品种有相当部分是劣种，一定程度导致良种覆盖率低。同时，桂平市的木薯良种推广面不广，早、中、晚品种搭配结构不合理，不利于木薯加工企业延长生产期，降低生产成本。

（三）经费投入偏少

为促进木薯产业发展，桂平市财政已逐年增加了发展木薯生产的投入，2008年市财政投入了40万元作为专项经费。桂平市农业局也已争取到自治区农业厅80多万元的支持经费。但是，由于2008年的冰冻灾害，木薯损失惨重，木薯种茎需求缺口大。所筹措的120多万元的资金，也只能补贴部分调种经费，在技术培训、技术资料编印、良种木薯繁育等方面的经费甚少。同时，对木薯科研方面的经费投入也不足，缺乏新产品开发的引导资金，企业对新产品开发的积极性不高。在科研配套设施方面，缺乏与技术使用相配套的基础设施（如滴管），车载设施也比较薄弱，基地运输成本较高。

四、进一步推进桂平市木薯产业发展的对策建议

为把桂平市打造成木薯产业强县，做大做强桂平木薯产业，提出以下几点建议：

（一）加大对木薯生产的扶持力度

建议桂平市政府加大木薯生产的财政扶持力度，通过建立木薯生产发展基金，逐年增加发展木薯生产的专项经费，并列入财

政预算，主要用于引进木薯新品种、建立良种木薯繁育基地，扶持和补助农民发展良种木薯。特别是要加大科技的投入，组织科技人员引进优良品种，建立高产示范基地，开展高产攻关研究，加大对木薯生产重点户、科技户的扶持。制定木薯生产和加工相关优惠政策，鼓励能人和有实力的企业参与木薯产业的开发，鼓励农民大力发展间套种，增加木薯种植面积，形成木薯规模化生产。建议桂平市金源酒精实业有限公司在自身基地建设方面，划拨一定的资金支持木薯良种繁育基地的建设，为企业原料来源提供稳定的渠道。此外，政府要积极引导种植大户和鼓励企业，提前做好良种调配引进工作。通过选择适应性广、产量高、淀粉含量高的优良木薯品种开展繁育工作，并在种植前将良种调配到位，保证种植需要，从而提高木薯产业发展的科技水平。

（二）进一步扩大木薯种植面积

木薯生产已成为桂平市工业资源型的支柱产业，大力发展木薯是实现农业增效，财政增收的一项重要举措。桂平市发展木薯种植，应当重点抓好桂平南区、北区及部分重点乡镇的木薯生产。建议充分利用闲置、抛荒土地，积极做好边际土地勘测。以南梧二级公路、玉桂二级公路、武（宣）平（南）二级公路为轴线，按照群众种植积极性高、土地相对连片的原则，做好种植用地规划工作，规划木薯种植适宜区，其中以 25°坡以下非甘蔗规划区的丘陵地、山地作为发展木薯生产重点用地，通过土地流转或租赁形式开发种植木薯；大力推广平原地区幼果林套种木薯以及木薯套种西瓜、套种花生、套种黄豆等农作物的套种技术，提高复种指数，扩大木薯种植面积。按照“依法、自愿、有偿”的原则，适时引导农民做好土地承包经营权的合理流转，推进木薯、西瓜农膜覆盖“三避”技术的集约化、规模化。

（三）进一步做好点片示范基地建设

“层层办样板、乡乡有示范”的推动策略已使得桂平市木薯生产和发展走在了区内前列。应进一步加大对基地示范的建设，做好当前的木薯高产栽培示范区、套种技术推广点的同时，通过合理布局品种、间套种技术，辐射带动周边地区木薯产业的良种良法化发展，从而提高全市良种覆盖率，增加土地产值，提高鲜薯产量。

（四）广泛开展木薯高产栽培技术培训

一是结合新型农民，大力开展木薯高产栽培技术的培训。通过印发资料、播放录像、开展技术讲座等形式，运用农业信息视频平台、电视、电台开设木薯高产栽培专题技术讲座，培训木薯种植户；二是组织科技人员深入田间技术指导，培训和指导农民科学种植，使农民能够改变种植木薯的传统模式，以科学种植的理念种植木薯新品种，以科学管理的态度应用木薯测土配方施肥新技术，从而大幅度提高木薯产量；三是发展木薯生产科技示范户，重点扶持重点户、种植大户的发展和科技种植水平的提高，带动和辐射周边群众，提高全市木薯科学种植水平。

（五）推广“公司＋基地＋农户”的经营运作模式

建立农户与企业的契约关系，由企业提供良种，与农户签订木薯产品及木薯梗回收合同，由政府部门组织推广种植和提供技术指导，提高农民种植的积极性。落实“公司＋基地＋农户”的生产经营模式，确保基地、企业以及农户效益的互惠互利，形成农业与工业、农民与企业之间的和谐关系。

（六）加大污染治理力度，促进可持续发展

发展木薯产业，应始终坚持科学发展观的指导思想，认真贯彻执行《环境保护法》，推动木薯产业的可持续发展。要根据国务院《排污费征收使用管理条例》有关规定和实际情况，引导木薯加工企业加大治污的资金投入，适度加大处罚力度。同时，要加大对优势企业在治污方面的支持力度，鼓励木薯加工企业加快污水处理达标步伐，走循环经济路线。

调研报告五 广东省木薯产业发展调研报告

中国木薯种植主要分布在广西、广东、海南、福建、云南、湖南、贵州、四川、江西、浙江、台湾、重庆等12省（区）、直辖市。其中广东、广西地区占全国种植面积和产量的90%以上。为此，我们课题组于2009年7月赴广东鹤山、恩平，随机调查了35户农户和1家木薯加工企业，初步了解了粤中地区木薯种植户的生产生活情况及产业发展现状。

一、广东木薯种植资源禀赋

木薯是旱地高产作物，淀粉含量高，质量好，用途广，广东大部分地区均适宜种植。

（一）种植历史悠久

自19世纪20年代，木薯开始引入我国，首先在广东省高州一带栽培。距今为止，广东省木薯种植已将近200年历史。广东高州县《县志》（1889年重修本）“有木薯，道光初（道光元年即1820年），来自南洋”的记载。梁光商等人认为，木薯是在1820年前后首先引入广东省栽培的。在太平天国时代（1851—1863年），木薯已在粤东一带广为栽培，并开始进入了农贸市场，当时出版的专辑《种木薯法》（梁延东，1900），对木薯形态特征、水土保持、种植方法、收获、品种、留头缩根以及加工计划等方面都作了扼要的描述，说明当时对木薯已经有了比较深刻的了解。传统的木薯种植，为广东发展木薯产业奠定了基础。

（二）自然条件优越

广东省地处热带亚热带地区，气候温和，阳光雨水充足，广阔的丘陵山坡地很适合发展木薯生产。据广东统计年鉴，广东年平均降雨量2 135.5毫米，年平均气温21.6°C，年日照时数

1 725.6小时，十分适宜木薯生长。按照中国木薯优势区域布局划分，广东的湛江、茂名、阳江等粤西地区，肇庆、清远、江门等粤中地区以及梅州、河源等粤东地区均是中国木薯优势区。其中粤中地区丘陵多，部分地区土壤拼劲，曾是我国最大木薯主产区之一，木薯的产业化和组织化水平较高。据统计，广东省 1990 年木薯播种面积为 264.45 万亩，到 2009 年减少到 125.04 万亩，但单产逐年增加，从 1990 年的 816 千克/亩（折干）增加到 2009 年的 1 243 千克/亩（折干），种植技术不断提高。

（三）产业发展具有基础

目前木薯在广东省主要用于生产淀粉，并且在粤西地区已逐步形成以木薯原淀粉为主要加工品的木薯产业发展带，为木薯产业规模化发展奠定了基础，其中粤中地区江门市的广东花皇淀粉厂是广东省最大的淀粉企业，年需木薯原料大，为粤中、粤西地区木薯原料提供了销售渠道。同时，广东与广西接壤，广西大部分木薯加工企业的发展可以有效带动广东地区木薯种植，为广东木薯产业发展建立了区域交易平台。

二、调查点农户基本情况

（一）劳动力以务农为主，受教育程度偏低

在调查的 35 户农户中，户均规模为 3.91 人/户。按性别分，男性 75 人，女性 62 人。有 100 人常年在家居住，占总人数的 73%，27%的人在家居住时间普遍为 1～3 个月，这部分人主要是学生和外出务工人员。调查户总劳动力 81 人，其中务农劳动力 66 人，占总劳动力的 81.48%，男劳动力 43 人，女劳动力 38 人，平均劳动力负担系数为 1.69。按文化程度分，不识字或识字很少的有 2 人，小学 30 人，初中 40 人，高中 3 人，中专 1 人，大专及以上 4 人。有 11 人受过专业培训，占总劳动力的 13.58%，比例相当低。

（二）种植业收入为农户家庭经济收入的主要来源，收入差距悬殊

35 户农户中，平均每户家庭总收入为 22 568.54 元，最低只有 1 000 元，最高 117 650 元，差距悬殊。在家庭经营收入上，平均每户家庭经营收入为 12 311.4 元，占总收入的 54.55%，其中种植业收入平均每户为 8 402.57 元，占家庭经营收入的 68.25%。从事林果业的只有 5 户，主要种植木瓜、荔枝等。只有 17 户调查户获得转移性收入，平均获得 388.76 元，最低为 24 元，最高为 1 500 元。5 户有非收入所得，全部来自信用社贷款，平均 17 120 元，最少为 2 000 元，最多为 30 000 元，其中 2 户用于木薯生产。

（三）生活消费支出为主，家庭经营性支出次之。

调查户总支出平均每户 20 853 元，其中生活消费支出平均每户 14 332.86 元/户，占总支出的 68.73%，其中用于食品消费支出平均每户 7 240.46 元/户，食品支出占生活消费支出的比重（恩格尔系数）为 50.52%，处于比较贫困状况。家庭经营支出平均每户 6 217.79 元/户，占总支出的 29.82%，主要用于各种农药、花费、用工、种子等生产资料和雇工成本。在 13 户有子女教育费支出的调查户中，平均每户支出 5 084.62 元，最高的为 10 600 元，子女教育费占总支出比重的 24.38%。

三、木薯生产与销售情况

（一）木薯收益低，农户种植积极性受挫

在调查户中，上一期木薯种植面积最大的为 10 亩，最小为 0.6 亩，户均种植 4.33 亩/户。由于当地宣传力度不足，同时当地木薯产业萎靡，农户种植技术不高，当地木薯本期种植面积有所下降。据调查，有 2 户用甘蔗地轮种木薯外，11 户减少了木薯种植面积，其中有 2 户因木薯效益不好而放弃了种植，其他农户种植面积则没有发生变化，本期调查户平均种植规模为 4.06

亩/户。

（二）生产技术投入有待提高

一是先进套种技术有待推广。在调查的农户中，只有 11 户采用了木薯间套种的种植模式，只占调查户的 31.43%，其中 10 户选择木薯套种花生，占木薯间套种户数的 90.91%，1 户采用木薯间种黄豆。二是良种推广力度有待提高。在调查户中，几乎采用广东本地种，自己留种，平均亩产低，抗旱能力不强。

附表 5　2008 年广东江门木薯种植户木薯生产成本

	平均每亩单产	生产成本（每亩）			
	产量（千克）	种子（折价：元）	农药（元）	化肥（元）	人工（工日）
木薯	1 169.21	17.89	12.52	228.32	6.71
套种作物：花生	124.10	30	14.22	116.67	12

注：当地人工价格平均为 43.09 元/工日；木薯种茎为 0.2 元/斤。

（三）主要销售对象为商贩，个别销售给公司

35 户调查户中，有 29 户销售给商贩，占 82.86%；4 户销售给公司，仅占 11.43%，1 户失收。2 户以木薯干的方式出售，其中平均销售价格为 1.85 元/千克；其他均以鲜木薯的方式销售，其中销售给公司的平均价格为 0.3 元/千克，而销售给商贩的只有 0.22 元/千克。还有 1 户自留了部分用于养猪。

（四）当地政府对木薯产业的支持力度有待加强

在调查户中，没有一户获得木薯相关的补贴（无论现金补贴或者实物补贴），只有 4 户提到得到政府或企业在宣传、技术指导等方面的指导，仅占 11.43%。

（五）绝大部分农户订单签约积极性不高

发展订单农业有利于稳定农户的木薯销售。然而，在调查中发现，由于企业的寡头垄断和完全垄断，没有 1 户与企业（或产业组织）签订合同，11 户不愿意与企业签订合同，占 31.43%，

8 户非常愿意与企业签订合同，占 22.86%，其余则表现为“无所谓”；9 户不愿意加入木薯合作经济组织或协会（主要原因是当地没有成立），4 户愿意参与合作社，并希望从合作组织能够统一收购木薯，提供市场信息和技术指导。

四、广东鹤山市花皇淀粉厂经营情况

广东鹤山市花皇淀粉厂位于广东省江门市鹤山市宅梧镇，1989 年建厂，于 2002 年由镇营企业改为私营企业，是广东省最大的淀粉加工企业，主要生产木薯淀粉，生产过程采用采用了木薯淀粉—养猪业，通过沼气发电，走循环经济模式，产业效益明显。

广东鹤山市花皇淀粉厂企业注册资金 260 万元，企业员工数量 136 人，临时工 10 人，年销售额 4 312 万元，生产规模15 600 吨木薯原淀粉，2 万吨木薯废渣用于养猪饲料（2008 年 4.6 万头，全部出口到香港、澳门，单价 11.4 元/千克）。

（一）企业原料来源情况

企业的原料主要来源于广东和广西地区，其中白皮木薯收购 80%。2008 年，企业收购木薯干片 1.5 万吨，鲜木薯 2.28 万吨。其中，从广东韶关、湛江、云浮等粤西地区收购的木薯干片 1.3 万吨，占木薯干片收购总量的 86.67%，从广西玉林、容县收购 2 000 吨，占 13.33%，收购价均为 1 260 元/吨；从鹤山市收购 1 500 吨鲜薯，占鲜薯收购总量的 7.32%，从恩平、开平（均属江门市）收购 1.9 万吨，占 92.68%，平均收购价在 420 元/吨左右。

（二）木薯淀粉生产及销售情况

企业榨期从上年的 11 月份到当年的 6 月份，其中鲜薯榨季为上年的 11 月到当年的 3 月，木薯干的榨季为当年的 3 月中旬到 6 月，企业每年开工时间为 7 个月。据调查，4 吨鲜木薯或 1.5 吨木薯干可生产 1 吨木薯原淀粉。2008 年企业木薯淀粉产量

15 600 吨，2010 年欲增加生产线，产能将提高到 80 万吨。每吨木薯原淀粉纯利 150 元，其中 2008 年由于金融风暴，2008/2009 年榨季木薯淀粉销售价格比 2007/2008 年榨季下降了 1 000 元/吨，为 2 700 元/吨，企业均将其销售到珠江三角洲的制药、食品、造纸等行业。

五、存在问题

（一）政府对产业化扶持力度相当低

调查结果显示，在产业化扶持方面，广东农户和企业均没有获得国家给予的现金（或实物）补贴，相关配套的政策措施还没有拟定，产业规划尚未制定，这与广西木薯产区相比差距较大，挫伤农户积极性；在技术培训、木薯基地建设等方面的资金投入不足，严重制约了广东地区木薯产业的发展。

（二）企业垄断地位明显，农户市场地位不对称

在广东，由于加工企业数量少，形成了寡头垄断。企业占据交易主导地位，导致经营规模小的农户基本没有谈判地位，成为价格接受者。此外，由于没有相应的合作社或行业协会，农户难以找到提高自身地位的组织，整个产业化过程的交易成本较高，市场风险增加，种植积极性下降。

（三）农民科学种植技术水平低

调查发现，广东木薯种植户的品种均是自己留种，多年尚未更新。这些品种的单产低，抗旱、耐贫瘠能力差。同时，农民种植木薯习惯于传统粗耕烂种，不讲究田间管理，不注重良种、良法和科学的测土配方，从而导致产量低、品质差、收益少。在良种良法应用上，农户表现并不积极，只靠单纯种植木薯，容易造成耕地资源浪费，土地产出效益低下。

六、若干措施建议

广东木薯种植业收益低，与广西还存在一定的距离。面对区

域间木薯贸易的冲击和农业环境的影响，在今后木薯产业发展中，广东地区应注重技术支撑和财政支持，做好木薯产业发展规划，有效提高木薯土地产出，延长木薯产业链，提高木薯产业竞争水平，为促进薯农增收提供有力保障。为此，提出以下三点建议：

（一）加大良种、良法推广力度，有效提高农户种植收益

政府应加强良种良法推广力度，对土地肥力进行分析，探寻适合当地土地套/间种木薯的作物，从而提高土地利用效率，保证耕地面积。尤其在保证粤西木薯种植面积的同时，对粤中地区山地资源应当做好评估分析，通过技术变革，努力提高粤中地区的木薯产业发展水平。

（二）加强木薯产业化扶持力度，提高木薯产业竞争力

目前广东地区的木薯加工业主要以木薯原淀粉为主，产业附加值较低。为此，我们认为，可以考虑增设木薯产业发展资金和加大技术力量投入，如建立木薯专项资金、加大基地建设、加大良种良法推广力度、加强市场开拓、提高企业生产者补贴等，通过延长木薯产业链条，提高木薯产业整体附加值，从而提高农户和加工企业的积极性，建立信息和流通体制平台，使木薯产品质量保持国际水平之上，提高其国际综合竞争力。

（三）建立产业集群带，辐射带动农工业发展

目前粤西地区木薯种植比较集中，企业也相对集中，可以考虑通过建立木薯产业集群带，发挥中心—外围辐射作用，辐射引导周边地区木薯种植。同时，粤中地区应当发挥其悠久的种植历史，结合其自然条件和人力资源，发挥广东鹤山花皇淀粉企业的龙头带动作用，提高当地木薯种植户的积极性。

（四）完善产业化发展模式，建立产业化利益共同体

由于加工企业比较单一，数量较少，导致广东木薯收购具有一定的垄断性，企业地位明显，产业竞争力不足，农户谈判地位低下。同时，由于农户种植模式单一，田间管理松散，导致产品质量不到位，产业链参与者联结缺失，木薯产业化程度滞后。完善产业化发展模式，创新产业组织形式，是建立薯农与企业间利益共同体的关键。根据对农户产业化参与模式意愿及现实情况的调查，我们认为，应积极成立农民专业化组织和发展专业户，建立产业化利益共同体，通过企业带动的同时，以基地为纽带，以合作组织或种植专业户为结合点，建立农工商、产加销一体化的木薯产业化发展模式，推进广东木薯产业化发展。

附件二　相关政策文件

农业生物质能产业发展规划（2007—2015 年）

前　言

能源是人类赖以生存的物质基础，是国民经济的基本支撑。我国是能源消费大国，能源供应主要依靠煤炭、石油和天然气等化石能源，而化石能源资源的有限性及其开发利用过程对环境生态造成的巨大压力，严重制约着经济社会的可持续发展。在这种形势下，开发清洁的可再生能源已成为我国能源领域的一个紧迫课题。

胡锦涛总书记指出："加强可再生能源开发利用，是应对日益严重的能源和环境问题的必由之路，也是人类社会实现可持续发展的必由之路。"《国民经济和社会发展第十一个五年规划纲要》明确提出，要"加快开发生物质能"。《中共中央国务院关于积极发展现代农业扎实推进社会主义新农村建设的若干意见》提出，"以生物能源、生物基产品和生物质原料为主要内容的生物质产业，是拓展农业功能、促进资源利用的朝阳产业"，"启动农作物秸秆固化成型燃料试点项目"，"鼓励有条件的地方利用荒山、荒地等资源，发展生物质原料作物种植"。为积极贯彻落实党中央、国务院一系列有关发展农业生物质能的指示精神，依据《可再生能源法》，制定本规划。

生物质是指通过光合作用而形成的各种有机体。生物质能是太阳能以化学能形式贮存在生物质中的能量形式，它以生物质为载体，直接或间接地来源于绿色植物的光合作用，可转化为常规的固态、液态和气态燃料，替代煤炭，石油和天然气等化石燃料，可永续利用，具有环境友好和可再生双重属性，发展潜力巨大。

一、我国发展农业生物质能产业的必要性

（一）有利于拓展农业功能，促进区域经济发展和农民增收

发展农业生物质能产业，突破传统农业的局限，利用农产品及其废弃物生产新型能源，拓展了农产品的原料用途和加工途径，为农业提供了一个产品附加值高和市场潜力无限的平台，有利于转变农业增长方式，发展循环经济，延伸农业产业链条，提高农业效益，拓展农村剩余劳动力转移空间，在促进区域经济发展、增加农民收入等方面大有可为。据专家测算，若充分利用我国现有生物质能资源，可以新增约 3 万亿元产值，提供约 6 000 万个就业岗位。

（二）有利于发挥农业对能源的支持作用，缓解能源供应紧张局面

我国能源资源总量较为丰富，但人均占有量低，人均煤炭、石油和天然气储量仅为世界平均水平的 56.3%、7.7%和 7.1%。近年来，随着我国经济社会的快速发展，能源需求持续增长，供求矛盾日益突出，2005 年一次能源生产总量为 20.6 亿吨标准煤，能源消费总量达到 22.3 亿吨标准煤；石油净进口量 1.4 亿吨，对外依存度超过 40%。有关专家测算，如果充分利用我国目前的农业生物质能资源，可新增 5 亿吨左右标准煤，约占全国一次能源生产总量的 24%。积极发展农业生物质能产业，对缓解化石能源供应紧张局面，优化能源结构，保障国家能源安全，建立稳定的能源供应体系具有重大意义。

（三）有利于保护和改善生态环境，促进可持续发展

我国是世界上第二大能源生产和消费国，化石能源造成的环

境污染相当严重。如煤炭占能源消费总量的比例高达69%，煤烟型污染程度一直较高。同时，部分农村地区大量使用薪柴等作为生活燃料，森林植被破坏严重；大量畜禽粪便得不到及时有效处理，面源污染日益加剧。积极发展生物质能产业，可以有效替代高污染、高排放的化石能源，降低薪柴使用量，资源化利用畜禽粪便等农业废弃物，是推动节能减排的战略举措，是保护生态环境的重要途径，有利于建立资源节约型和环境友好型社会，促进人与自然和谐发展与经济社会的可持续发展。

（四）有利于改善农民生产生活条件，扎实推进社会主义新农村建设

我国农村经济社会发展水平较低，基础设施落后，环境卫生条件差，50%以上农户生活用能主要采用直接燃烧秸秆、薪柴等落后方式，同时大量人畜粪便得不到及时有效处理，导致了疾病的发生和疫病的传播，影响了广大农民群众的生活质量和身体健康。积极发展生物质能产业，增加农村清洁能源供应，可以逐步改变农村几千年来烟熏火燎的用能方式，提高农村能源利用效率，改善农村卫生状况和农民生产生活条件，是提高农民生活质量、降低生活成本、改变农村落后面貌、建设社会主义新农村的有力抓手。

二、我国农业生物质能资源潜力和发展现状

（一）资源潜力

我国农业生物质能资源主要包括农作物秸秆、畜禽粪便、农产品加工副产品和能源作物等，发展潜力巨大，空间广阔。

1. 农作物秸秆。我国的农作物秸秆主要分布在河北、内蒙古、辽宁、吉林、黑龙江、江苏、河南、山东、湖北、湖南、江西、安徽、四川、云南等粮食主产区，单位国土面积秸秆资源量高的省份依次为山东、河南、江苏、安徽、河北、上海、吉林、湖北等省（见附图9）。

2005 年，全国主要农作物产量约为 5.1 亿吨，按草谷比计算秸秆产量约 6 亿吨，除用于肥料、饲料、基料以及造纸等工业原料外，约有 3 亿吨农作物秸秆可作为能源使用，折合 1.5 亿吨标准煤。依据《全国农业和农村经济发展第十一个五年规划》提出的主要农产品发展目标测算，预计到 2010 年我国主要农作物秸秆产量将达到 7.8 亿吨，其中约 4 亿吨可作为农业生物质能的原料。以“十一五”期间的发展速度测算，预计到 2015 年我国主要农作物秸秆产量将达到 9 亿吨左右，其中约一半可作为农业生物质能的原料。

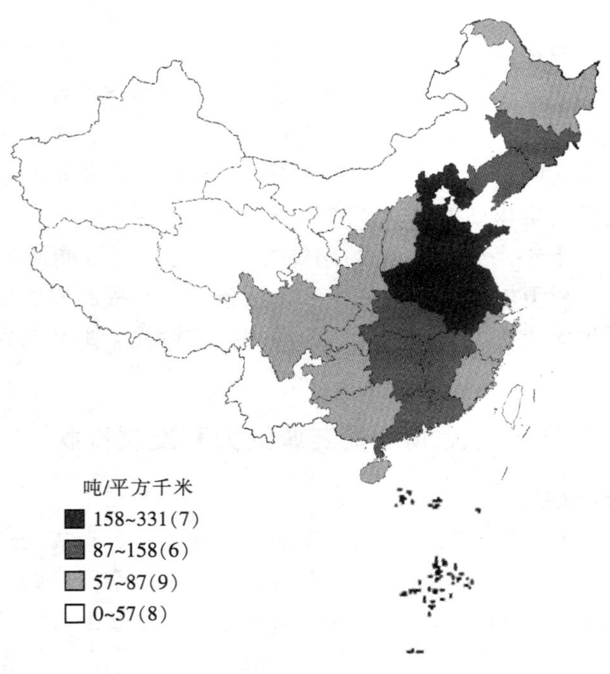

附图 9　2005 年我国单位国土面积的秸秆资源量

资料来源：根据中国农业年鉴整理计算。

2. 能源作物。能源作物是指经专门种植用以提供能源原料的草本和木本植物。我国有大量不适于粮食生产但可种植高抗逆性能源作物的荒山、荒坡和盐碱地等边际性土地，选择适合不同生长条件的品种进行培育和繁殖，可获得高产能源作物，并大规模转化为燃料乙醇和生物柴油等液体燃料。我国可转换为能源用途的作物和植物品种有 200 多种，目前适宜开发用于生产燃料乙醇的农作物主要有甘蔗、甜高粱、木薯、甘薯等（玉米、马铃薯可用于生产燃料乙醇，但易影响国家粮食安全，不宜作为主要品种开发），用于生产生物柴油的农作物主要有油菜等。

（1）甘蔗属于多年生热带和亚热带草本作物，以南、北回归线之间为最适宜生长区，可用于制糖和生产燃料乙醇。今后利用甘蔗发展燃料乙醇的潜力主要来自三个方面：一是甘蔗糖料生产过程中产生的副产品糖蜜。2005 年至 2006 年度制糖期，我国甘蔗种植面积约 2 000 万亩，产量约 8 600 万吨，产糖 1 000 万吨左右，副产糖蜜约 340 万吨，可以生产燃料乙醇 80 万吨左右，折合标准煤 110 万吨左右。二是走以糖为主、糖能互动发展之路。目前，我国甘蔗亩产仅为 4.3 吨左右，单产提升空间较大，有关科研单位已经选育出亩产 6～7.5 吨的糖能兼用品种，若大面积种植，将大幅度提高甘蔗产量，不仅可以进一步保障食糖原料供应，还为生产燃料乙醇提供更多保障条件，实现糖能互动联产。三是适当开发南方宜蔗土地新增的甘蔗。我国广西、广东、海南、云南等省区尚有 0.1 亿亩的宜蔗土地，若其中一半土地种植糖能兼用甘蔗，按亩产 6 吨计算，可生产 3 000 万吨左右的甘蔗，可产出 200 万吨以上燃料乙醇，折合 285 万吨标准煤。

（2）甜高粱具有耐干旱、耐水涝、抗盐碱等多重抗逆性，素有“高能作物”之称，亩产 300～400 千克粮食以及 4 吨以上茎秆，茎秆汁液含糖量 16%～20%左右，每 16～18 吨茎秆可生产 1 吨燃料乙醇。目前在我国种植规模不大，且比较分散，北京、天津、河北、内蒙古、河南、山东、辽宁、吉林、黑龙江、陕西、新疆等省份都有种植。若开发我国现有1.5亿亩盐碱地的1/5用于种植甜高粱，按一般农田产量的50%计，收获甜高粱茎秆6 000万吨，可生产350万吨左右燃料乙醇，折合标准煤500万吨左右。

（3）木薯具有易栽、耐旱、耐涝、高产等特点，适合在热带、亚热带地区种植，主要分布在广西、广东、海南、福建、云南、湖南、四川、贵州、江西等九省（区）。鲜木薯的淀粉含量在30%～35%左右，约7吨鲜薯可生产1吨燃料乙醇。2005年全国种植面积约650万亩，总产量约730万吨，亩产仅为1.1吨，如采用优质木薯品种，并加强田间管理和水肥到位，亩产可达3～5吨。目前，广西、广东、海南、福建、云南等省份仍有荒地、裸土地及后备宜林、宜农、宜牧荒山等未利用土地约2亿亩，若开发1/5用于种植木薯，按亩产2吨计算，可收获8 000万吨，生产燃料乙醇约1 000万吨，折合1 430万吨标准煤。

（4）甘薯具有耐旱、抗风、病虫害少等特性，能适应贫瘠土地。我国是世界上最大的甘薯生产国，2005年种植面积约7 500万亩，总产量超过1亿吨。鲜甘薯淀粉含量在18%～30%之间，约8吨甘薯可生产1吨燃料乙醇，但因回收季节在秋冬季，易冻伤和腐烂，目前约有20%左右的甘薯在储存过程中损耗，若及时加工，可生产燃料乙醇250万吨左右，折合357万吨左右标准煤。

（5）油菜是主要油料作物之一，适应范围广，发展潜力大。我国长江流域、黄淮地区、西北和东北地区都适宜油菜生长，适宜区域的耕地面积在15亿亩以上。2005年我国油菜籽种植面积1.1亿亩，年产量约1 300万吨。目前，我国南方水田区有冬闲田约0.6亿亩，南方丘陵耕地、北方灌区、北方旱作耕地也存在不同类型的季节性闲地约0.8亿亩。油菜亩产菜籽120千克，平均产油率30%。如利用上述土地的50%种植油菜，菜籽产量可达到840万吨，可生产生物柴油约250万吨，折合标准煤350万吨左右。

3. 畜禽粪便。目前我国畜禽养殖业每年产生约 30 亿吨粪便，主要来源于农村家庭散养和规模化养殖。全国现有生猪分散养殖户 0.9 亿户，奶牛、肉牛养殖户 0.157 亿户，蛋肉鸡养殖户 0.85 亿户，羊养殖户 0.26 亿户。综合考虑混合养殖、气候和社会经济等因素对利用畜禽粪便生产沼气的影响，约有 1.48 亿农户适宜发展沼气。考虑到城镇化和养殖业变化，预计到 2010 年和 2015 年我国适宜发展沼气农户分别为 1.39 亿户和 1.30 亿户，沼气产量分别可达到 539 亿立方米和 502 亿立方米，分别相当于替代 8 460 万吨和 7 880 万吨标准煤。

全国现有猪、牛、鸡三大类畜禽规模化养殖场约 391 万处，其中，各类畜禽规模化养殖小区已达 4 万多个。存栏量约 5.7 亿头猪单位（30 只蛋鸡折算成 1 头猪，60 只肉鸡折算成 1 头猪，1 头奶牛折算成 10 头猪，1 头肉牛折算成 5 头猪），畜禽粪便资源的实物量为 11.2 亿吨，理论上可生产 670 亿立方米的沼气。其中，大中型（养殖出栏 3 000 头猪单位以上）约 11 952 处，养殖量约 7 528 万头猪单位，畜禽粪便资源的实物量为 1.42 亿吨。根据全国畜牧业发展第十一个五年规划测算，预计到 2010 年和 2015 年，我国规模化养殖场畜禽粪便资源的实物量将分别达到 25 亿吨和 32.5 亿吨，约可产出沼气 1 500 亿立方米和 1 950 亿立方米，分别相当于替代标准煤 2.4 亿吨和 3.1 亿吨。

4. 农产品加工业副产品。农产品加工业副产品主要包括稻壳、玉米芯、甘蔗渣等，多来源于粮食加工厂、食品加工厂、制糖厂和酿酒厂等，数量巨大，产地相对集中，易于收集处理。其中，稻壳是稻谷加工的主要剩余物之一，占稻谷重量的 20%，主要产于东北地区和湖南、四川、江苏、湖北等省；玉米芯是玉米穗脱粒后的穗轴，约占穗重的 20%，主要产于东北地区和河北、河南、山东、四川等省；甘蔗渣是蔗糖加工业的主要副产品，蔗糖与蔗渣各占 50%，主要产于广东、广西、福建、云南、四川等省区（附图 10）。稻壳和玉米芯可通过固化成型、甘蔗渣可通过发电等方式提高利用效率。2005 年上述副产品的总量超过 1 亿吨，经充分利用可生产 0.31 亿～0.67 亿吨标准煤的能源。此外，我国作为世界最大的棉花生产国，每年棉籽产量 1 300万吨，可产棉籽油 200 万吨左右，由于近年来我国豆油产量迅猛增长，棉籽油消费量萎缩，大量的棉籽没有充分利用，为生物柴油提供了一条重要的原料来源。

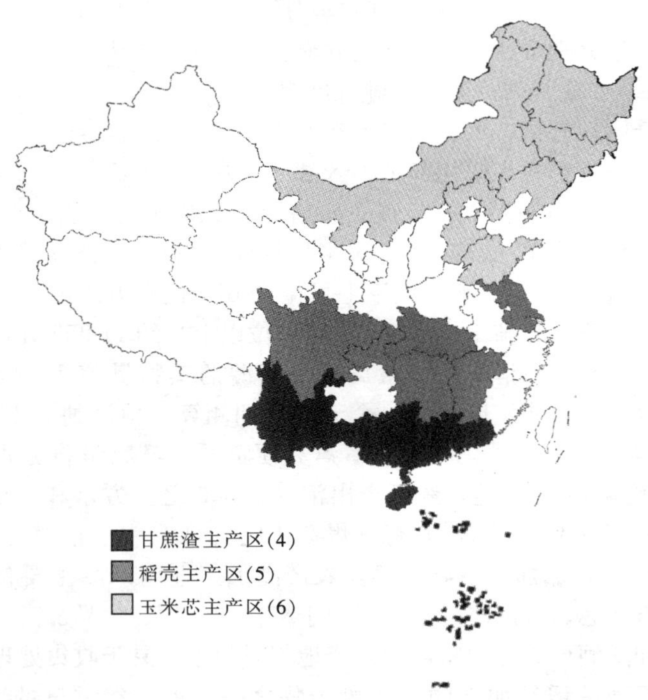

附图 10　我国主要农产品加工业副产品的主要产地

资料来源：根据中国农业年鉴整理计算。

（二）开发利用现状

近年来，国家高度重视生物质能的开发和利用，颁布了《可再生能源法》、《可再生能源产业发展指导目录》、《可再生能源发电有关管理规定》、《可再生能源发电价格和费用分摊管理试行办法》和《可再生能源发展专项资金管理暂行办法》、《关于发展生物能源和生物化工财税扶持政策的实施意见》等法规和配套办法和规章，制定了20多项农村沼气、秸秆综合利用、燃料乙醇等国家和行业标准。在国家的政策扶持和引导下，中央和各地不断加大资金投入力度，加强科研开发与技术攻关，开展不同形式的试点示范与建设，有力地促进了农业生物质能产业的发展。

1. 沼气产业快速发展。经过多年的研究开发，我国户用沼气技术居国际领先水平，发展规模居世界前列。沼气产业已从单纯的能源利用发展成为废弃物处理和生物质多层次综合利用，并与养殖业、种植业广泛结合，在农村生产和生活中发挥了重要作用。北方“四位一体”、南方“猪沼果”、西北“五配套”等能源生态模式逐步优化完善。大中型沼气工程技术日趋成熟，初步具备产业化条件。“十五”期间，中央投资34亿元专项支持沼气建设，直接受益农户达374万户。目前，全国农村户用沼气已累计发展到2 200万户左右，年产沼气约90亿立方米；建成养殖场沼气3 800处，年产沼气约2.5亿立方米。同时，通过沼气建设，初步形成了一支农业生物质能产业发展队伍。到2005年，我国农村能源的管理机构接近4 000个，人员近1.5万，农业生物质能产业发展的研究、生产、营销队伍等不断扩大。

2. 农作物秸秆能源化利用初见成效。秸秆的主要能源化利用方式为直接燃烧、气化和固化成型等。截至2005年底，我国农村地区已累计推广省柴节煤炉灶1.89亿户，普及率达70%以上；全国已建设了秸秆集中供气站539处；生物质燃烧发电也具有一定的规模，到2005年底，全国生物质发电装机容量约为200万千瓦，其中甘蔗渣发电约170万千瓦。目前，由国家核准生物质规模化发电项目近50处，总装机1 500兆瓦，其中单县和宿迁两处秸秆直燃发电示范项目已经竣工投产；我国生物质固化成型燃料技术的研究、生产和开发也呈现出良好的发展势头，并已开展小规模试点。

3. 生物液体燃料初具规模。当前，我国以陈化粮为原料生产燃料乙醇的示范工程年生产能力达 102 万吨，利用玉米生产燃料乙醇的加工能力不断扩大。通过试点，消费群体初步接受，生产成本不断降低。据测算，我国现行的燃料乙醇生产价格成本约为 3 500 元吨，技术水平较高的企业可降到 3 000 元以下，为我国石油替代产业书写了良好开篇。在非粮食能源作物方面，我国已培育出“醇甜系列”杂交甜高粱品种，并建成了产业化示范基地；培育并引进多个亩产超过 3 吨的优良木薯品种；育成了一批能源甘蔗新品系和糖能兼用甘蔗品种，建成了高新技术产业化示范基地，而且筛选出适合甘蔗清汁发酵的菌株和活性干酵母菌株。

我国已具备利用菜籽油、棉籽油、乌桕油、木油、茶油和地沟油等原料年产 10 万吨生物柴油的生产能力。近年来，在双低油菜与杂种优势利用的结合上达到国际领先水平，在油菜、油葵等主要作物上已开发出高含油量种质，含油量高达 51.6%。此外，为了不与食用油和工业用油争原料，还开发了麻风树果实、黄连木籽以及利用季节性闲地种植油菜等生产生物柴油技术，初步具备了产业化发展的条件。

（三）存在的主要问题

一是开发思路不够明确。中央各有关部门及社会各界高度重视农业生物质能产业发展，采取了一系列措施和行动，取得了积极进展。但总体看，对于如何更好地结合中国实际推进生物质能产业化开发，思路还不够清晰，认识还不够成熟；对于生物质能资源的区域分布、发展潜力等基础情况，掌握得还不够清楚，分析得还不够深入。部分地区对生物质能产业发展还缺乏通盘考虑和科学谋划，特别是利用玉米生产燃料乙醇的加工企业存在盲目发展的倾向。

二是自主研发能力弱。除沼气技术较为成熟外，其余技术仍处于产业化发展初期，特别是缺乏具有自主知识产权的核心技术。例如，以甜高粱、木薯、甘蔗等原料生产燃料乙醇技术还需在优良品种选育、适应性种植、发酵菌种培育、关键工艺和配套设备优化、废渣废水回收利用等方面作进一步研究；我国秸秆固化成型燃料技术存在着成型机模具磨损严重、运行稳定性差且使用寿命较短，能耗较高，配套炉具亟待完善，秸秆的收集储运和预处理技术不完善，机械化水平低，相关标准缺乏等问题，而秸秆气化燃料也存在焦油含量高等方面的问题，而国外先进国家如瑞典、丹麦、奥地利生物质颗粒成型技术和设备已非常成熟，仅瑞典就有大型生物质颗粒加工厂 10 多家，单个企业的年生产能力达到 20 多万吨。

三是比较成本高。在不考虑化石能源对生态、环境造成的负面影响的情况下，目前大多数生物质能产品的成本仍高于化石能源产品的成本。例如，除巴西以甘蔗为原料生产的燃料乙醇成本可以与汽油相竞争外，其他国家生物燃料的成本都比较高，我国以甜高粱、木薯等为原料生产的燃料乙醇每吨成本约为 4 000 元，而目前等效热值的汽油成本仅为 3 300 元左右。

四是扶持政策尚不完善。国家虽已颁布了《可再生能源法》，但法律体系还不完善，在财政、金融、市场开放等方面缺乏合理有效的激励政策，例如，以非粮食作物为原料的生物液体燃料还无法进入市场和享受政府补贴，生物质能的定价机制还没有体现出环境效益的因素；相关政策之间也存在着协调性差，政策难以落实等问题，还没有形成支持农业生物质能产业持续发展的长效机制。

五是投入严重不足。生物质能属于高新技术和新兴产业，其技术研发和市场培育需要大量资金投入，但目前投融资渠道较为单一，除农村户用沼气等部分领域外，国家及地方政府财政投入严重不足，部分领域研发能力弱，技术水平较低，制约了技术创新和产业化发展。

六是生产运行机制仍需探索。农业生产的季节性和分散性与农业生物质能生产的连续性和集中性之间存在矛盾。目前，部分企业按照工业化方式考虑生产规模，而对探索原料收集形式、收集半径考虑不足，造成原料供应困难，影响了生产合理运行。

三、发展思路、基本原则和战略目标

（一）发展思路

按照积极发展现代农业、扎实推进社会主义新农村建设的总体要求，今后一个时期，农业生物质能产业发展要以邓小平理论和“三个代表”重要思想为指导，以科学发展观为统领，在保障国家粮食安全的前提下，围绕拓展农业功能、发展循环农业、促进农民增收，充分发挥资源和技术优势，以充分利用农业废弃物、大力加强沼气建设、积极推广秸秆气化和固化成型燃料为重点，适度发展能源作物，通过加强科技创新、加大政策扶持、强化体系建设，引导、整合和利用社会力量广泛参与，推进农业生物质能产业健康有序发展，提高农业资源利用效率，降低能源消耗，优化能源结构，减少污染排放，走中国特色的农业生物质能产业发展道路，为建设社会主义新农村、保障国家能源安全、保护生态环境作出积极贡献。

（二）基本原则

1. 坚持循环农业理念，推动农业废弃物能源化利用。立足我国农作物剩余秸秆、畜禽粪便和农产品加工副产品等农业废弃物量大面广、利用率不高、环境污染严重的现实，坚持以解决农村生活能源为重点，按照“资源化、减量化、再利用”的理念，把农业废弃物的能源化利用作为今后农业生物质能产业发展的主攻方向，大力发展农村沼气，加快发展农作物秸秆固化成型和气化燃料，促进农村用能结构、乡村面貌和生态环境的同步改善，推动循环农业大发展，参与国家能源大循环。

2. 坚持不与人争粮，不与粮争地。正确处理生物质能产业发展和保障国家粮食安全的关系。在适度发展玉米燃料乙醇的基础上，稳步开发以非粮作物为主的能源作物，避免出现能源生产与人争粮的情况。始终把保障国家粮食安全作为农业发展的第一任务，开发能源作物应以不占用粮食、棉花等战略物资生产用地，不开垦草原为前提，充分利用荒地、盐碱地和冬闲田等不适宜种粮或未充分利用的土地资源，避免能源作物与粮棉作物争地。

3. 坚持技术可行，强化自主创新。以技术可行为基础，始终把科研攻关、示范推广和技术服务作为主要环节，努力掌握拥有自主知识产权的核心技术和关键技术，不断突破秸秆固化、气化利用等技术瓶颈，着力提高技术转化应用能力，积极探索发展农业生物质能的多种有效途径，加快发展步伐，提升发展质量，引领我国生物质能产业的持续健康发展。

4. 坚持因地制宜和产业协调推进。以原料的可获得性为出发点，以经济合理性为前提，以产业为纽带，注重分散与集中的有机结合，合理确定生产规模和发展模式，充分发挥各参与主体的积极性，积极构建原料供应、生产加工、产品利用以及维修服务等完整的产业链条，不断扩大产业规模，提升产业层次，强化产业间的有效对接，促进农业生物质能产业和相关产业协调发展。

（三）战略目标

到 2010 年，建成一批农业生物质能示范基地，部分领域关键技术达到国际先进水平，产业化程度明显提升，农业废弃物利用范围和规模明显扩大，农村生活用能结构明显优化，农民从农业生物质能产业中获得的收益不断提高，农业生物质能在国家能源消费中的比例和地位不断上升。

到 2015 年，建成一批农业生物质能基地，技术创新和产业发展体系基本建成，开发利用成本大幅度降低，初步实现农业生物质能产业的市场化。生物质能产业成为农业发展的重要领域，对促进农民增收、改善农村生活条件，建设社会主义新农村作用日趋明显，成为保障国家能源安全、保护生态环境的重要力量。

1. 农村沼气。 到 2010 年，全国农村户用沼气总数达到 4 000万户（新建 1 800 万户），占适宜农户的 30%左右，年生产沼气 155 亿立方米；到 2015 年，农村户用沼气总数达到 6 000 万户左右，年生产沼气 233 亿立方米左右，并逐步推进沼气产业化发展。

到 2010 年，新建规模化养殖场、养殖小区沼气工程 4 000 处，年新增沼气 3.36 亿立方米；到 2015 年，建成规模化养殖场、养殖小区沼气工程 8 000 处，年产沼气 6.7 亿立方米。

2. 农作物秸秆能源化利用。 到 2010 年，结合解决农村基本能源需要和改变农村用能方式，全国建成 400 个左右秸秆固化成型燃料应用示范点，秸秆固化成型燃料年利用量达到 100 万吨左右；建成 1 000 处左右秸秆气化集中供气站，年产秸秆燃气 3.65 亿立方米。到 2015 年，秸秆固化成型燃料年利用量达到 2 000 万吨左右，建成 2 000 处左右秸秆气化集中供气站，年产秸秆燃气 7.3 亿立方米。

3. 能源作物。 适度发展能源作物种植，满足国家对生物液体燃料的原料需要。

四、发展重点和产业布局

根据上述发展思路和基本原则，今后一个时期，我国农业生物质能产业要按照大力发展农村沼气，积极发展农作物秸秆固化成型和气化燃料，适度发展能源作物的发展战略，因地制宜地确定发展重点和产业布局，力争走出一条有中国特色的发展道路。

（一）发展重点

1. 农村沼气。 ——农村户用沼气的基本建设单元为“一池三改”，包括户用沼气池和改圈、改厕、改厨。“一池三改”同步规划，同步施工。沼气池的建设容积为6～10立方米，重点发展“常规水压”、“曲流布料”、“强回流”、“旋流布料”等国家标准规定的池型，每种池型均要实现自动进料，并应配备自动或半自动的出料装置。改造的厕所与圈舍一体建设，地面硬化，与沼气池相连。北方地区建设太阳能暖圈等保温设施。厨房内安装沼气灶具、沼气调控净化器、输气管道等，实现灶台和地面硬化。同时，根据不同地区的自然、经济条件和农业产业结构，将农村户用沼气建设与农业生产发展有机结合，因地制宜推广“四位一体”和“猪沼果”等能源生态模式。

——规模化养殖场、养殖小区沼气工程按照发展循环农业的理念，将养殖业、沼气工程和周边的农田、鱼塘等统一筹划，在为畜禽场或周围居民提供清洁燃料的同时，开展沼液、沼渣综合利用，发展生态农业，带动无公害农产品生产，实现畜禽粪便的资源化利用和环境治理双重目标。对一些周边既无一定规模的农田，又无闲暇空地可供建造鱼塘和水生植物塘的畜禽养殖场，畜禽废水在经厌氧消化处理后，再经过适当的好氧处理，如曝气、生化处理等，实现达标排放。

2. 农作物秸秆能源化利用。

（1）秸秆固化成型燃料。秸秆固化成型燃料既可作为农村居民的炊事和取暖燃料，也可作为城市分散供热的燃料。近期重点：一是加大科研开发力度，尽快突破成型机具、炉具等方面的技术瓶颈。二是积极开展试点示范，合理确定生产半径，探索秸秆收集、储运和预处理模式，着力解决秸秆的分散性、周期性供应与生产的集中性、周年性之间的矛盾，取得经验后在全国逐步推广。

（2）秸秆气化燃料。秸秆气化集中供气站以村为单元，系统规模为数十户至数百户，设置气化站，敷设管网，通过管网输送和分配生物质燃气到农户家中。近期重点：一是继续扩大秸秆气化示范范围，完善秸秆生产沼气技术。二是加强和规范秸秆气化站的运行管理。三是解决秸秆气化燃料焦油含量高的问题，提高系统运行的稳定性。

3. 能源作物。根据国内现有土地资源和农业生产的特点，结合生态建设和农业结构调整，合理利用盐碱地、荒地和冬闲田等未利用或利用不充分的土地资源，适度种植甘蔗、甜高粱、薯类、油菜等能源作物。近期重点：一是科学制定单品种发展规划，建设能源作物专用良种的引进、选育基地，加大关键技术研发力度，加强主导品种和主推技术的集成创新。二是积极推进标准化示范基地建设，不断提高基础设施保障能力，大力发展收获机械化作业，加强病虫害防控，推进标准化生产。三是开展燃料乙醇综合产加销一体化示范，积极探索“公司＋协会”、“公司＋基地＋农户”等多种形式的产业化生产模式，延长产业链条，提高综合利用水平。

（二）产业布局

1. 农村沼气。

（1）户用沼气。按照重点安排适宜发展沼气的退耕还林还草地区、粮食主产区、水库库区，同时兼顾畜牧业主产区、南水北调沿线等重点水源保护区、革命老区、少数民族地区以及血吸虫病、地氟病疫区的原则，把全国划分为东部、中部和东北、西部三个大区。到 2010 年，新增农村户用沼气 1 800 万户，总数达到 4 000 万户左右。

——东部地区包括北京、天津、上海、江苏、浙江、福建、山东、广东等 8 个省（市）。到 2010 年底该区域农村户用沼气总数达到 389 万户，占总农户数的 5.91％，占适宜农户的 15.85％。

——中部和东北地区包括河北、山西、辽宁、吉林、黑龙江、安徽、江西、河南、湖北、湖南、海南等 11 个省。到 2010 年底该区域农村户用沼气总数达到 1 590 万户，占总农户数的 16.82％，占适宜农户的 27.17％。

——西部地区包括内蒙古、广西、重庆、四川、贵州、云南、西藏、陕西、甘肃、青海、宁夏、新疆等12个省（区、市）和“三州八县”（湖北省恩施州、湖南省湘西州、吉林省延边州和原海南黎族苗族州的8个县）。到2010年底该区域农村户用沼气总数达到2 021万户，占总农户数的26.71%，占适宜农户的36.12%。

（2）规模化养殖场、养殖小区沼气工程。以东部沿海发达地区和内陆大中城市郊区为发展重点，优先发展“菜篮子”基地，太湖、巢湖、滇池，淮河、海河、辽河，长江三峡库区，南水北调工程沿线“三湖三河一库一线”等重点水域周边地区。到2010年，新建规模化养殖场、养殖小区沼气工程4 000处。

——东部地区。到2010年，新建规模化养殖场、养殖小区沼气工程2 050处。

——中部和东北地区。到2010年，新建规模化养殖场、养殖小区沼气工程1 560处。

——西部地区。到2010年，新建规模化养殖场、养殖小区沼气工程390处。

2. 农作物秸秆能源化利用。近期重点在东北粮食主产区、黄淮海粮食主产区和长江中下游粮食主产区开展试点示范，到2010年，建立400处秸秆固化成型燃料示范点和1 000处秸秆集中供气站。

（1）东北粮食主产区。主要包括黑龙江、吉林、辽宁三省和内蒙古自治区的东四盟。该区域地势平坦，土壤肥沃，雨热同季，是我国重要的粮食生产基地，主要粮食作物为玉米、水稻、豆类、高粱、谷子等，农作物秸秆产量约占全国的1/6左右。

本区域重点开展以玉米秸秆和玉米芯等农产品加工业副产品为主要原料的村镇级固化成型燃料试点示范和秸秆集中供气站，同时，积极开发炊事灶具和取暖等配套设备，到2010年建立示范点150处，年产固化成型燃料45万吨，建成秸秆集中供气站

300处，年产秸秆气1.1亿立方米。

（2）黄淮海粮食主产区。主要包括河北、河南、山东三省和安徽、江苏二省的淮河流域部分。该区域地势平坦，多为平原，土层深厚、土壤肥力较高，加之光热资源充足，雨热同季，光热水土资源匹配较好，主要粮食作物为小麦，其次是玉米和稻谷，农作物秸秆产量约占全国的1/3左右。

本区域重点建设以小麦、玉米秸秆和玉米芯、稻壳等农产品加工业副产品为主要原料的村镇级固化成型燃料技术示范点和秸秆集中供气站，配套开发炊事灶具和取暖设备，到2010年建立示范点150处，年产固化成型燃料约45万吨，建成秸秆集中供气站300处，年产秸秆气1.1万立方米。

（3）长江中下游粮食主产区。主要包括湖南、湖北、江西三省和江苏、安徽两省的长江流域部分。该区域地势低平，土地肥沃，气候温暖湿润，雨量丰富，历来是我国主要的商品粮产销基地，主要粮食作物为稻谷，农作物秸秆产量约占全国的35%。

本区域重点建设以稻谷秸秆和稻壳等农产品加工业副产品为燃料的村镇级固化成型燃料示范点和秸秆集中供气站，配套开发炊事灶具，到2010年建立示范点100处，年产固化成型燃料约10万吨，建成秸秆集中供气站400处，年产秸秆气1.45万立方米。

3. 能源作物。按照各类能源作物的生物特性，结合各地发展空间，提出甘蔗、甜高粱、木薯、甘薯、油菜等能源作物的发展布局。

（1）甘蔗。“十一五”期间，重点在广西、广东、云南、海南、福建等南方5省区的宜蔗地区加大糖能兼用甘蔗良种的推广应用力度，加强产业化生产基地建设，走能糖联产的道路，在不影响糖产量的前提下为燃料乙醇提供必需的原料。

（2）甜高粱。“十一五”期间，重点在黑龙江、山东、内蒙古、新疆、河北等地利用盐碱地等边际土地，开发推广甜高粱系列品种和先进适用栽培技术。

（3）木薯。“十一五”期间，重点在广西、广东、海南、福建、云南等5省区抓紧引进培育适宜加工乙醇的优质良种，改进栽培技术，将单位亩产量由现有的1.3吨左右提高到3～4吨。

（4）甘薯。“十一五”期间，重点在广西、重庆、四川等地扩大甘薯种植面积，不断拉长企业加工转化期。

（5）油菜。“十一五”期间，重点在长江流域的四川、贵州、重庆、湖北、湖南、江西、安徽、浙江、江苏等地利用冬闲地，适当扩大油菜种植面积，同时发展高蓄能油菜品种，提高单位面积产量。

五、重大工程

围绕农业生物质能产业发展重点，认真落实公共财政覆盖农村的各项政策，强化政府对公共产品的供给与服务，组织实施好一批重大工程，建设我国农业生物质能产业发展平台。

（一）农村沼气工程

1. 农村户用沼气工程。以农户为基本单元，到2010年，全国新建农村户用沼气1 800万户，户用沼气总数达到4 000万户。

2. 规模化养殖场、养殖小区大中型沼气工程。以“一池三建”为基本建设单元，建设沼气发酵池、原料预处理、沼气利用和沼肥利用设施。到2010年，新建大中型沼气工程4 000处，使全国规模化养殖场、养殖小区大中型沼气工程总数达到4 700处。

（二）生物质能科技支撑工程

1. 农业生物质工程中心建设。依托农业部规划设计研究院，承担农业生物质工程技术研发、中试、集成等任务，重点建设功能实验室、中试转化基地等，搭建产业化促进平台，推进农业生物质能重大科技成果工程化、集成化和产业化。

2. 区域技术创新中心建设。以科研教学单位为依托，加强能源作物的品种选育，以秸秆能源化利用和沼气开发利用技术为重点，建设一批农业生物质能区域技术创新中心，提高自主创新能力，为区域农业生物质能产业发展提供技术支撑。

3. 技术推广服务体系建设。以现有基层技术推广与服务体系为载体，加强服务设施与手段建设，完善服务体系，提升服务能力。

（三）农作物秸秆能源化利用示范基地建设工程

重点在东北粮食主产区、黄淮海粮食主产区和长江中下游粮食主产区建设村镇级秸秆固化成型燃料示范点 400 处和秸秆集中供气站 1 000 处，加强分散的秸秆资源收集机械化和预处理工程技术、装备及机械化工艺体系的研究和开发工作，推广普及适合大田农作物秸秆收集和预处理要求的机械化工艺和设备，建立健全原料储运系统、销售与配送系统等，完善加工设备与设施，同步开发推广配套炉具，为农户提供炊事燃料及取暖用能，提高资源转换效率。

（四）能源作物品种选育和种植示范基地建设工程

1. 能源作物品种选育基地。重点在海南、广西、广东、河北和湖北等省区，依托现有科研机构，结合发展能源作物产业化，建设一批能源作物良种选育基地。根据不同区域土地资源、气候和病虫害等特点，对农作物原原种、原种进行研究开发，引进优良品种，运用现代生物工程和基因技术，进行品种试验及良种选育，培育高产优质能源作物新品种。此外，开展新型能源作物的筛选工作。

2. 能源作物种植示范基地。在能源作物优势区域，按照不与粮争地的原则，利用盐碱地等未利用土地和冬闲田，发展机械化作业，建设一批甜高粱、薯类、甘蔗、油菜等液体燃料原料基地，主要进行土壤改良，水利、田间道路等设施建设，开展能源作物高效栽培种植示范，并通过“公司＋基地”等形式促进基地的标准化、规模化生产。

3. 能源作物生产加工一体化示范项目。依托新疆、黑龙江、广东、广西和海南等垦区，利用甜高粱、木薯或甘蔗等非粮能源作物，建设能源作物生产加工一体化示范项目；在能够提供生物柴油原料的地区建设一批能源作物生产加工一体化示范项目。能源作物生产加工一体化示范项目，主要包括能源作物种植基地、原料收集和储运体系建设，生产设备和设施完善等内容。

六、保障措施

（一）加强领导，精心组织

成立以农业部领导为组长的农业部生物质能产业发展领导小组，成员由农业部内有关司局领导和专家组成，负责统筹规划，研究制定产业发展重大政策，审议重大行动方案，加强宏观指导。明确各成员单位职责，形成分工合理、密切配合、整体推进的工作格局。创新工作机制，整合现有资金、技术和人才等各种要素和资源，充分调动科研院所、地方政府、广大农民群众、社会企业等方面的积极性，共同推进农业生物质能产业的发展。

（二）开展调查研究，做好资源评价

摸清资源状况是发展农业生物质能产业的前提条件。尽快制定农业生物质能资源评价技术规范，提出农业生物质能资源评价方法和指标体系。深入开展能源作物普查工作，摸清主要能源作物品种的性能、适宜的边际性土地等资源数量、区域分布现状，科学制订能源作物的种植规划。在种植基础好、资源潜力大的地区，规划建设一批能源作物种植基地，为生物燃料示范建设和规模化发展提供可靠的原料供应基础。在摸清全国畜禽养殖数量、分布和发展趋势的基础上，对畜禽粪便的可获得性及未来供应潜力等进行评价。同时，指导各地编制完成农业生物质能资源评价报告，并组织完成全国农业生物质能资源评价报告。

（三）健全促进农业生物质能发展的法规政策体系

根据《可再生能源法》，研究制定支持农业生物质能发展的

配套法规和政策措施，出台财政补贴、投资政策、税收优惠、用户补助等经济激励政策。加大对农业生物质能产业的补贴力度，对从事生物质能技术研发和设备制造等企业给予所得税优惠。对使用生物质气化、固化成型燃料炉具的农户给予一次性补贴。加大对种植能源作物土地开发和整理的投入力度，对开发低质土地种植能源作物的农户给予补贴。建立健全产品收购流通体系和市场准入制度，将以甘蔗、甜高粱、木薯、甘薯等为原料的燃料乙醇纳入现有的油品销售体系。此外，尽快完善农业生物质能标准体系，并组织做好标准宣贯工作。

（四）建立稳定的投入机制，引导多种经济主体的参与

探索构建政府引导、企业带动、社会参与、多方投入的农业生物质能产业建设机制，拓宽农业生物质能开发利用的融资渠道。设立农业生物质能发展专项资金，用于支持技术进步、人才培养、产业体系建设和新技术示范项目的建设。各级地方政府要按照《可再生能源法》和有关政策的要求，结合本地区实际，安排必要的财政资金支持农业生物质能发展。充分发挥政府投资的引导作用，调动企业自筹资金投入农业生物质能建设的主动性。创造良好的投资环境，积极争取金融部门、国际组织等的资金支持，广泛吸引社会、个人和外资的投入。

（五）加速生物质能转化利用技术开发、示范和推广应用

加大对生物质能基础性研究的支持力度，加快具有自主知识产权的新能源技术开发步伐，改变部分生物质能转换技术落后的现状，力争在未来全球性生物质能多项技术竞争中占领制高点。重点是针对秸秆固化模具磨损快、气化焦油含量高，以及能源作物优良品种繁育、产品储存和运输等方面的问题，积极引进国外先进技术和经验，加强科技攻关，在农作物秸秆高能效低能耗转化、纤维素生产燃料乙醇、转基因技术提供生物质原料等方面开展研究，争取在新品种、新原料、新工艺、新设备等方面取得突破，逐步形成产学研相结合的技术研发、示范推广和产业服务体

系。同时，加快成果转化，作好试点示范工作，争取在资源优势明显、基础条件较好的地区，先期启动一批生物质固化成型和气化燃料、能源作物品种选育和栽培种植、规模化养殖场大中型沼气工程示范基地建设项目，并在此基础上，总结经验，稳步推进农业生物质能产业的健康发展。

（六）建设和完善服务保障体系

整合资源，完善技术和产业服务体系，全面提升农业生物质能技术创新能力和产业服务水平。积极探索沼气技术推广服务机制，争取国家资金倾斜，引导形成县、乡、村三级服务网络，在农户建设、管理和使用过程中提供全面的服务，确保农村沼气事业的持续健康发展。针对农作物秸秆分布广、收集运输难等问题，建立农作物秸秆收集配送等产业服务体系。积极引导农民发展能源作物种植、农作物秸秆收集与预处理等专业合作组织，建立生物质原料生产与物流体系。

（七）开展教育、宣传和培训工作

充分利用网络、电视、报纸、杂志等多种媒体，采取多种形式，广泛宣传加快农业生物质能开发利用的重要意义，宣传先进典型和成功经验，形成全社会关心、支持农业生物质能开发利用的良好氛围。重点抓好技术培训和职业技能鉴定工作，建立生物质能技术培训基地，在全国范围内组织开展不同形式、不同层次、不同内容的技术培训，对从事农业生物质能利用的技术工种实行职业准入和持证上岗制度，并引导各地全面开展农业生物质能技术培训和职业技能鉴定工作。

主要热带作物区域布局规划
（2007—2015 年）

根据《中华人民共和国国民经济和社会发展第十一个五年规划纲要》、《全国热作产业发展第十一个五年规划》和《农业部关于加快热作产业发展的意见》精神，为充分发挥热区资源比较优势，重点培育主要热带作物和优势产区，提高我国热作产品综合生产能力和国际竞争力，推进热区社会主义新农村建设，加快热带农业现代化进程，实现热区农民收入稳定增加，特制定《主要热带作物优势区域布局规划（2007—2015 年）》。

本规划提出的主要热带作物，是指在我国资源和生产条件较好、产量和商品量较大、在保障国家经济快速发展、减少进口依赖程度方面起重要作用的热作产品，或在国际市场上具有一定竞争优势、市场前景广阔、能够抵御进口冲击、扩大出口的热作产品。选择若干主要热带作物，确定优势产区，采取一种作物确定一个发展思路，明确主要目标市场，选择一批龙头企业，推广一套实用技术，制定一套扶持措施，实施项目带动的办法，集中力量进行重点培育，尽快形成一批具有国际竞争力的优势热作产业带，辐射和带动热带作物产业整体竞争力的提高。

一、推进热带作物优势区域布局的战略意义

（一）有利于推进热带作物结构战略性调整，形成科学合理的生产布局

大力推进主要热带作物优势区域布局，加快培育优势产区和特色产业带，把热区的资源和区位优势充分发挥出来，做大做强各具特色的主导产业和优势热作产品，是进一步深化热带作物结构战略性调整的重大步骤。

（二）有利于改善热带作物生产条件，加快热带农业现代化的进程

在优势产区相对集中投入，加强农业基础设施和社会化服务体系建设，推进专业化、规模化、标准化、集约化生产，加快热作科技成果转化，转变生产方式，是促进优势产区率先基本实现热带农业现代化的重要途径。

（三）有利于提高热作产品的国际竞争力，扩大热作产品的出口

选择主要的优势热作产品，在一些最能够发挥自然资源和社会经济优势的地区，推进区域化生产，扶持龙头企业发展，提高产业化经营水平和农民的组织化程度，解决小农户生产与大市场对接，是增强热作产品的国际竞争力，抵御国外热作产品冲击，扩大热作产品出口的有效措施。

（四）有利于增加热区农民收入，推进热区社会主义新农村建设

加快培育主要热带作物优势产区，发展有优势和竞争力强的热作产品，扩大国际国内市场份额，带动加工、储藏、运输、营销等相关产业的发展，拓宽热区农民就业渠道，增加热作产品附加值，形成新的收入增长点，是增加热区农民收入、夯实热区社会主义新农村建设基础的重要举措。

二、主要热带作物发展总体思路

（一）指导思想

全面贯彻落实科学发展观，依托农业部高效经济作物和园艺产业促进行动，实施扶优、扶强的发展战略，合理开发和优化配置资源，充分发挥比较优势，促进热带农业结构战略性调整，形成合理的区域布局和专业分工，提高产品质量和效益，做大做强一批具有国际竞争力的主要热带作物产业区，提高我国主要热作产品的国际竞争力，增加热区农民收入，为社会主义新农村建设提供强有力的产业支撑。

（二）发展目标

2007—2015 年的发展目标：优先培育天然橡胶、木薯、香蕉、荔枝、龙眼、芒果、菠萝等 7 种在国内外市场有较强优势的热作产品，形成 25 个具有特色的优势产区，建成一批有较大规模的名优基地，培育一批知名品牌，减少对进口热作农产品的依

存程度，扩大热作产品的出口。实现以下四个提升：

——科技成果转化应用水平显著提升。在优势区内，新品种应用率、新技术推广率和科技贡献率要大大高于一般区域，热作科技创新与成果集成转化能力显著提升。

——产品质量水平和加工效益显著提升。在优势区内，热作产品的质量安全标准水平、精深加工和资源循环利用水平明显高于一般区域，热区经济、社会、生态效益显著。

——产品有效供应能力显著提升。国家急需的主要热作产品的有效供给能力显著增加，主要热作产品的进口量有较大幅度的减少，出口量有较大的增加。

——公共服务能力显著提升。农业基础设施、市场流通、信息体系建设得到有效加强，政府部门的公共服务能力和水平显著提高。

三、主要热带作物优势区域布局重点

（一）确定主要品种的主要原则

一是消费需求量大，生产有潜力，通过扶持和发展，能够增加国内有效供给、减少进口的热带作物。主要包括天然橡胶、木薯等。

二是原产地在我国或生产量占世界总产量比重大，扩大出口有潜力的热带作物。主要包括香蕉、荔枝、龙眼、芒果、菠萝等。

（二）确定优势区域的主要依据

一是资源条件。自然生态条件为该种热带作物的适宜区，具有生产传统、生产基础、技术条件和保障产品质量安全和可持续发展的生态环境。

二是产业基础。能够集中连片生产，产品商品率高，区域内商品总量在全国占有较大份额，有带动能力强的龙头企业或专业合作经济组织，具备创建知名品牌的基础。

三是市场区位。市场目标明确，流通渠道畅通，运销便捷，对产业发展带动力强。

四是区域分工。主要热作产品发展符合区域分工，有利于发挥比较优势，形成优势互补的热带作物区域格局。

（三）7种主要热带作物优势区域布局

根据上述主要原则和依据，优先对天然橡胶等7种主要热带作物进行优势区域规划，重点予以扶持建设。

1. 天然橡胶。我国是世界主要的天然橡胶生产国之一，2005年干胶总产量居世界第5位。近年来，我国天然橡胶消费迅猛增加，已成为世界上最大的天然橡胶消费国和进口国。主要问题是国内生产能力严重不足，胶园基本建设投入不足，良种苗木体系建设不健全，新品种培育与推广滞后，民营胶园的管理和生产技术水平低，加工布局不尽合理。

主攻方向：培育适应性强的高产品种，加快良种苗木繁育体系建设和良种推广的速度，提高良种覆盖率。加大低产胶园改造的力度，强化胶园管理和新技术推广，提高单产水平。调整优化天然橡胶加工布局，提高产品质量和经济效益，推进我国天然橡胶产业全面向技术效益型转变。

优势区域：重点建设海南、云南、广东等3个天然橡胶优势区。

发展目标：到2010年，通过更新改造、适当扩种和新技术推广，橡胶种植面积达到81万公顷，单位面积产量提高12%左右，国内天然橡胶产量达到70万吨以上。到2015年，新胶园橡胶树优良新品种的应用比例达到100%，单位面积产量提高15%左右，橡胶种植面积达到85万公顷，年产量达到80万吨以上。

2. 木薯。木薯是世界三大薯类作物之一，是重要的生物质能源原料作物。2005年中国木薯的种植面积为43.5万公顷，总产量730万吨。中国木薯产业具有较好的基础，发展木薯生产的潜力很大。但存在良种繁育体系不健全，优质高产木薯新品种推广滞后，栽培和管理粗放，投入不足，单产水平低，加工规模小，基础设施落后等问题。

主攻方向：选育高产高淀粉含量兼顾抗逆性强的木薯新品种，特别是能源专用型新品种，推广丰产栽培及水土保持技术，提高鲜薯单产和总产量，为国家发展生物质能源提供原料。调整加工布局，提升深加工和综合利用水平。

优势区域：重点建设琼西—粤西、桂南—桂东—粤中、桂西—滇南、粤东—闽西南等 4 个木薯优势区。

发展目标：在不与粮争地的基础上，适当扩大种植面积，到 2010 年，良种及丰产栽培技术覆盖率达 60%，平均鲜薯淀粉含量提高 2 个百分点以上，单产提高 10%。2015 年，良种及丰产栽培技术覆盖率达 90%，鲜薯淀粉含量达 30%以上，每公顷平均鲜薯产量提高到 30 吨，平均单产达到世界先进水平。

3. 香蕉。我国是香蕉原产地之一，也是世界上主要的香蕉生产国。2005 年香蕉收获面积和总产量分别居世界第 6 和第 3 位。目前存在的主要问题是主栽品种单一，病虫危害严重，水肥利用率不高，无伤采收技术推广面较小等。

主攻方向：加强香蕉象甲、枯萎病等主要病虫害的防控，引进、培育高产优质品种，加快节水灌溉、测土配方施肥、抗风栽培、病虫害综合防治、无伤采收、采后商品化处理等技术的推广，提高鲜果单产水平与质量，培育知名品牌，巩固国内市场，扩大出口。

优势区域：重点建设海南雷州半岛、粤西—桂南、珠三角—粤东—闽南和桂西南—滇南 4 个香蕉优势区。

发展目标：到 2010 年，优势区域基本形成，区内组培苗使用率达到 100%，国产香蕉在国内市场的占有率达 90%以上。2015 年，国产香蕉在国内市场的占有率达 95%以上。产品的国际竞争力明显增强，出口份额进一步扩大。产业的组织化程度明显提高，香蕉协会、合作社、企业联盟等产业组织的带动作用明显增强。

4. 荔枝。我国是荔枝的原产地，2005 年荔枝种植面积和产量分别占世界荔枝总面积及总产量的 80%和 75%。目前存在的主要问题是品种结构不合理，产品上市时间集中，产品采后处理技术和设施建设滞后，深加工能力不足，产业化程度低，产品流通及市场开拓薄弱，出口潜力没有得到有效的发挥。

主攻方向：进一步优化品种结构，推广荔枝新品种和集成新技术，建设高标准生产示范、出口基地。加强采后处理、深加工及流通等领域的基础设施建设，提高深加工能力。推进荔枝产业化经营，加快外向型荔枝产业的发展。

优势区域：重点建设粤桂、闽南、琼中等 3 个荔枝优势区。

发展目标：到 2010 年，在稳定现有面积的基础上总产量提高 10%，出口量增加 10%，优势区域的种植面积占荔枝种植总面积的 80%，产量占荔枝总产量的 90%。到 2015 年，荔枝优势区域的集中度进一步提高，优势区种植面积占荔枝种植总面积的 90%，产量占荔枝总产量的 95%，品种结构更加合理，深加工能力提高 20%，出口量增加 20%。

5. 龙眼。我国是龙眼原产地，2005 年龙眼栽培面积与产量分别占世界龙眼总面积和总产量的 73%和 60%。目前存在的主要问题是品种结构不合理，果园管理粗放，单产水平低，采后处理能力不足，加工规模小、技术水平低，产业化链条不完整，抵御进口产品冲击的能力较弱。

主攻方向：改良品种、优化结构、改善品质、提高单产、加强采后加工、实施名牌和龙头带动战略、强化市场营销、构建现代化龙眼产业体系，全面提高龙眼采后保鲜贮运和加工能力，扩大龙眼鲜果及其加工制品出口，推动龙眼产业持续发展。

优势区域：重点建设海南—粤西南—桂南—滇南、桂中—粤中—闽南、闽中—闽东—泸州 3 个龙眼优势区。

发展目标：到 2010 年，在稳定现有面积的基础上总产量增加10%，出口量增加10%，加工率达到总产量的20%，优势区种植面积占总面积的80%，产量占总产量的85%。到2015年，总产量再增加10%，出口量再增加10%，加工率达到总产量的30%，优势区域的种植面积占总面积的85%，产量占总产量的90%。

6. 芒果。我国是世界主要芒果生产国之一。2005年种植面积为13.21万公顷，总产量为74.15万吨。目前存在的主要问题是生产水平较低，品种结构不合理，采后商品化处理、贮运、加工滞后，组织化程度不高。

主攻方向：加快品种结构调整，适度发展加工专用品种，提高加工能力，加强采后商品化处理和保鲜贮运体系建设，推广新技术，建立标准化示范生产基地，提高产品的竞争力，开拓国际市场，扩大出口，进一步提高芒果的经济效益。

优势区域：重点建设海南—雷州半岛早熟芒果优势区、右江河谷芒果优势区、滇西南—滇南—滇中元江流域芒果优势区、金沙江干热河谷晚熟芒果等4个优势区。

发展目标：到2010年，芒果优势区域种植面积占生产总面积的80%，总产量增加10%，果实一等品率提高15%以上，良种覆盖率达到85%以上，采后商品处理率达60%以上，优势区生产的产品100%达到国家无公害农产品标准，25%以上达到绿色食品标准。2015年，优势区域种植面积占总面积的90%，平均单产达到世界先进水平，果实一等品率提高到80%以上，良种覆盖率达到90%以上，采后商品化处理率70%以上，优势区产品100%达到无公害标准，40%以上达到绿色食品标准。

7. 菠萝。我国是世界第三大菠萝生产国，菠萝栽培技术和果园管理水平处于世界领先地位，出口量大于进口量。目前存在的主要问题是菠萝主栽种退化，加工专用型品种缺乏，深加工能力不足，综合利用技术推广滞后，菠萝生产基地基础设施薄弱。

主攻方向：加强主栽品种的提纯复壮和新品种培育，调整品种结构，建设高标准的生产示范基地，扩大和开拓国际市场。加大新产品研发力度，提高深加工和综合加工利用水平，减少损耗、降低成本、提高产品竞争力。

优势区域：重点建设海南—雷州半岛、桂南、滇西南、粤东—闽南 4 个菠萝优势区。

发展目标：到 2010 年，优势区域的菠萝种植面积占菠萝种植总面积的 90%，总产量占总产的 95%，加工率提高 20%，出口率增加 10%。2015 年，优势区域的菠萝种植面积占菠萝种植总面积的 95%，总产量占总产的 98%，加工率再增长 20%，出口率再增加 15%。

四、推进热带作物优势区域布局的重大措施

（一）引进、培育和推广优良品种，提高优质苗木的应用水平

要把种业作为优势热作产品和优势产区发展壮大的先导产业，加大投资力度，做好国外热作新品种的引进、消化、吸收工作，加快培育适合我国自然条件、拥有自主知识产权的热作新品种，加强良种苗木基地的建设和管理，按照生产规模化、产品标准化的要求，在优势产区实行统一供种供苗，提高热作种子、种苗的质量和供应能力。

（二）推广成套实用生产技术，提高热带作物生产和管理水平

支持热作科研机构针对关键技术进行科研攻关和开发，解决优势热作产品发展的技术“瓶颈”。创新推广机制和方式，面向优势热作产品生产、加工、销售全过程，有针对性地推广一批成套技术。在优势产区选择一批重点县市（农场）优先建设完善以“绿色证书”、“青年农民培训工程”为主的农民技术培训教育体系，提高热区农民的素质。

（三）推行全程质量监控，提高优势热作产品质量安全水平

在香蕉、荔枝、龙眼、芒果、菠萝等热带水果的优势产区，率先推行市场准入制度和产品质量追溯制度，加强对生产过程、

生产投入品和产品质量的监测。率先在优势产区建立健全病虫害防治体系，提高对危险性病虫害的防控能力。率先在优势产区建立健全农产品、农业投入品、农业环境质量、药物残留等监督检测机构，提高检测水平和服务能力。完善主要热作产品的质量安全国家标准和行业标准，加快标准化示范推广。

（四）促进农业产业化经营，增强龙头企业的辐射带动作用

鼓励有条件的龙头企业在优势产区建设热作产品生产、加工、出口基地，采取“公司＋农户”、“订单农业”等方式，带动优势热作产品和优势产区的发展。支持龙头企业发展热作产品精深加工业，延长产业链，促进优势热作产品转化增值。积极发展农民专业合作社和合作经济组织，发挥其在产销衔接、技术服务和协调出口价格等方面的作用，提高热区农民的组织化程度。

（五）加强市场信息服务，促进产销衔接和市场体系建设

在优势热作产品集中产区建设一批批发市场，完善市场交易、检测检验和信息服务等设施，增强服务功能。完善现代流通设施，推行产品拍卖、连锁经营、统一配送和电子商务等现代交易方式。加强信息网络体系建设，完善中国热带农业信息网络，在优势产区选择若干县市优先建立网络信息服务平台，提高信息服务水平。建立健全优势热作产品预警预报系统，及时提供热作产品生产和贸易信息，为热区企业和农民服务。

（六）多方面增加投入，强化对优势热带作物产业的扶持

争取中央和地方政府加大对热作科研、良种苗木繁育体系建设的投入，落实中央惠农政策，进一步扩大天然橡胶良种补贴面积和补贴规模，积极探索其他优势热作产品优质种苗补贴。热作专项资金向主要热带作物和优势产区倾斜。协调争取金融部门加大扶持产业化龙头企业的贷款力度，重点解决优势热作产品收购、营销、加工的贷款，支持优势产区种植大户进行规模生产。鼓励和引导社会资金投入主要热带作物开发，到优势产区建基地、发展农业产业化经营。

（七）切实加强对热带作物优势区域布局工作的指导

热区有关部门要把实施热带作物优势区域布局，作为推进热区社会主义新农村建设、加快热带农业现代化建设的一项重要措施来抓。进一步统一思想，提高认识，加强引导，精心组织。有关地区要按照全国热带作物优势区域布局规划的精神和要求，结合本地实际，制定相应的具体措施，抓好规划的落实。在推进优势热作产品产业带建设的过程中，要尊重农民意愿和生产经营自主权，不搞强迫命令；要尊重自然规律和市场规律，不要一哄而起。要开拓思路，积极探索市场经济条件下规划实施的机制，加强政府的宏观调控和指导，发挥规划的导向作用。各级热作主管部门要加强自身能力建设，积极开展工作，争取计划、财政、金融、外贸等部门的支持。积极推进热作管理体制改革，进一步转变政府职能，在优势产区探索建立产供销、内外贸一体化的管理体制。

木薯区域布局规划（2007—2015年）

一、发展现状

（一）基本情况

木薯属于热带作物，原产于亚马逊河流域，是世界三大薯类之一。中国木薯已初具产业化规模、加工技术比较成熟，是经济可行的能源作物。我国人均能源占有量少，随着我国经济的快速增长，能源供需矛盾日益突出，在节约能源的同时，加快发展包括木薯在内的能源作物，有效利用农业资源，发挥生物能源的可再生特性，对于替代石化能源、促进农民增收、改善生态环境、拓展农业功能具有重要意义。

1. 鲜薯单产和总产量快速增长。20世纪60年代来，中国木薯单产和总产量得到显著提高，鲜薯平均单产提高了6倍，总产量增加了13.5倍。2005年，中国木薯收获总面积为43.5万公顷，鲜薯总产量730万吨，总产值近30亿元，木薯已成为我国的第六大热带作物。

2. 产业优势区初步形成。中国木薯种植主要集中在广西、广东、海南、云南、福建五省（区），其中广西的木薯产量占全国收获总面积和鲜薯总产量的60%以上。目前，初步形成了琼西—粤西、桂南—桂东—粤中、桂西—滇南、粤东—闽西南4个木薯种植优势区。

3. 产业化经营开始起步。中国木薯约30%用作饲料，70%用作加工淀粉和酒精，淀粉深加工产品主要是变性淀粉、淀粉糖、糖醇等发酵有机类产品，酒精深加工产品主要是生物能源和生物化工产品，木薯产业链已经初步形成。部分地区形成了木薯种植、加工、营销一体化。

4. 选育了一批有自主知识产权的优良品种。经过几十年努力，我国选育出华南5号、华南6号、华南7号、华南8号、华南9号、GR891、GR911、南植199等有自主知识产权的优良品种，部分品种平均鲜薯单产可达到30～45吨/公顷，比老品种增产30～80%；鲜薯淀粉含量可达到30%左右，比老品种提高2个百分点以上。

（二）存在问题

1. 科技研发推广体系不健全。由于投入不足，我国的木薯科技研发推广体系发展滞后，研究推广木薯的人员少、资金缺、条件差。目前，木薯新品种和丰产栽培技术的推广面积仅占全国的20%左右，且多为单项技术，尚未推广综合丰产栽培技术，不能充分发挥木薯新品种的高产潜力。

2. 种质资源保存及良种繁育体系不健全。只有中国热带农业科学院建有木薯种质资源保存圃，引进、收集和保存250份种质资源，缺乏高产、高淀粉、高蛋白、耐寒抗旱和抗病虫害的优异基因。良种繁育体系不健全，主产区缺乏良繁基地，影响优良新品种的繁育推广。

3. 品种结构不合理。一是主要为高产的淀粉加工型品种，缺乏酒精加工型和食品专用型新品种；二是新品种普遍要求比较优越的光、温、水和肥条件，缺乏耐寒、耐瘠、耐盐、抗旱和抗风的高产优质新品种；三是中迟熟品种居多，收获时间集中。

4. 新产品开发不够。中国木薯加工产品主要为淀粉、变性淀粉和食用酒精，以淀粉产量最大，淀粉深加工产品的品种和产量少。

5. 加工技术落后。大多数木薯企业投入不足，规模小，基础设施落后，加工技术较落后：废弃物多、能耗高、耗水大、污染重。

二、市场前景和竞争力分析

（一）市场前景分析

1. 鲜木薯。随着我国经济的快速发展，对木薯产品的需求增长强劲，国内鲜木薯的价格快速上升，主产区的平均价格，由2000年的300元/吨，增长到2005年的380元/吨。按目前中国木薯淀粉和酒精的加工能力，仅在木薯的秋冬收获季节，就需鲜薯原料800万吨以上，按鲜薯总产量的70%作加工原料，每年需鲜薯1 100万吨以上，才能基本满足加工对鲜薯原料的需求。如加上近期新建、扩建的加工项目，近期年鲜薯原料需求将达3 000万吨。

2. 木薯干片。我国曾经是木薯干片出口国，年均出口约20多万吨，1998年后，出口逐渐减少，进口增加，2004年木薯干片进口量比2000年提高了12.5倍，进口额提高了14.8倍，中国迅速成为世界木薯干的最大进口国，进口量和进口额约占世界的50%。国内市场木薯干片的价格也快速上升，从2000年的780元/吨，增长到2005年的1 150元/吨。

3. 木薯淀粉。2004年中国木薯淀粉的进口量和进口额，分别比2000年增长了73.2%和97.2%，进口量（含香港）居世界第一，进口额居第二。据中国海关统计，2005 年，我国生产木薯淀粉 50 万吨，进口 46.7 万吨，供需矛盾突出。

4. 木薯变性淀粉。2005 年，我国各类变性淀粉总产量约 60 万吨，其中木薯变性淀粉 20 万吨，需求量为 180 万吨，国内生产能力严重不足，供需矛盾突出。预计到 2010 年，全国变性淀粉的需求量将在 210 万吨以上，其中，木薯变性淀粉需求量将达 75 万吨以上，中国木薯变性淀粉的供求矛盾将越加突出。

5. 木薯酒精。我国属于能源紧缺的国家。2005 年，我国汽油消费量约为 5 000 万吨，如在汽油中添加 10%的燃料酒精，汽车用燃料就需 500 万吨酒精，2005 年我国各类酒精的总产量为 250 万吨，其中，100 万吨玉米酒精作为燃料酒精，45 万吨木薯酒精主要是食用酒精，国内燃料酒精的缺口巨大。预计，2020 年我国石油消费总量将达 6.5 亿吨，我国对国际能源市场的依赖性将加大，发展生物质燃料酒精，有利于缓解我国能源紧张的矛盾。

（二）竞争力分析

我国玉米淀粉和木薯淀粉产量约占淀粉总产量的 90%和 6%，玉米酒精和木薯酒精产量约占总产量的 50%和 18%，马铃薯、甘薯和甘蔗糖蜜等酒精约占 32%。

1. 淀粉成本优势。2005 年，每吨木薯淀粉的平均生产成本约为 1 900 元，每吨淀粉的平均售价为 2 200 元，每吨木薯淀粉约获纯利 300 元，若将木薯淀粉深加工成变性淀粉和淀粉糖等产品，增值的空间更大。

2. 淀粉品质优势。木薯淀粉的蛋白质含量低，具有黏着力强、糊化温度低、糊液稳定透明、成膜性好、渗透性强等优良理化特性和加工特性，在造纸、纺织、医药和建筑等行业中，具有其他淀粉难以替代的特殊用途。

3. 酒精成本优势。用木薯生产酒精是最为经济可行的，每吨燃料酒精的生产总成本为 3 420 元，每吨市场销售价约为

4 200元，每吨可获纯利 780 元。

4. 环保优势。木薯燃料酒精是清洁能源，能有效降低污染，与普通汽油相比，使用车用乙醇汽油后，一氧化碳的排放可降低 7%，碳氢化合物可降低 48%。生产木薯酒精和淀粉的废弃物，还能生产沼气、二氧化碳、蛋白饲料及沤制有机生物肥等。

5. 比较优势。我国食糖的供需缺口巨大，不宜直接用甘蔗生产酒精，其他的南方能源作物如玉米和甘薯等，也不具规模优势，木薯的单产和干物质转化率高，发展木薯产业具有明显的比较优势。

（三）主导产品与市场定位

1. 主导产品。中国木薯淀粉和酒精加工技术成熟，生产成本相对较低，木薯淀粉和酒精的深加工产品增值利润空间大，研发前景广阔。在淀粉和酒精行业中，具有较强的竞争优势。木薯产业的主导产品定位为淀粉、酒精及其深加工产品。

2. 市场定位。随着我国经济的持续高速发展，国内市场对木薯产品的需求也快速增长，需进口大量淀粉、变性淀粉和酒精，为了缓解国内市场的供需矛盾，保证国民经济的可持续发展，木薯产品的市场定位是满足内需。

三、发展思路和目标

（一）发展思路

以科学发展观为指导，围绕实现国民经济社会发展第三步战略目标，抓住机遇，立足创新，突出重点，加大投入，充分发挥优势，以提高木薯综合生产能力为核心，以科技为支撑，培育科、农、工、贸一体化的龙头企业，优化布局，扩大规模，提高单产，提升深加工和综合利用水平，实现产业增效，农民增收。

（二）发展目标

1. 总体目标。通过木薯区域布局规划的实施，提高中国木薯产业化的水平，逐步形成木薯生产区域化、良种化、标准化和产销一体化的格局，形成比较完善的科技创新、技术支持和培训推广体系，推广一批高产、早熟、淀粉含量高的木薯良种，建成一批优质木薯原料生产示范基地，开发一批市场前景好、技术含量和经济效益高的新产品，实现木薯产业的全面升级。

2. 具体目标。2010 年，全国木薯收获面积达 60 万公顷，良种及丰产栽培技术覆盖率到 60%，平均鲜薯淀粉含量提高 2%，平均单产提高 10%，鲜薯总产量达 1 400 万吨；2015 年，全国木薯收获面积达 90 万公顷，良种及丰产栽培技术覆盖率达 90%，平均鲜薯淀粉含量达 30%以上，平均单产达 30 吨/公顷，鲜薯总产量达 2 800 万吨。

四、优势区域选择

（一）确定优势区域的主要依据

木薯优势区域的自然条件：≥10℃年积温 6 000℃以上，无霜期≥280 天，年均降雨量≥1 000 毫米，没有严重的台风和干旱等自然灾害。高产木薯新品种和丰产栽培技术的单产潜力可达到每公顷 45 吨以上。

木薯优势区域的社会经济条件：有传统种植习惯，较大的种植、加工规模，在区域农业经济中，木薯是政府支持的主导产业，有利于促进当地的农业结构调整、农民增收和农村经济的快速发展。

（二）优势区域布局

1. 琼西—粤西优势区。

（1）区域范围。包括海南省的儋州市、白沙县、琼中县、屯昌县、澄迈县、临高县、乐东县、定安县；广东省的湛江市、茂名市、阳江市。2005 年木薯收获面积 6 万公顷，单产 18.3 吨/公顷，鲜薯总产量 110 万吨，新品种和丰产栽培技术覆盖率约 25%。

（2）优势和劣势。该区年均温 21.5～24.5℃，≥10℃年积温 7 800～8 800℃，全年基本无霜，生长期 11 个月以上，气候条件优越，热量充足，光照强，冬春气温高，全年基本无霜，降雨量丰富，土壤条件好，大多为低矮丘陵，易成片开发，是最适宜的优势区之一，但有时会受春旱和强台风影响。

（3）主攻方向。在稳定发展的基础上，提高鲜薯单产和淀粉含量，木薯种植业逐步向加工优势区域集中，培育龙头企业推动种植业，壮大加工规模及加强深加工，促进木薯产业升级。着力推广抗旱抗风新品种、平衡施肥、化学除草、抗风抗旱栽培及水土保持技术。

（4）发展目标。2010 年木薯收获面积达 8 万公顷，单产 22.5 吨/公顷，鲜薯总产量达 180 万吨，新品种和丰产栽培技术覆盖率达 60%。2015 年木薯收获面积达 10 万公顷，单产 32.0 吨/公顷，鲜薯总产量达 320 万吨，新品种和丰产栽培技术覆盖率达 90%。

2. 桂南—桂东—粤中优势区。

（1）区域范围。包括广西区的南宁市、崇左市、防城港市、钦州市、北海市、玉林市、梧州市和贵港市，广东省的肇庆、清远和江门市，湖南省永州市等。2005 年木薯收获面积 20 万公顷，单产 20.0 吨/公顷，鲜薯总产量 400 万吨，新品种和丰产栽培技术覆盖率约 40%。

（2）优势和劣势。该区年均温 21.0～23.0℃，≥10℃年积温 6 800～7 800℃，无霜期 350 天以上，生长期 10 个月以上，气候条件优越，热量和光照充足，无霜期长，降雨量丰富，土壤条件好，不受台风影响，是最适宜的优势区和我国最大木薯主产区。桂南已部分普及木薯新品种和丰产栽培技术，单产水平较高，加工能力最强，产业化和组织化水平较高。桂东荒地多，易成片开发，但部分地区较贫瘠，单产较低，北部地区易受寒害。粤中丘陵多，部分地区土壤贫瘠，曾是我国最大木薯主产区之一，木薯的产业化和组织化水平较高，但由于近年经济发展较好，木薯比较效益下降，导致种植面积缩减，较少推广木薯新品种和丰产栽培技术。

（3）主攻方向。稳定和扩大桂南优势区的种植面积，适度发展桂东和粤中优势区的木薯种植业，全面提高木薯单产和淀粉含量。着力在桂南推广高产高淀粉含量的木薯新品种、平衡施肥、间套种技术，着重在桂东和粤中推广耐瘠和抗寒的高产高淀粉含量新品种，注重平衡施肥、间套种和水土保持技术。

（4）发展目标。2010 年木薯收获面积达 36.7 万公顷，单产 24.5 吨/公顷，鲜薯总产量 900 万吨，新品种和丰产栽培技术覆盖率达 70%。2015 年木薯收获面积达 60 万公顷，单产 33.3 吨/公顷，鲜薯总产量 2 000 万吨，新品种和丰产栽培技术覆盖率达 95%。

3. 桂西—滇南优势区。

（1）区域范围。包括广西区的百色和河池市、云南省的文山市、红河州、思茂地区、西双版纳州、临沧地区、保山地区。2005 年木薯收获面积 5.3 万公顷，单产 15.1 吨每公顷，鲜薯总产量 80 万吨，新品种和丰产栽培技术覆盖率约 15%。

（2）优势和劣势。该区年均温 21.0～22.5℃，≥10℃年积温 6 500～8 000℃，无霜期 300 天以上，生长期 9 个月以上，热量充足，光照好，降雨量丰富，无霜期长，不受台风影响，有较好的产业发展空间。但起步较晚，产业基础较差，较少推广木薯新品种和丰产栽培技术，部分靠北地区易受寒害，易导致水土流失。

（3）主攻方向。提高木薯产业化和组织化程度，着力推广高产高淀粉含量的木薯新品种、平衡施肥、间套种和水土保持技术，着重在靠北地区推广抗寒早熟品种，全面提高木薯单产和淀粉含量。

（4）发展目标。2010 年木薯收获面积达 10.7 万公顷，单产 21.5 吨/公顷，鲜薯总产量达 220 万吨，新品种和丰产栽培技术覆盖率达 50%。2015 年木薯收获面积达 13.3 万公顷，单产 24.1 吨/公顷，鲜薯总产量达 320 万吨，新品种和丰产栽培技术覆盖率达 90%。

4. 粤东—闽西南优势区。

（1）区域范围。包括广东省的梅州和河源等市，福建省的三明、龙岩和南平等市。2005 年木薯收获面积 3 万公顷，单产 15.0 吨每公顷，鲜薯总产量 45 万吨，新品种和丰产栽培技术覆盖率约 5%。

（2）优势和劣势。该区年均温 19.0～21.5℃，≥10℃年积温 6 000～7 200℃，无霜期 280 天以上，生长期 9 个月以上，热量和光照比较充足，降雨量丰富，无霜期长，少受台风影响，为传统木薯种植区，历史上曾达 7 万公顷以上，有较好的产业发展空间。但产业基础较差，较少推广木薯新品种和丰产栽培技术，部分靠北地区易受寒害，易导致水土流失。

（3）主攻方向。提高木薯产业化和组织化程度，着力推广耐瘠、抗寒、早熟的高产高淀粉含量木薯新品种、平衡施肥、间套种和水土保持技术，全面提高木薯单产和淀粉含量。

（4）发展目标。2010 年木薯收获面积达 4.6 万公顷，单产 21.7 吨/公顷，鲜薯总产量 100 万吨，新品种和丰产栽培技术覆盖率达 50%。2015 年木薯收获面积达 6.7 万公顷，单产 23.9 吨/公顷，鲜薯总产量 160 万吨，新品种和丰产栽培技术覆盖率达 90%。

五、政策建议

（一）加强产业政策指导

各级党委和政府要加强木薯产业政策指导，认真分析各地木薯产业发展现状，结合自然资源条件、国家能源发展战略和市场需求，制定各优势区的木薯产业发展目标、进程和措施。强化木薯种植和加工业的合理规划和布局，做到加工能力与原料供应相

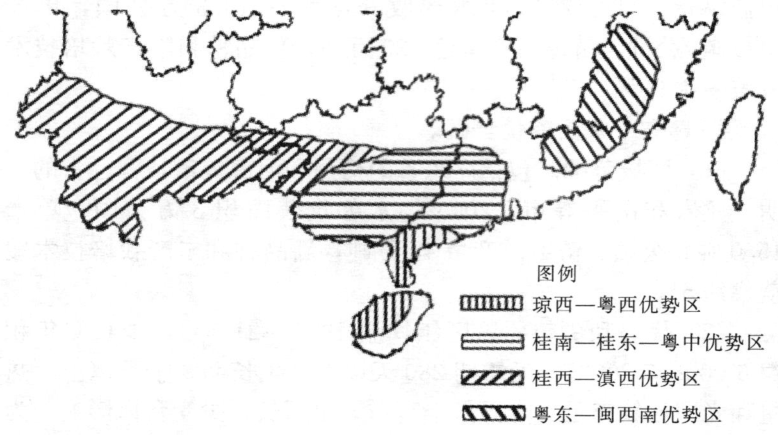

附图 11　我国木薯优势区域布局规划图

匹配。在确保粮食安全的前提下，大力引导农民在荒山、荒地、废弃地开发种植木薯，或低效作物改种木薯，或与甘蔗轮作、在幼林地或与短期作物间套种。

（二）加快科技创新，完善研发推广体系

加快完善以科技创新为主的木薯研发推广体系，加大政府投入，拓宽投融资渠道，壮大科技人才队伍，改善科研设备条件和研究基础。加强建设木薯种质圃和种质资源平台，注重常规育种与生物工程育种相结合，着重选育淀粉加工型、酒精加工型和营养专用型木薯新品种，兼顾抗风、抗旱、耐寒、耐瘠、耐盐等综合抗性，注意早中晚熟新品种的合理搭配。加强木薯丰产栽培的生理生化基础理论研究，构建防治自然灾害的技术体系，并集成推广标准化的木薯丰产栽培及水土保持技术。加强推广“企业＋科技＋农民＋基地”的木薯产业化模式，创新应用“参与式”和“科技入户”等推广培训方法。

（三）建立全国木薯产业协会，培育龙头企业集团

建立全国木薯产业协会，将各省区的木薯科研、推广、生

产、加工等有关部门和企业连接起来，按协商机制进行总体协调和统筹规划，解决跨部门、跨地区、跨领域的重大难题，为木薯产业化提供长期可靠的组织与管理保障。在政府的支持和协调下，由企业间协商，强调行业自律，围绕木薯加工企业建立原料基地，划分相应原料产区，改分户种植为集中经营，统一组织扶持，做好基地建设。鼓励兼并联合与重组，培育一批农工贸一体化，具有国际竞争力的龙头企业集团，以龙头带动销售、加工和种植，推进木薯产业化进程。

（四）发展循环经济，实现可持续发展

推广机械粉碎木薯茎秆回田、木薯茎秆培养食用菌及先进的淀粉和酒精发酵加工技术，进一步提高淀粉和酒精的加工产出率和效益，延长深加工和循环利用的生态产业链，减少废渣废液的排放，有效解决氧化塘对周边环境的污染，力求达标排放和循环利用。

（五）加强国际合作交流

加强木薯科技、种植和加工等方面的国际交流和合作，提高中国木薯产业化的整体水平，增强国际竞争力。加强政策引导和科技支撑，通过双边或多边合作，按互惠共赢原则，建立国外木薯原料生产基地。一是可带动中国木薯新品种、科技和成套加工设备的出口，二是在当地设厂加工，返回木薯干片、淀粉和酒精，以保障我国对木薯产品的需求及能源的安全。

广西壮族自治区木薯产业发展规划

一、发展设想

引进、筛选、繁育、推广高产、高淀粉木薯良种，提高良种覆盖率，使2～3年内全区高产、高含淀粉木薯良种覆盖率达到80％，平均每公顷产量达到30 000千克。搞好早、中、晚熟品种合理搭配，早熟品种面积达到30％，延长收获期，使收获期达到6个月以上。提高产量和品质，鲜木薯原料平均含淀粉达到28%以上，实现木薯种植业的良种化，确保优质原料供应。推行规范化种植，推广间作套种生产模式，提高土地的生产率和经济效益，建成生产环境符合国家绿色食品生产标准、综合效益显著的优质生产基地，木薯平均亩产达到2.5吨以上。

加快发展酒精业，满足环保能源的巨大市场需求，做大做强变性淀粉和山梨醇加工业，“十一五”期末，木薯酒精（含高纯度食用酒精、无水酒精、燃料酒精）产量达到80万吨，产值为32亿元；全区木薯淀粉产量达到70万吨，产值为12亿元；变性淀粉产量达到39万吨，产值为20亿元；其他深加工产品产量达到8万吨，产值为10亿；培育生产技术达到全国领先水平的龙头企业2～5个；创品牌2～4个。

二、发展措施

一是搞好产业发展的规划。把发展广西木薯产业作为一个系统工程来运作，合理布局，原料生产、产品加工、市场营销等要相互协调，尊重市场规律，循序渐进，防止偏颇和一哄而上。在“十一五”期间，农业部门要组织实施“广西优质高产木薯生产基地建设”等丰收计划项目，经贸部门要建立几个规模较大的现代化淀粉厂、酒精厂和有机化工厂。

二是推广木薯良种良法种植技术。过去广西木薯生产几乎是传统式的粗放管理，甚至不施肥。作为产业开发，同时为了实现农民增产增收，必须有计划的实施“木薯良种工程”，并切实配套机耕种植和施肥管理，达到高产优质。良种如GR891、GR911等新品种要实行基地统一繁殖，保证种苗质量，然后面上推广，争取在2～3年内推广到100万～150万亩，5年内推广到300万亩。

三是防止水土流失和用地养地。要按照生态条件要求25°以上的山岭应严禁垦荒种植木薯，已种植的应予以退耕还林还草；

在推广种植良种木薯的同时，利用行间套种、间种西瓜、春大豆等作物，如于3月上中旬播种大豆，6月上中旬木薯叶片尚未封行前收获，亩产大豆可达150千克左右。以全区有100万亩木薯推广间套种西瓜，平均亩产西瓜150千克，平均价格0.8元/千克计，总产值将达12亿元，农民可实际增收8亿元。更重要的是在木薯生产前期，西瓜或大豆可覆盖地面，起到了一定的防止水土流失作用，又能达到用地养地肥地的目的。

四是着力解决产品加工的环境污染问题。木薯产品加工目前存在的主要问题是废渣废液的处理问题，处理不好就污染环境，是产业发展的最大障碍，各级科研部门必须组织攻关协作加以妥善解决。

五是努力培养和引进一批木薯产业开发的高层次的专业技术人才。未来10～20年，当广西木薯产业总产值发展到112亿元和227亿元时，分别需要科技人员3 000人和5 000人，特别是一批高科技产品开发的高层次专门人才。因此，应当有计划地培养和引进这方面的人才，以适应产业发展的需要。

当前阶段需要开展的几项工作：

1. 在优势区域配合大型龙头加工企业，建设5个2 000亩良种繁育基地。具体为：北海（配合中粮公司20万吨/年燃料乙醇项目）良种繁育基地；邕宁（配合明阳生化科技股份有限公司20万吨/年变性淀粉项目）良种繁育基地；蒙山县（配合蒙山县15万吨/年变性淀粉项目）良种繁育基地；隆安（配合隆安县10万吨/年高纯度食用乙醇、无水乙醇项目）良种繁育基地；桂平市（配合中石化30万吨/年燃料乙醇项目）良种繁育基地。

2. 建立木薯品种选育基地。选择气候条件好、土地资源丰富的地方建立广西区级的木薯品种选育基地，进行木薯的杂交育种，种质资源保护与繁育，品种品比鉴定，培育适合广西生产推广的新品种，观察、品比引进的新品种，保存木薯基因材料。

3. 对木薯良种推广进行补贴。由于我区目前木薯良种普及率低，推广成本较高，按 2007 年华南 5 号良种的种梗价格为每吨 1 500 元计算，种植一亩需用 60 千克种梗，每亩需要投入种梗费用 90 元，薯农负担较重。

为了加快木薯良种的普及，鼓励薯农采用木薯良种，借鉴水稻良种直补方式，2008 年开始在全区木薯生产重点县实施按栽培面积发放木薯良种补贴。预计补贴面积为 500 万亩，每亩补贴 30 元，总计预算投资 1.5 亿元。补贴的发放由各主产县市农业部门办理。

4. 建设新品种示范及大田种茎繁殖基地。木薯种植高技术产业化示范基地主要是对木薯良种采用单芽、腋芽、组培等方法进行快繁。建立良种繁育田，生产种苗。积极开展推广活动，加强宣传和培训，充分发挥现有的农村技术服务站的作用，使农民掌握新品种的知识，提高广大农民的科学栽培技术水平。以定单农业、供应种苗、木薯专用肥、技术指导等方式，带动和辐射周边乡镇。

广西武鸣县木薯产业发展规划

前　言

武鸣县地处亚热带季风气候区，是广西首府南宁市辖县，木薯资源丰富，区位优势突出，具有发展木薯产业的良好基础和优势条件。20 世纪 90 年代以来，武鸣县木薯产业发展迅速，已形成年种植木薯 20 万亩、年产木薯淀粉 20 万吨、木薯酒精 3 万吨的生产能力，木薯产业已初步成为武鸣县的一个支柱产业。为充分利用武鸣县资源优势、技术优势和区位优势，应对加入 WTO 和建立中国—东盟自由贸易区后农业面临的挑战，抓住国家西部大开发的机遇，加快武鸣县木薯产业的发展，进一步将木薯产业做大做强，尽快将资源优势变为产业优势，将武鸣建设成国家重要的木薯生产加工基地，根据《广西木薯产品群发展规划（1999—2020）》、《南宁市木薯生产及深加工产业发展研究》和《武鸣县在全区率先实现跨越式发展，全面建设小康社会实施方案》，特制定本规划，以指导木薯产业的发展。

一、武鸣县木薯产业发展现状

（一）武鸣县木薯产业基本情况

木薯是武鸣县种植面积仅次于水稻、甘蔗的第三大作物。2002 年全县种植面积达 22.7 万亩，总产鲜薯 37.62 万吨。在广西 80 多县中，武鸣县的木薯种植面积、产量均位居全区前列，是广西的木薯生产大县。

武鸣县同时也是广西木薯加工大县。全县目前拥有木薯淀粉加工企业 33 家（其中 5 家拥有木薯酒精生产线），木薯淀粉日生产能力 2 220 吨，年产能力 20 万吨，木薯酒精年产能力 3 万吨。2002 年共生产木薯淀粉 13 万吨，酒精 1.08 万吨，分别占广西淀粉产量的 35%、酒精产量的 16%左右。

2002 年全县木薯种植业总产值 1.55 亿元，加工业总产值 2.06 亿元，木薯产业财政总收入达 1 130 多万元。

（二）武鸣县木薯产业发展的有利条件

1. 武鸣县委、县政府非常重视木薯产业的发展，将木薯产业列为今后五年武鸣县优先发展的产业，作为武鸣县在全区率先实现跨越式发展的重要产业。

2. 武鸣县的自然条件适合木薯种植，据多年气候资料，武鸣县年平均气候≥20℃，年平均降雨量均≥1 000 毫米。土地有发展条件，全县土地总面积达 500 多万亩，其中平原 150 多万亩，丘陵 300 多万亩。

3. 武鸣县具有木薯种植习惯，木薯种植规模大。2002 年全县种植面积达 22.7 万亩，木薯种植技术水平高，全县年产鲜薯达 37.62 万吨，平均亩产鲜薯 1.66 吨，比全区平均亩产高 0.7

吨以上。

4. 武鸣县一直以来是自治区的科技试点单位，群众科技意识较好、文化水平较高、交通条件好，还有自治区首府各方面便于支援的条件。武鸣县长期与区内外科研院所合作进行木薯良种繁殖，建成全区木薯品种最多的种子繁殖基地，全县木薯良种覆盖率达 65%左右。

5. 武鸣县木薯加工规模大、技术水平高。武鸣县木薯淀粉工业在全广西各县中居首位，全县年淀粉加工能力达 20 万吨以上，酒精 3 万吨以上，现已实现年产木薯原淀粉 13 万吨，酒精 1.08 万吨。近年，在区、市、县科技部门引导下，淀粉加工企业分别与区内外科研院校进行木薯变性淀粉生产技术攻关，目前已生产出 5～6 种木薯变性淀粉，并可投入规模生产。

6. 在木薯淀粉生产污水处理技术上，近年来，县环保局、县科技局分别组织实施了一些污水处理项目，取得了显著成效，积累了一定的经验。

7. 武鸣县木薯淀粉多年来畅销国内，在全国具有一定的知名度。

（三）武鸣县木薯产业发展的制约因素

1. 木薯产业尚未有完整规划方案，发展目标不明确，有些地方对木薯产业可升级为地方经济支柱、增加农民收入和财政收入的认识不足，缺乏应有的积极性；

2. 木薯良种推广面不平衡，良种推广速度比较缓慢，早、中、晚品种搭配不合理，不利于木薯加工企业延长生产期，降低生产成本；

3. 淀粉加工企业比较分散、规模较小、资金投入不足，市场竞争能力较弱；

4. 木薯加工产品总体水平不高，基本还是以初级产品为主，深加工产品的品种、产量所占的比重不高。

5. 科技经费投入不足，缺乏新产品开发的引导资金，企业对新产品开发的积极性不高。

6. 企业技术创新能力低，没有企业研发机构，创新人才危机突出。

7. 淀粉加工企业的环保处理水平较低，大部分企业仍以自然氧化方法进行废水处理，排污处理占用面积大，废气、污水对环境的污染较为严重。

二、木薯产业发展的指导思想、主要目标及发展重点

（一）指导思想

以邓小平理论和“三个代表”重要思想为指导，贯彻落实党的十六大精神，抓住国家西部大开发和加入 WTO 的机遇，遵循广西农业产业结构调整的方针，合理规划布局种植基地和加工企业，坚持“政府引导、市场化运作”的原则，充分利用我县木薯优势资源，强化机制创新，大力提高企业创新能力；培育一批具有较强技术创新能力的科技型企业，大力引进国内外先进技术、设备、资金和智力，积极推进木薯品种良种化、栽培规范化、经营规模化；坚持走科技含量高、经济效益好、资源消耗低、环境污染少、人力资源优势得到充分发挥的新型工业化路子，大力发展木薯淀粉深加工，开发高科技含量和高附加值的、具有国际竞争力的木薯深加工产品，通过扶持培植现有木薯加工优势企业、招商引资发展新的木薯加工企业，形成一个既有规模大实力强的龙头企业、又有充满活力的中小企业共存的、在国内外市场具有较强竞争力的优势产业群，推进木薯产业化进程，把武鸣建设成为木薯淀粉之乡，使武鸣县发展成为国家重要的木薯加工生产基地。

（二）主要目标

1. 种植业发展目标。在木薯主要产区的乡镇建立一批具有国内先进水平的木薯良种良法示范基地和优质原料基地，在2005 年全县良种覆盖率达 90%以上，间作套种面积达到 70%以

上，争取到2005年木薯种植面积稳定在25万亩左右，平均亩产达2.5吨，鲜木薯产量达60万吨左右；2008年木薯种植面积稳定在30万亩，平均亩产达3.0吨，鲜木薯产量达90万吨左右。

2. 加工业发展目标。

（1）争取到2005年木薯淀粉产量达18万吨（其中变性淀粉产量达5万吨），酒精产量达3万吨；2008年木薯淀粉产量达25万吨（其中变性淀粉产量达10万～15万吨），酒精产量达5万吨。

（2）企业组织结构方面，通过联合重组，争取到2008年培育出3～5个年产木薯淀粉5万吨以上的、以变性淀粉为主的、在国内具有较强竞争力的大企业集团；中小企业以专业化生产为主，向特、精、深、新方向发展。

（3）大力引进、推广节能降耗、清洁生产技术，2005年淀粉加工业的技术水平和装备水平达到国内先进水平。

（4）企业“三废”治理方面，争取到2005年全县木薯加工企业“三废”处理率达到100%，重点骨干企业实现达标排放，其余企业污水处理去除率达80%以上；2008年全县木薯加工企业“三废”处理率达到100%，全部实现达标排放。

3. 经济效益目标。争取到2005年实现木薯种植业总产值2.10亿元，农民纯收入8 250万元，加工业总产值5.24亿元，实现利税8 200万元，木薯产业财政总收入3 150万元；2008年实现木薯种植业总产值3.15亿元，农民纯收入11 400万元，加工业总产值8.75亿元，实现利税1.50亿元，木薯产业财政总收入6 150万元。

（三）发展重点

1. 木薯种植业发展重点。引进推广优良品种，实行早、中、迟熟品种合理搭配种植，实行木薯良种化经营。近期适宜推广种植的木薯品种有：华南205＃、南植199＃、华南5＃和华南8639＃等；

推广普及科学栽培技术。根据不同土壤类型选用不同特性品种和种植模式，大力推广木薯与瓜类、豆类等作物间套种和木薯地膜覆盖种植技术，引导农民加大对木薯的投入，推广使用木薯专用肥和有机生物肥，提高木薯单产和种植效益；

推广“公司＋基地＋农户”的经营运作模式，建立种植农户与企业的契约关系。由企业提供木薯良种，与农户签订保护收购价格，由政府组织推广种植和提供种植技术指导，提高农民种植木薯的积极性；

按照“依法、自愿、有偿”的原则，适时引导农民做好土地承包经营权的合理流转，推进木薯连片种植、规模化经营。

2. 木薯加工业发展重点。以原淀粉及其深加工产品——变性淀粉为主。

（1）原淀粉发展重点。一是要扩大生产规模和提高生产经营集中度，通过政府引导和市场调配两个手段，培植、引进、联合、重组，使淀粉生产能力到2005年增加至3 000吨/日、2008年增加至3 500吨/日，同时重点培育3～5个年产淀粉5万吨以上的大企业或企业集团，以提高武鸣县淀粉企业在国内外淀粉行业的竞争力；二是要淘汰工艺落后的流槽设备，提高企业技术装备水平，推广应用节能降耗技术和自动化生产技术，2003年新的榨季起要全部采用无流槽生产设备和技术，以提高木薯原淀粉质量档次和水平。

（2）变性淀粉发展重点。目前在我国应用较广泛的变性淀粉有糊精、氧化淀粉、酸解淀粉、阳离子淀粉、双性淀粉、双醛淀粉、羟烷基淀粉、高吸水淀粉、预糊化淀粉、羧甲基淀粉、膦酸酯淀粉、醋酸酯淀粉以及交联淀粉等。

根据国内外当前及预期的市场需求，武鸣县重点开发的变性淀粉品种是阳离子淀粉、氧化淀粉、酸解淀粉、复合阳离子淀粉、复合醋酸酯淀粉、酯化—降解淀粉、酯化—交联淀粉、降解—交联淀粉、预糊化酯化淀粉、预糊化交联淀粉等。为此，必须加快高新技术的应用，开发一批技术含量高、产品附加值高、性能优异、市场容量大的新产品，这些产品的应用领域、预期的市场需求量及其市场参考价列于附表6：

附表6　变性淀粉的应用领域、市场需求及参考价格

序号	产品品种	主要应用领域	需求量（万吨/年）	市场参考价（元/吨）
1	阳离子淀粉	造纸及纸制品行业	204 500	5 500
2	氧化淀粉	造纸行业	243 000	3 500
3	酸解淀粉	纺织行业	83 000	3 500
4	复合阳离子淀粉	造纸及纸制品行业	106 000	6 500
5	复合醋酸酯淀粉	纺织行业	87 000	8 000
6	酯化—降解淀粉	食品行业	65 000	5 500
7	酯化—交联淀粉	食品行业	84 500	5 000
8	降解—交联淀粉	纺织行业	53 500	4 500
9	预糊化酯化淀粉	黏结剂行业	65 000	6 000
10	预糊化交联淀粉	建材行业	65 000	6 000

（3）酒精发展重点。引进、推广高效率发酵技术、节能技术，加快改造现有生产装置，扩大生产规模，开发高纯度食用酒精、无水酒精、燃料酒精等新产品。近期主要通过技术改造，使现有酒精生产装置充分发挥其生产能力，争取发展年产10万～30万吨的大型燃料酒精加工项目。

（4）淀粉糖方面。要注意跟踪国内外低聚糖生产技术发展趋势，加强与科研机构的合作，积极研发低聚糖生产技术，在时机成熟时发展低聚糖。

三、武鸣县木薯产业发展的主要措施

（一）借鉴蔗糖业发展壮大的成功经验，加强政府的宏观指导和管理

广西的蔗糖业，在政府强有力的指导下，通过建立“公司＋

基地＋农户”的产业化模式，在不到二十年的时间里，已经发展成为我国的主要糖业基地。推进木薯产业化，必须借鉴蔗糖业发展壮大的成功经验，加强政府的宏观指导和管理，设立专门机构，制定产业政策，强化政府导向作用，加强对木薯种植计划、产业布局、结构调整、重大投资决策等方面的宏观指导和管理。加强与区淀粉协会的合作，订立合作合同，实行实质性工作，从提高农民种植木薯的切身利益和木薯加工企业实利的目标出发，依靠农民、工厂、政府和社会力量，成立县木薯产业发展办公室，专门从事对全县木薯生产的指导和对木薯加工企业的管理和协调，做好税收征管和特产税税收的协调工作，提高乡镇政府推广种植木薯的积极性。规范、完善县淀粉行业商会职能，充分发挥淀粉行业商会对木薯加工企业的指导与协调作用。

重视技术创新人才、营销人才、管理人才的引进和培养，在政策和服务两方面加大力度，培植和扶持民营科技企业，支持企业与高等院校、科研院所进行合作，推进技术创新机制和产业化的生产经营的形成。每年定期举办武鸣县木薯加工生产技术暨产品经贸洽谈会等活动，通过政府搭台、企业唱戏，向区内外宣传武鸣县木薯产品品牌，促进武鸣县木薯产业的发展。

（二）做好木薯种植规划，加强木薯生产管理

要实现木薯产业化，关键之一是要解决木薯原料来源问题和获得最低成本的木薯资源，从而支持我县木薯深加工企业获得强大的市场竞争力。木薯产业发展主管部门要根据木薯加工企业布局，做好木薯种植规划，统一指导全县木薯生产工作的开展。乡镇政府要重视木薯生产工作，落实人员、明确职责，管理和指导本乡镇木薯生产。

建立木薯优质高效生产基地，推进木薯规模化经营。争取到2005年，在宁武、锣圩、城东、太平、陆斡等乡镇建立5个面积达1万亩的木薯高产高效生产基地，在灵马、罗波、马头、双桥、甘圩、两江等乡镇建立6个面积达3 000～5 000亩的木薯高产高效生产基地，争取到2008年全县木薯高产高效生产基地面积达20万亩。通过良种种植和科学栽培，提高基地的种植效益，利用其示范效应，带动面上群众种植优质高效木薯品种，扩大种植面积。

提高木薯种植集约化程度，逐步建立和发展以木薯加工企业为龙头的“公司＋基地＋农户”的产业化模式，特别是以重点企业为龙头的生产基地，政府以补助的形式帮助企业不断引进和培育良种，逐步实现良种培育、科学种植、木薯深加工一体化管理。

（三）扩大木薯良种繁殖基地，加快新品种和栽培技术的推广

扩大木薯良种繁殖基地，是推进木薯良种化经营，提高木薯产量的关键。加快建立仙湖镇那溪村木薯良种繁殖基地建设，同时根据木薯种植分布情况，在宁武、锣圩、太平、陆斡等乡镇建立4个新的木薯良种繁殖基地，争取在2005年将木薯良种繁育基地面积扩大到1万亩以上，2008年扩大到2万亩以上。加强与国内外木薯研究机构的合作，不断引进和培育能适应我县木薯种植条件的具有高产、高粉、早熟或晚熟等特性的木薯优良新品种，根据各木薯产区的条件特点合理安排使用木薯新品种，走品种多样化的道路。

加快木薯良种和地膜覆盖栽培技术、间作套种技术推广，提高木薯产量、提高木薯种植效益。通过加快推广木薯良种，争取到2005年全县良种种植面积达80％，2008年达95％。通过推广优质高效栽培技术、间作套种技术，使木薯种植平均纯收益由目前的250元/亩提高到330～380元/亩。各级政府要加强木薯良种和科学栽培技术、间作套种技术的推广普及工作，加强乡镇基层技术力量，争取在2年内普及科学种植技术，5年内基本实现木薯生产良种化，使全县木薯种植业上升到一个更高的水平。

（四）调整企业技术结构和产品结构，促进产业升级

加快利用高新技术改造传统的木薯加工业，对落后的淀粉生产流槽工艺要坚决淘汰，积极推广应用节能降耗技术和自动化生产技术，提高企业技术装备水平。

从政策和资金上支持企业技术开发与应用研究，促进企业成为技术创新的主体，全面提高企业技术创新和产品创新能力。加大科技投入，以重点骨干企业为依托，建立我县木薯变性淀粉中试基地。加强与区内外木薯科研机构的合作，产品的开发要实现系列化和专用化，加强产品应用研究的力度，使科研成果尽快转化为生产力，使之形成规模效益，成为新的经济增长点，带动产业发展。

产品是企业的生命，一个企业是否拥有在国内外市场上具有竞争优势的产品，是决定企业经营状况和发展潜力的最重要的因素。目前，由于武鸣县的木薯淀粉面临着来自北方的廉价玉米淀粉及其衍生物的冲击，所以调整产品结构，应充分利用木薯特有的理化性能，开发比玉米淀粉及其衍生物更具市场竞争力的产品，这是做大做强木薯产业的关键。今后一段时期，武鸣县产品结构调整方向应以具有市场竞争优势的木薯变性淀粉产品为主，重点开发应用于造纸、纺织、食品和建材等行业的变性淀粉。武鸣县发展木薯变性淀粉仍属起步阶段，要做好变性淀粉生产线建设规划，避免重复建设和恶性竞争，采用的工艺技术要先进可靠，产品档次起点要高，尽快上规模、上水平，迅速占领国内变性淀粉市场，扩大国内市场占有率。

（五）扶持培植优势企业，提高生产经营集中度，实施大型企业集团化、中小型企业特色化战略

针对木薯加工企业分散、规模小的状况，要坚持“抓大放小”的方针，通过培植、引进、联合、重组，着力培育经济实力雄厚、市场竞争力强的大企业，淘汰工艺设备落后、产品质量不合格的小企业，提高行业生产经营集中度和专业化协作水平，将若干个加工能力大、技术进步、管理到位的企业列为重点扶持企业，从政策资金、服务上予以帮助和支持，淘汰一大批工艺设备落后、产品质量不合格、废水处理不达标、争原料、能耗大的小企业。实现大型企业集团化、中小型企业特色化，以利于获取经济规模，培育创新能力，提高全县淀粉企业在国内外淀粉行业的竞争力。

要进一步加大企业改制力度，鼓励和引导个体私营企业以购买、兼并等方式参与公有制企业产权制度改革。争取在2004年以前将现有的以租赁方式经营的公有制企业，通过拍卖方式出售给个体私营企业，充分发挥企业现有的具有规模优势或技术优势，以提高行业生产经营集中度。

争取在3～5年内培育出3～5个年产淀粉5万吨以上、以生产变性淀粉为主的大企业。在此基础上再用一两年时间，通过联合重组，组建1～2家集木薯种植、科技开发、生产加工与经营销售为一体的年产变性淀粉10万吨以上的大型集团公司，以“公司＋基地＋农户”的模式带动木薯种植向产业化、集约化发展，最终使武鸣县成为全国最大的木薯变性淀粉生产基地。

（六）多渠道筹集木薯产业发展资金，引导资金投向

调整产品和技术结构，促进产业升级，资金投入力度是一个关键因素。目前，木薯产业投资主体是企业，不少企业对技术设备更新改造、扩大生产规模和发展木薯深加工产品尤其是变性淀粉的积极性很高，因此，要加强投资导向，积极引导企业把自有资金用于产品和技术结构调整，引导企业增加科技经费投入，使企业逐步成为技术开发投入的主体。同时加强对木薯渣和废水的研发和利用，开发新产品，特别是针对木薯渣再加工成饲料、肥料以及废水处理后进行水产养殖技术的开发，提高利用率，提高产品附加值。

金融部门要加大对木薯产业的支持力度。继续推广小额信用贷款，尽量满足农户小额贷款需要，扶持农民扩大木薯种植规模、改良品种，扶持种植能手连片种植、规模经营。要创新金融服务，为木薯加工企业提供多方位、高效率的金融服务。要在原已开办的贷款担保方式的基础上，探索新的担保方式和途径，如产权抵押、股权抵押等。对产权明晰、管理规范、落实有效担保、保证贷款安全收回、有市场、有效益、守信用的木薯加工企业，要进一步加大投放力度，满足信贷需求。通过信贷扶持，培植壮大优势企业。

县财政每年拿出一定的资金，用于支持木薯产业化项目。按照木薯产业实现的地方财政收入的5%～10%的比例，设立县木薯产业发展基金。基金主要用于扶持木薯良种和科学栽培技术推广、建立木薯优质高效生产示范基地、扶持加工企业开发新技术、新产品、聘请专家、顾问，奖励对木薯产业发展有突出贡献各方面人员等等。同时对财政贡献大的木薯加工企业由财政按照一定的比例返还给企业用作技改基金。

要进一步拓宽投融资渠道，一是加大利用外资力度，鼓励有发展潜力的企业与外资联合或以出售股权的形式获得资金融通和技术扶持；二是充分利用西部大开发战略政策，积极争取国家资金扶持；三是鼓励和支持效益好、有发展前景的企业进行股份制改造，成为上市公司，从资本市场直接融资等等。

（七）加大污染治理力度，促进可持续发展

要牢固树立可持续发展观念，认真贯彻执行《环境保护法》。在追求经济效益的同时，也使环境得到有益的改善，使木薯加工企业的污染防治逐步得到解决。根据国务院《排污费征收使用管理条例》有关规定和实际情况，环保部门要逐步加大处罚力度，引导企业加大治污的资金投入。同时，要加大对优势企业在治污方面的支持力度，必要时，政府可采取贴息的办法帮助企业争取贷款投入。每年集中力量实施1～2个企业污水处理达标示范厂，对治理无望、工艺落后的小型加工企业坚决实行关、停，争取在2008年底前全县木薯加工企业“三废”达到一级排放标准。

参 考 文 献

柴麒敏，常世彦，张希良．基于 ALTRANS 模型的我国生物燃料发展潜力研究［J］．管理学报，2008，5（5）：642－646.

曹春梅．发展木薯产业是广西解决“三农”问题的重要途径［J］．经济与社会发展，2003，1（9）：18－20.

陈立雄．桂平市做大木薯产业带动农民增收［N］．广西日报，2009 年 07 月 29 日．

陈立胜，潘瑞坚．木薯酒精产业的社会效益和经济效益分析［J］．广西轻工业，2007（12）：24－25.

崔凯．中国生物质产业地图［M］．北京：中国轻工业出版社，2007.

冯献，徐明冉，詹玲，李宁辉．木薯生物燃料产业化研究评述［J］．中国农学通报，2010，26（10）：375－380.

冯献，詹玲．广西木薯产业化发展模式实证分析［J］．中国农业资源与区划，2009，30（4）：70－74.

冯献，詹玲．广西木薯生物质燃料产业链效益分析［J］．中国热带农业，2009（2）：19－23.

冯献，詹玲，李宁辉．生物质能源木薯占优［N］．中国经济导报，2009 年 12 月 3 日 B3 版．

冯献，詹玲．中国木薯及木薯制成品贸易格局分析［J］．中国热带农业，2009（3）：26－29，30.

关锐捷．以良种化和精深加工带动海南木薯产业化开发［J］．农业产业化，2005（3）：20－21.

关文华．发展木薯深加工，促进产业化［R］．木薯产业化发展战略专题调研报告，2003.

广西木薯产业化课题小组．广西木薯产业国际化对策研究［J］．市场论坛，2004（9）：5－8.

郭绪全，韦本辉．广西生物质能源作物生产能力研究［M］．南宁：广西科技出版社，2007.

胡志远，张成，浦耿强，等．木薯乙醇汽油生命周期能源、环境及经济性评价［J］．内燃机工程，2004，25（1）：13-16.

黄洁，李开绵，叶剑秋，等．中国木薯产业的抗风救灾措施及对策［J］．中国热带农业，2005（6）：41-43.

黄洁，李开绵，叶剑秋，等．中国木薯产业化的发展研究与对策［J］．中国农学通报，2006，22（5）：421-426.

黄仁好．武鸣县木薯产业化现状及对策研究［D］．硕士论文．华中农业大学，2007.

蒋升勇．木薯产业化发展趋势与对策措施［J］．市场论坛，2005（11）：28-32.

李惠贤，杨为芳．入世后广西木薯产业发展的对策［J］．广西农业科学，2002（2）：97-99.

李开绵，黄贵修．木薯主要病虫害［M］．北京：中国农业科学技术出版社，2009.

李宁辉，詹玲，冯献．中国木薯产业发展的 SWOT 分析及对策建议［J］．农业展望，2010（5）：28-32.

李巍，余婉丽，高芳．广西北部湾经济区发展规划环境影响评价［M］．北京：科学出版社，2009.

黎贞崇．影响木薯燃料乙醇产业发展的不利因素及对策［J］．可再生能源，2008，26（3）：106-110.

刘瑾，邬建国．生物燃料的发展现状与前景［J］．生态学报，2008，28（4）：1339-1353.

刘铁男．燃料乙醇与中国［M］．北京：经济科学出版社，2004.

罗培敏．中国木薯现状分析与发展研究［J］．耕作与栽培，2002（3）：51-52.

罗兴录．广西木薯产业化发展战略［J］．耕作与栽培，2001（4）：59-61.

吕飞杰．木薯产业应科学发展［J］．中国热带农业，2006（5）：6.

马晓河，蓝海涛，等．中国粮食综合生产能力与粮食安全［M］．北京：经济科学出版社，2008.

马文彬，杨世先，张建康，等．木薯发展现状及玉溪发展木薯产业适应性

研究 [J]．云南农业科技，2006（增刊）：83-84.

莫桂楷．南宁市木薯产业化发展问题研究——以那马镇木薯生产发展为个例 [D]．硕士论文．武汉：华中农业大学农业推广系，2007.

穆献中，刘炳义等．新能源和可再生能源发展与产业化研究 [M]．北京：石油工业出版社，2009.

牛若峰．再论农业产业一体化经营 [J]．农业经济问题，1997（2）：18-24.

潘瑞坚．东盟贸易区与木薯产业化 [A]．中国热带作物学会学术研讨论文集 [C]，2005.

沈光．广西木薯产业的发展前景与对策 [J]．热带农业科学，2001（4）：24-27.

孙智谋，周旭，刘丽萍．粮食危机与以木薯为原料生物质能源的开发利用 [J]．现代化工（增刊），2008，28（2）：11-14.

谭冠宁，韦本辉．防城港市木薯产业的现状和发展对策 [J]．广西农学报，2008，23（2）：79-81.

唐红英，胡延杰．国外生物质能源产业发展的经验和启示 [J]．世界林业研究，2008，21（3）：72-74.

唐华俊，罗其友等．农业区域发展学导论 [M]．北京：科学出版社，2008.

王富有，温春生．能源木薯产业发展政策研究 [J]．改革与战略，2008，24（2）：106-107.

王利利，黎晓．广西甘蔗与木薯的效益比较——广西武鸣县甘蔗木薯调研启示 [J]．广西轻工业，2008（9）：14-15.

王荣华．广西北部湾发展与北海新一轮发展：战略与选择 [M]．上海：上海社会科学院出版社，2009.

王文泉，李开绵．借燃料乙醇工业发展东风开拓中国木薯产业新局面[J]．热带农业科学，2003，23（3）：34-40.

王文泉，李开绵，叶剑秋，等．我国的木薯优势区域概述 [J]．广西农业科学，2008，39（1）：104-108.

王文泉，叶剑秋，李开绵，等．中国木薯酒精生产现状及产业发展关键技术——广西、海南木薯发展报告 [J]．热带农业科学，2006（8）：44-49.

王耀钰，谢发明，陈宏高．广西发展木薯产业研究［J］．企业科技与发展，2008（10）：12－13.

王兆南．在进入WTO和木薯开发的机遇下如何开创广西木薯产业的新局面［J］．广西经贸，2001（6）：11－13.

王仲颖，任东明，高虎．中国可再生能源产业发展报告2008［M］．北京：化学工业出版社，2009.

韦本辉．中国木薯蕴育巨大产业开发潜势［M］．中国食物与营养，2001（5）：17－18.

韦本辉．中国木薯栽培技术与产业发展［M］．北京：中国农业出版社，2008.

温明炬，唐承杰．中国耕地后备资源［M］．北京：中国大地出版社，2005.

文玉萍．广西木薯产业的竞争力亟待提高［A］．第三届广西青年学术年会论文集（自然科学篇）［C］．广西：广西淀粉协会，2004：191－195.

熊彬，白丽华．云南木薯产业的现状及发展战略［J］．云南民族大学学报（哲学社会科学版），2008，25（6）：85－89.

许泳清．木薯生产利用现状及福建省发展木薯产业可行性分析［J］．热带农业科学．2008，24（5）：413－417.

严良政，张琳，王士强．中国能源作物生产生物乙醇的潜力及分布特点［J］．农业工程学报，2008，24（5）：213－216.

姚向君，王革华，田宜水．国外生物质能的政策与实践［M］．北京：化学工业出版社，2006.

杨昆，黄季焜．以木薯为原料的燃料乙醇发展潜力：基于农户角度的分析［J］．中国农村经济，2009（5）：15－25.

杨军，仇焕广，黄季焜．生物液体能源发展对我国农业发展和粮食安全的影响［J］．中国农业资源与区划，2008，29（4）：1－4.

杨绍品．抓住机遇　发挥优势　推进中国木薯产业更好更快地发展［J］．中国热带农业．2006（5）：4－6.

尹成杰．粮安天下［M］．北京：中国经济出版社，2009.

詹玲，冯献，李宁辉．世界木薯生产和贸易形势分析［J］，世界农业，2010（10）．

詹玲，李宁辉，冯献．中国木薯生产加工现状及前景展望［J］．，农业展望，2010（6）：33－36.
詹玲，李宁辉，冯献．中国木薯进出口贸易现状及前景展望［J］．农业展望，2010（7）：47－51.
詹玲．中国农业功能拓展的路径选择［J］．社科纵横，2008（11）：32－33，38.
张菁．广西发展生物质能源土地潜力分析［J］．市场论坛，2008（2）：9－14.
张军，李小春等．国际能源战略与新能源技术进展［M］．北京：科学出版社，2008.
张振文，李开绵，黄洁，等．中国木薯产业发展形势与策略——广西武鸣县木薯产业发展启示［J］．广西农业科学，2006，37（6）：743－747.
钟甫宁．生物能源根本改变了世界粮价的决定因素［J］．江苏农业经济，2008（5）：24.
钟甫宁．世界粮食危机引发的思考［J］．农业经济问题，2009（4）：4－8.
中国可再生能源发展战略研究项目组．中国可再生能源发展战略研究丛书（生物质能卷）［M］．北京：中国电力出版社，2008.
周生贤．中国森林资源报告［M］．北京：中国林业出版社，2006.
Allem，A. C.（2002）The Origins and Taxonomy of Cassava［A］．Cassava：Biology，Production and Utilization［C］．London，UK，：1－16.
Allen Baker，Steven Zahniser. Ethanol Reshapes the Corn Market［J］．Amber Waves，Vol. 5，special issue，2007：66－71.
Cassava for food and energy security［OL］．http：//www. fao. org/newsroom/en/news/2008/1000899/index. html.
CIAT，Cassava in Latin American and the Caribbean：Researches for Global Development［R］，FAO corporate document repository，1998.
Cook，O. F.（1925）Peru as a center of domestication：tracing the origin of civilization through the domesticated plants［J］．Heredity，No. 16：33－46，1925.
Dai，D，Hu，Z. Y，Pu，G. Q. Energy Efficiency and Potentials of Cassava Fuel Ethanol in Guangxi Region of China［J］．Energy Conversion and Management，No. 47：1686－1699，2006.
Dele Raheem；Chrysanthus Chukwuma，Foods from Cassava and Their Rele-

vance to Nigeria and Other African Countries [J] . Agriculture and Human Values, 2001 (18): 383 - 390.

FAO. Biofuels: prospects, risk and opportunities. The State of Food And Agriculture (SOFA), 2008.

FAO, IFAD. A Review of Cassava in Latin America and the Caribbean with Country Case Studies on Brazil and Colombia. Proceedings of The Validation Forum on The Global Cassava Development Strategy, Rome, Vol. 4, 2002.

F. O. Olasantan, H. C. Ezumah, E. O. Lucas Effects of intercropping with maize on the micro - environment, growth and yield of cassava [J] . Agriculture, Ecosystems and Environment 57 (1996) 149 - 158.

Gibbons, A. (1990) new view of early Amazonia [J] . Science, No. 248: 1488 - 1490, 1990.

Hillocks R J, Thresh J M, Bellotti A C. Cassava: Biology, Production and Utilization. Natural Resources Institute, University of Greenwich, Kent, UK, 2002.

International Center for Tropical Agriculture (ICTA) . A review of cassava in Asia with country case studies on Thailand and Vietnam [R] . Proceedings of the validation forum on the global cassava development strategy. Rome, 2000. 4. 26 - 28.

J. S. Sarma, Darunee Kunchai. Trends and Prospects for Cassava in The Developing World, 1991.

Kazuo Kawano. The Role of Improved Cassava Cultivars in Generating Income for Better Farm Management. Cassava' s Potential in the 21st Century: Present Situation and Future Research and Development Needs. Proceedings of the Sixth Regional Workshop held in Ho Chi Minh, Vietnam. Feb 21 - 25, 2000.

Klanarong Srirot. Cassava industry in Thailand: The status of technology and utilization. International Symposium on Cassava, Starch and Starch Derivatives, Guangxi (China), 11 - 15 Nov 1996, Bangkok (Thailand) . 2000: 169 - 180.

Lanning, E. P. (1967) Peru before the Incas. Prentice-Hall, Englewood

Cliffs, New Jersey.

Mueller, J. (1874) Euphorbiaceae. In: Martius, C. F. P. von (ed.) Flora Brasiliensis 11, 293-750.

Neylor, R., Liska, A. J., Burke, M. B. The ripple effect: biofuels, food security, and the environment. Environment, 49 (9): 31-43.

Olsen, K. M. and Schaal, B. A. (1999) Evolution in the cassava species complex: phylogeography and the origins of cultivated cassava. Revista Brasileira de Mandioca 17 Suplemento, 17.

Olumide O. Tewe, Nebambi Lutaladion. Cassava for Livestock Feed in Sub-Saharan Africa. The Global Cassava Development Strategy, Rome, 2004.

Paul C. Westcott. U. S. Ethanol Expansion Driving Changes throughout the Agricultural Sector [J]. Amber Waves, Vol. 5, No. 1, 2007: 10-15.

Patiño, V. M. (1964) Plantas Cultivadas y Animales Domesticos en America Equinoccial, Vol. 2. Plantas Alimenticias. Imprensa Departamental, Cali.

Peter Neuenschwander, Biological Control of the Cassava Mealybug in Africa: A Review [J]. Biological Control, 2001 (21): 214-229.

Pohl, J. E. (1987) Plantarum Brasiliae Icones et Descriptiones 1, 1-136.

Rajagopal D, Sexton SE, Roland-Host D, et al. Challenge of biofuel: filling the tank without emptying the stomach. Environmental Research Letters, 2007 (2): 1-9.

R. H. Howeler, S. L. Tan. Cassava's Potential in the 21st Century: Present Situation and Future Research and Development Needs. Proceedings of the Sixth Regional Workshop held in Ho Chi Minh, Vietnam. Feb 21-25, 2000.

R. J. Hillocks, J. M. Thresh and A. C. Bellotti. Cassava: Biology, Production and Utilization. Natural Resources Institute, University of Greenwich, Kent, UK, 2002.

Richard K. Perrin. Ethanol and Food Price-A Preliminary Assessment. Agricultural Economics, Paper 03-08, 2008.

Schultes, R. E. (1979) The Amazonia as a source of new economic plants. Economic Botany 33, 259-266.

Scott Malcolm, Marcel Aillery. Growing Crops for Biofuels Has Spillover Effects. Amber Waves, Vol. 7, No. 1, 2009: 10 - 15.

Senauer, B. & Sur, M. 2001. Ending global hunger in the 21st century: projections of the number of food insecure people. Review of Agricultural Economics, 23 (1): 68 - 81.

Shahla Shapouri, Stacey Rosen. Energy Price Implications for Food Security in Developing Countries. Food Security Assessment, 2006 / GFA - 18. Economic Research Service/USDA.

Tao Yu. Life Cycle Simulation-based Economic and Risk Assessment of Biomass-based Fuel Ethanol (BFE) Projects in Deferent Feedstock Planting Areas [J] . Energy, 2008 (33): 375 - 384.

Truman P. Phillips, Daphne S. Taylor, Lateef Sanni. A Cassava Industrial Revolution in Nigeria. The Global Cassava Development Strategy, Rome, 2004.

Vicent Lebot. Trapical Root and Tuber Crops: Cassava, Sweet Potato, Yams and Aroids. Crop Production Science in Horticulture Series: 17, 2008.

William Coyle. The Future of Biofuels: A Global Perspective. Amber Waves, Vol. 5, No. 5, 2007: 24 - 29.

Yu, S. & Tao, J. Life cycle simulation-based economic and risk assessment of biomass-based fuel ethanol (BFE) projects in different feedstock planting areas. Energy, 33 (2008): 375 - 384.

后　记

近年来，笔者一直关注和研究木薯产业发展问题，承担了农业部发展计划司（全国农业资源区划办公室）农业资源区划研究项目“中国木薯产业发展研究”、中央公益性科研院所基本科研业务费专项资金项目《广西木薯产业发展研究》。今天奉献给读者的这本著作，就是近三年来的的系统研究成果。

课题研究得到了农业部发展计划司资源区划与开发处的大力支持和帮助。广西壮族自治区人民政府办公厅、福建省农业厅、广西桂平市农业局、广西桂平市木薯产业协会、广西桂平金源酒精有限公司、广西武鸣农业局、广西武鸣木薯产业化办公室、广西平南农业局、广西平南木薯专业种植合作社、广西合浦县农业局、广东江门市农业局、广东鹤山淀粉厂等单位协调课题组完成调研并提供了大量的数据和资料。中国农业科学院农业经济与发展研究所领导对开展科研工作给予了积极支持，为课题研究和本书写作营造了良好的学术氛围。五邑大学杨伊侬博士、内蒙古农业大学经济管理学院硕士研究生徐明冉参加了课题调研和数据整理工作。在此，对上述单位和人员致以诚挚的感谢！

后　记

在本书撰写过程中，参阅和利用了大量国内外学者和单位的相关成果。在此，特向有关作者和单位致谢！

由于研究水平有限，书中的不完善和错误之处在所难免，敬请各位专家同仁批评指正。

2010 年 11 月 8 日

图书在版编目（CIP）数据

中国木薯产业发展研究／詹玲，李宁辉，冯献著
．—北京：中国农业出版社，2010.12
ISBN 978-7-109-15255-7

Ⅰ.①中… Ⅱ.①詹… ②李… ③冯… Ⅲ.①木薯-产业-经济发展-研究-中国 Ⅳ.①F326.11

中国版本图书馆CIP数据核字（2010）第233032号

中国农业出版社出版
（北京市朝阳区农展馆北路2号）
（邮政编码 100125）
责任编辑 赵 刚

中国农业出版社印刷厂印刷 新华书店北京发行所发行
2010年12月第1版 2010年12月北京第1次印刷

开本：850mm×1168mm 1/32 印张：10.125
字数：253千字 印数：1～1 000册
定价：30.00元